黑龙江省"十四五"职业教育规划教材　　职业教育"十四五"新形态教材
财经商贸大类新专标系列教材

会计基础
（第二版）

张　利　主编

立信会计出版社

图书在版编目(CIP)数据

会计基础 / 张利主编. -- 2版. -- 上海：立信会计出版社，2025.7. -- ISBN 978-7-5429-7871-4

Ⅰ. F230

中国国家版本馆 CIP 数据核字第 2025YJ8689 号

策划编辑　　赵志梅
责任编辑　　赵志梅
美术编辑　　吴博闻

会计基础（第二版）
KUAIJI JICHU

出版发行	立信会计出版社			
地　　址	上海市中山西路 2230 号	邮政编码	200235	
电　　话	(021)64411389	传　　真	(021)64411325	
网　　址	www.lixinph.com	电子邮箱	lixinaph2019@126.com	
网上书店	http://lixin.jd.com		http://lxkjcbs.tmall.com	
经　　销	各地新华书店			
印　　刷	浙江天地海印刷有限公司			
开　　本	787 毫米×1092 毫米	1/16		
印　　张	18			
字　　数	394 千字			
版　　次	2025 年 7 月第 2 版			
印　　次	2025 年 7 月第 1 次			
书　　号	ISBN 978-7-5429-7871-4/F			
定　　价	55.00 元			

如有印订差错，请与本社联系调换

第二版前言

"会计基础"既是会计专业的入门课程,也是经济管理及相关专业的必修课程。该课程在高等职业院校会计专业系列骨干课程中处于基础地位,主要帮助学生学习会计的基本理论、基本方法和基本技能,为学生学习后续课程奠定基础。

本教材共分为六个章节,第一章阐述会计概述、会计基本假设等基础概念与会计法规、职业道德等内容,为学习会计奠定坚实基础;第二章介绍会计对象、会计要素和会计等式,解析会计核算的核心框架;第三章至第六章深入探讨会计科目、会计账户、记账方法、凭证核算、账簿处理、报表编制等核心内容。各章紧密相连,助力学生构建扎实会计知识体系。

本教材在编写过程中注重高等职业教育的教学要求,具有如下特点。

一、融入课程思政元素

授课老师要担当起立德树人的育人责任。因此,本教材在不同环节融入相应的思政元素,实现思政教育与专业知识的有机融合,让学生在学习知识的过程中接受理想信念层面的教育,引导学生热爱祖国、遵纪守法、爱岗敬业、廉洁自律,做一个遵守会计原则、善于学习、善于管理、具有服务意识的人。

二、体现"岗课赛证"融通的高职教育特色

本教材紧紧围绕成果导向教学目标要求,基于工作过程的课程改革理念,力求符合教育部提出的注重基础,突出初级会计考证的基础训练和讲解,紧跟会计实务的发展,对接会计技能大赛,实现"岗课赛证"融通要求。本教材从培养高素质劳动者和技能人才的角度出发,将理论与实践相结合,突出高等职业教育特色,为学习后续课程奠定坚实的基础。

三、注重产教融合,满足"教、学、做一体化"的教学需要

本教材从企业主要经济业务的核算入手,结合最新的企业会计准则体系,从经济业务的发生到原始凭证的填制和审核,再到记账凭证的填

制和审核;从记账凭证的填制和审核到账务处理程序的选择,再到账簿的登记,最后到会计报表的编制,前后任务连贯有序,融理论与实践为一体,并以活页的形式将任务贯穿起来,强调在理解与掌握基本理论知识基础上的实践和应用,适用于以学生为中心的教学模式,符合会计工作流程,操作性强,满足"教、学、做"一体化的教学需要。

四、配套资源丰富,扩展性强

本教材的配套资源主要包括课件、教学视频、"岗课赛证"训练、题库、案例库等数字化资源,并形成了专业化的教学资源库。在教学实践过程中,授课老师可以根据教学设计,在课前预习、课堂教学、课后复习环节,借助教学资源库,及时掌握并分析学生的学习情况,帮助学生查缺补漏,并据此有针对性地对活页式教材内容进行调整。

本次修订依据国家税务总局制定的《关于推广应用全面数字化电子发票的公告》,将全书所用发票样例更新为目前实际工作中经常使用的数字化电子发票,确保教材内容与时俱进;在每小节后加入"财智未来"知识板块,介绍大数据、人工智能等信息技术在会计领域的应用实例,拓宽学生视野;同时,细致核查并修正了上版教材中的疏漏之处,确保知识正确性。通过本次修订,本教材力求在传承会计经典知识的同时,紧跟时代步伐,为高职大数据与会计专业教学提供更优质的资源,助力学生在会计学习之路上稳健前行。

本教材由黑龙江职业学院张利担任主编,负责总体组织和策划,对全书进行总纂定稿;由黑龙江职业学院王宇晴、包微微、于涵担任副主编;由哈尔滨电气集团有限公司哈尔滨电站阀门有限公司财务总监吕艳梅和新道科技股份有限公司王达担任主审。本教材的具体分工如下:第一章、第二章由包微微编写,第三、第六章由于涵编写,第四章由王宇晴编写,第五章由张利编写。本教材的编者都是长期从事会计理论教学和会计实践的一线教师和企业人员,本教材的内容由企业和行业专家审读。

本教材可作为高职院校财经类学生的教材,也可作为实务工作者的参考用书。

本教材充分考虑了教与学的实际需要,若存在疏漏之处,恳请专家和读者批评指正,以便再版时修订。

编 者

2025 年 7 月

配套资源

目 录

第一章 总论 ... 1
第一节 会计概述 ... 2
第二节 会计基本假设、会计信息质量要求和会计核算基础 ... 7
第三节 会计的方法 ... 12
第四节 会计学分支和会计学科体系 ... 15
第五节 DeepSeek 与会计 ... 17
第六节 会计法规体系 ... 20
第七节 会计职业道德及其管理方法 ... 24
第八节 会计机构、会计人员和会计职业 ... 26
技能自测题 ... 31
课证融合练习题 ... 33
自我评价表 ... 34

第二章 会计对象、会计要素和会计等式 ... 35
第一节 会计对象 ... 35
第二节 会计要素 ... 37
第三节 会计等式 ... 43
技能自测题 ... 49
课证融合练习题 ... 51
自我评价表 ... 52

第三章 会计科目、会计账户和复式记账 ... 53
第一节 会计科目 ... 53
第二节 会计账户 ... 57
第三节 复式记账 ... 60
技能自测题 ... 73
课证融合练习题 ... 75
自我评价表 ... 76

第四章 会计凭证和主要经济业务的核算 ... 77

第一节 会计凭证概述 ... 78
第二节 核算筹集资金业务 ... 90
第三节 核算供应过程业务 ... 96
第四节 核算生产过程业务 ... 102
第五节 核算销售过程业务 ... 118
第六节 核算财务成果业务 ... 128
技能自测题 ... 143
课证融合练习题 ... 147
自我评价表 ... 150

第五章 会计账簿、账务处理程序和财产清查 ... 151

第一节 会计账簿概述 ... 152
第二节 登记会计账簿和账务处理程序 ... 157
第三节 财产清查 ... 188
第四节 对账和结账 ... 196
第五节 更换和保管会计账簿 ... 200
技能自测题 ... 201
课证融合练习题 ... 205
自我评价表 ... 208

第六章 会计报表 ... 209

第一节 会计报表概述 ... 210
第二节 资产负债表 ... 214
第三节 利润表 ... 220
第四节 现金流量表 ... 225
技能自测题 ... 231
课证融合练习题 ... 233
自我评价表 ... 234

附录 ... 235

第一章

总　　论

学习导图

学习目标

知识目标	技能目标	素养目标
1. 了解会计的发展及会计学基本体系； 2. 理解会计的含义、会计的基本职能； 3. 理解会计职业与职业风险； 4. 了解会计机构的含义。	1. 明确会计基本假设和会计信息质量要求； 2. 掌握不同会计核算基础下收入和费用归属期的判断； 3. 阐述我国会计法律体系； 4. 明确会计人员职业道德的要求。	1. 树立正确的价值观； 2. 对会计产生学习兴趣； 3. 培养认真严谨的工作态度； 4. 培养会计职业自豪感； 5. 树立遵纪守法的意识。

课程思政目标

养成严谨的学习习惯,树立正确的世界观、人生观、价值观,诚实守信,严格遵守职业道德。同时,加强对学生职业素质、职业道德的培养,使学生成为能为中华民族伟大复兴作出贡献的优秀会计人员。

第一节 会 计 概 述

一、会计的产生及其发展

人类要生存,社会要发展,就必须进行物质资料的生产。生产活动一方面创造社会产品,另一方面发生劳动耗费。人们进行生产活动时,总是力求在尽量少的劳动时间里,耗用一定物资,创造出尽可能多的物质财富。为了达到节约劳动耗费、提高经济效益的目的,人们需要对劳动耗费和劳动成果进行记录和计算,并将耗费与成果进行比较和分析,以便掌握生产活动的过程和结果。因此,会计是随着社会生产和经济管理的客观需要而产生的,并随着社会进步不断地发展和完善。无论是在中国还是在外国,会计都有着悠久的历史。会计的产生及其发展大致经历了以下三个阶段。

(一) 古代会计阶段

古代会计以会计名词的产生为标志。在这一阶段中,会计从生产职能中分离出来,成为一种独立的职能。同时,人们采用单式簿记(也称单式记账法,即对经济活动过程的收入和支出只作单方面记录的简单会计方法)对经济活动进行简单的会计核算。

早在原始社会末期,世界上就已经出现了生产职能附带的简单会计记录,如我国古代出现的"结绳记事""刻石记数",外国出现的"泥板记事"等,但此时会计只是生产的一种附带部分,还没有成为一项独立的工作。随着人类生产活动的发展和管理要求的提高,对生产活动进行专门计量和记录的古代会计产生了。

在我国,"会计"一词最早出现在西周,在这一时期设有专门管理王朝财赋的官员"大宰"和掌握王朝记政的官员"司会"。同时,这一时期产生了根据"入-出=余财"对财币进行登记与考核的"籍书",此时已经出现"三柱结算法"的萌芽。"三柱结算法"经春秋战国时期传至秦汉时,已得到了广泛的运用。

在我国唐宋时期,会计方法又有了新的发展。人们根据"旧管"(相当于"上期结存")、"新收"(相当于"本期收入")、"开除"(相当于"本期支出")和"实在"(相当于"本期结存")四者之间的关系创立了"四柱结算法"。该方法通过"旧管+新收-开除=实在"的公式,计算本期财产物资增减变化。古人形象地把四者比作支撑大厦的四根支柱,说明四者缺一不可。运用"四柱结算法"编制的报告称为"四柱清册"。

在欧洲,古代会计的产生和发展也经历了从无到有、从简单到复杂的过程,多数以实

(二) 近代会计阶段

近代会计以广泛使用复式记账法为标志,同时,价值核算的计量单位也转变为货币。这一阶段主要指从1494年《算术、几何、比及比例概要》的出版,直至20世纪40年代末。

这一时期,资本主义生产方式已初露端倪,商品经济有了快速发展,社会经济活动变得日益复杂而频繁,以往简单的记账方法已经不适应经济发展的需要,于是,与复杂的商品生产过程相适应的科学的会计核算方式——复式记账法应运而生,大多数的会计计量单位开始以货币为主。

1494年,意大利数学家卢卡·帕乔利(Luca Pacioli)出版了《算术、几何、比及比例概要》一书,该书系统地论述了复式借贷记账法,从此借贷记账法在各国传播,成为各国普遍采用的记账方法。《算术、几何、比及比例概要》的出版标志着近代会计的开始,也是近代会计发展史上的耀眼里程碑。

明末清初,中国出现了用于平账和编制会计报表的"龙门账"。"龙门账"将账目划分为"进""缴""存""该"四大类,运用"进－缴＝存－该"的平衡公式分别编制"进缴表"和"存该表"。清末,中国又出现了"天地合账"。"天地合账"把所有账项都在"来"账和"去"账上分别登记,以反映账项的来龙去脉。账簿采用垂直书写,分上、下两格,上格记收,为"天",下格记付,为"地",上、下两格所记金额必须相等,称为"天地合"。"龙门账"和"天地合账"是我国历史上极具特色的传统中式簿记。

(三) 现代会计阶段

20世纪50年代以后,随着科学技术的飞速发展,计算机技术被应用到会计领域,使会计这一传统行业发生了巨大变革。同时,随着商品经济获得了充分的发展,企业规模日益扩大,所有权与经营权的分离逐渐成为企业经营的主要产权制度方式。为满足内部管理者对会计信息的要求,管理会计逐渐与传统会计相分离,并形成一个与财务会计相对独立的领域。现代管理会计的出现,是近代会计发展成为现代会计的重要标志,会计成为一门应用性科学,形成财务会计和管理会计两大分支,会计标准和会计规范逐渐形成并完善,会计作为一种商业语言其重要性为世人瞩目。这充分说明经济愈发展,会计愈重要。

二、会计的未来发展趋势

2021年3月,教育部发布《关于印发职业教育专业目录(2021年)的通知》。根据高等职业教育本科新旧专业对照表,新增财税大数据应用专业(财经商贸大类中的财政税务类);原财务管理专业更名为大数据与财务管理、原会计专业更名为大数据与会计专业(财经商贸大类中的财务会计类);新增大数据与审计专业(财经商贸大类中的财务会计类)。

2021年11月,工业和信息化部发布《"十四五"大数据产业发展规划》(以下简称《规划》)。《规划》指出,"十四五"时期是我国工业经济向数字经济迈进的关键时期,对大数据产业发展提出了新的要求,产业将步入集成创新、快速发展、深度应用、结构优化的新阶段。到2025年,大数据产业测算规模突破3万亿元,年均复合增长率保持在25%左右,创新力强、附加值高、自主可控的现代化大数据产业体系基本形成。

大数据和人工智能的融合是会计发展的必然趋势,人工智能的发展为会计提供了更加广阔的可持续发展空间,对企业会计工作的开展也起到了很大的推动作用。

人工智能技术突破了传统会计电算化水平的约束,实现了工作机器人化,逐步摆脱频繁无效率的财务工作状态。在大数据时代,企业可以通过AI技术构建智能化数据分析和计算模型法,实现财务风险的动态评估与资本犯罪预警,并将大数据评估与云计算功能结合起来,预测经济前景,参与经济决策,评价经营业绩,为企业开展财务工作提供更多的便利,也减少了公司和机构决策分析的风险和成本。在大数据时代,会计人员应当充分利用大数据,对企业未来的财务风险进行预测,并采取针对性防范对策,提升企业价值。

三、会计的性质、目标、会计资料和会计信息的使用者

(一) 会计的性质

会计的性质即会计的本质属性,亦即其所归属的范畴。会计与社会生产经营的发展有着不可分割的联系。会计对在生产过程中占用的财产物资及劳动耗费,通过价值量的变化来描述,评价经济上的得失,并且发展成为一种对生产经营活动进行核算与监督的、以价值管理为主要特征的经济管理活动。可以看出,会计从本质上看是一种经济管理活动。

(二) 会计的目标

会计的目标是要求会计工作完成的目标或达到的标准。会计作为经济管理的重要组成部分,为管理部门提供真实可靠的信息,促使人们权衡利弊、讲求经济效益。因此,提高经济效益既是管理的目标,也是会计的终极目标。

在终极目标的前提下,还需要研究会计的基本目标。在国外会计准则中,会计目标一般被定位于"满足会计信息使用者的需要"。在我国的会计准则中,会计目标为向财务报告(又称财务会计报告)使用者提供与企业财务状况、经营成果和现金流量等有关的会计资料和信息,反映企业管理层受托责任履行情况,有助于财务报告使用者作出经济决策。

(三) 会计资料和会计信息的使用者

会计资料是指会计凭证和会计账簿记录以及进一步进行系统性加工汇总整理形成财务状况、经营成果和现金流量等结构性表述的会计核算专业资料,是企业尚未对外报

告或披露的会计处理结果的资料。会计信息是指由会计凭证、会计账簿、财务报告和其他相关资料等构成的综合反映企业财务状况、经营成果、现金流量和所有者权益变动等内容的财务、会计信息的总称,除了包括财务信息,还包括必要的非财务信息。会计资料是会计信息的基础,通常为企业内部保管与使用。

会计资料和会计信息的使用者既包括企事业单位的内部使用者,又包括外部使用者(如投资者、债权人、政府及其有关部门和社会公众等)。

四、会计的职能

会计职能是指会计在经济管理中所具有的功能或能够发挥的作用,即人们在经济管理中用会计干什么。会计职能体现了会计的本质。会计的职能按其发展变化,可分为基本职能和拓展职能。

(一)会计的基本职能

会计的基本职能是指会计本身所具有的最基本的功能和作用。《中华人民共和国会计法》(以下简称《会计法》)确定的会计的基本职能是会计核算和会计监督。

1. 会计核算职能

会计核算职能又称会计反映职能,是指会计以货币为主要计量单位,对特定主体的经济活动进行确认、计量、记录和报告的职能。会计核算职能贯穿于经济活动的全过程,是会计的最基本职能。该职能具有如下特点:

(1)会计核算以货币为主要计量单位,综合反映特定单位的经济活动情况,为经济管理提供可靠的会计信息。

(2)会计核算应具有准确性、完整性、连续性和系统性。

(3)会计核算必须以合法的凭证为依据。

(4)会计核算会随着物质条件的改善而进一步演化,逐步改变其表现方式。

2. 会计监督职能

会计监督职能又称会计控制职能,是指会计机构或人员对特定主体经济活动和相关会计核算的真实性、完整性、合法性和合理性进行审查,使之达到预期目标的职能。会计监督职能的特点是:

(1)会计监督主要是利用核算职能提供的各种价值指标进行的货币监督。

(2)会计监督是在会计核算各项经济活动的同时进行的,包括事前、事中和事后的监督。

3. 会计核算职能与会计监督职能的关系

会计核算职能和会计监督职能是密切结合,相辅相成,辩证统一的。会计核算是会计监督的基础,没有会计核算所提供的各种资料,会计监督就失去了客观的依据;会计监督是会计核算的质量保障,会计监督是在会计核算过程中按照法规、政策的要求来控制经济活动的过程,没有会计监督,会计核算就失去了保障。

（二）会计的拓展职能

随着经济的不断发展，经济关系的复杂化和管理水平的不断提高，会计职能的内涵得到不断充实，并开拓了新的领域。会计的职能除了会计核算和会计监督这两大基本职能，还包括预测经济前景、参与经济决策和评价经营业绩等拓展职能。这些职能从不同侧面进一步强化了会计在管理中的作用。

五、会计的含义

通过上述分析，我们可以形成以下一些初步的认识：会计是社会发展到一定阶段后，人们为了加强经济管理的需要而产生的；会计产生和发展的全过程都与提供经济信息和追求更好的经济效益相关；会计以货币为主要计量单位并有其独特的专门方法和程序。

据此，我们可以给出会计的含义如下：会计是以货币为主要计量单位，采用专门的方法和程序，对特定会计主体的经济活动进行准确、完整、连续、系统的核算和监督，旨在提供有用经济信息和反映受托责任履行情况的一项经济管理活动。会计是经济管理中重要的组成部分。

在中外会计界，人们对会计的本质有不同的认识，如"信息系统论""管理活动论""管理工具论"，以及"既是管理活动又是信息系统"等诸多提法，因而对会计的概念认识也不尽相同。无论会计如何被定义，它都会随着社会经济的发展而不断变化，这一点毋庸置疑。

> **财智未来**
>
> 随着信息技术的发展，大数据与人工智能技术逐渐渗透到各个行业，会计领域也不例外。随着企业业务的多元化发展和信息技术在财务领域的深度渗透，会计数据在规模化和复杂性方面出现爆发式增长。会计数据不仅涵盖了传统的财务收支记录，而且包含了大量如交易明细、客户信息、供应链数据等非结构化和半结构化数据。会计人员不再局限于传统的账务处理，而是需要利用大数据技术对海量的财务和非财务数据进行分析和挖掘。
>
> 通过大数据技术与人工智能技术，企业能够更精确地预测市场趋势、优化财务决策、提高风险管理水平。例如，通过分析企业的采购数据、销售数据和客户数据，企业可以优化成本结构、提高运营效率。大数据技术与人工智能技术还能够实时监控企业的财务状况，及时发现潜在风险，为管理层提供决策支持。而 Python 作为一种强大的编程语言，在处理和分析这些大规模数据集方面具有天然优势，会计人员可以通过学习 Python 的基础知识，如数据结构、函数定义及 Pandas 库的应用，来掌握如何清洗、整理和分析财务数据。

第二节　会计基本假设、会计信息质量要求和会计核算基础

一、会计基本假设

会计基本假设又称会计核算的前提，是指对某些未被确认的会计现象，如会计核算和会计监督的范围究竟有多大、会计为谁记账等，根据客观的正常情况或者发展趋势所作的合乎事理的推断和假定。会计概念、原则和方法都以会计基本假设为出发点。会计基本假设是企业会计确认、计量、记录和报告的前提，其目的是保证会计资料的有用性、可靠性和合理性，对于履行会计职能、实现会计目标要求等具有重要的意义。

我国《企业会计准则——基本准则》中提出的会计核算的前提有会计主体、持续经营、会计分期和货币计量四项，是对会计核算的时间和空间范围以及采用的主要计量单位所作的合理设定。

（一）会计主体

会计主体是指会计工作服务的特定对象，是企业会计确认、计量、记录和报告的空间范围。

明确会计主体是组织会计核算工作的首要前提。这是因为会计处理数据和提供的信息必须有一定的空间界限，而会计主体假设正是明确了会计活动的空间范围和会计人员的责权范围，将会计工作的空间界定为有自主经营所必需的财产，并产生相应的债务和所有者权益，有独立的收入和费用，并据之确定盈亏，评价业绩。会计主体应是一个独立经营、自负盈亏、责权利结合的经济单位，典型的会计主体是企业。同时，我们还应该重点区分企业和企业所有者的经济交易或事项。企业所有者的经济交易或事项中属于企业所有者主体发生的，不应纳入企业会计核算的范围。如果企业所有者向企业投入资本或企业向投资者分配利润，则属于企业会计主体的核算范围。

会计主体与法律主体并非对等的概念。一般而言，凡是法律主体必为会计主体，但会计主体不一定是法律主体。企业集团、企业、企业的分厂、企业的车间或销售部门，都可以成为会计主体，但不一定是法律主体。

（二）持续经营

持续经营是指在正常情况下，会计主体的生产经营活动会按既定的经营方针和预定的经营目标无限期地经营下去，在可预见的未来，不会停业，也不会大规模削减业务。

这一假设把会计核算建立在正常状态下，也就是会计主体所持有的资产将按取得时的目的在正常的经济活动中被耗用；会计主体所承担的负债也将在正常的经济活动中按原来承诺的条件予以清偿。由此，会计主体才可能采用历史成本来确认、计量其资产等要素，从而使会计核算与报告系统处于稳定状态。如果没有持续经营假设，即企业将要

破产清算,则资产和负债只能按当时的清算价值估价,而不是按取得时的实际成本确定。

持续经营假设可以与上一条假设结合为,会计要为特定的会计主体在不会面临破产清算的情况下进行会计核算。

(三) 会计分期

会计分期是指将一个企业持续经营的生产经营活动划分为若干个连续的、长短相同的期间。

企业经营活动是持续进行的,在时间上具有不间断性。为满足企业内外会计信息使用者经营管理和投资决策的需要,企业要把持续不断的生产经营过程划分为若干相等的会计期间,定期进行汇总和编制会计报表,从而及时提供有关企业财务状况和经营成果的会计信息,这就产生了会计分期假设。会计分期的目的,是据以分期结算盈亏,按期编报财务报告,从而及时向财务报告使用者提供有关企业财务状况、经营成果和现金流量的信息。

会计分期假设是对会计工作时间范围的具体划分,通常分为会计年度和中期。我国以日历年度为会计年度,即从每年的1月1日至12月31日为一个会计年度。会计年度确定后,会计人员一般按日历确定会计中期,会计中期是指小于一个完整会计年度的报告期间,如月度、季度、半年度等。

会计分期假设可以与前两条假设结合,会计要为特定的会计主体在不会面临破产清算的情况下分期进行会计核算。

(四) 货币计量

货币计量是指会计主体在会计确认、计量、记录和报告时主要以货币为计量单位,来反映会计主体的生产经营活动过程及其结果。货币是商品的一般等价物,是衡量一般商品价值的共同尺度。货币计量假设是对会计计量手段和方法的规定。

企业的经济活动是多种多样、错综复杂的。为了实现会计的目的,企业必须综合地反映其各种经济活动,这就要求有一个统一的计量尺度。在商品经济条件下,货币作为商品的一般等价物,最适合充当这种统一的计量尺度。当然,这一假设也包括币值稳定这一层含义。选择货币作为共同尺度进行计量,具有全面、综合反映企业的生产经营情况及其结果的作用。而其他计量单位,如实物计量单位(个、台、件等)、劳动计量单位(工时、劳动日等),只能从一个侧面反映企业的生产经营情况,难以汇总和比较。

会计以货币为主要计量单位,但货币并不是唯一的计量单位。采用货币计量单位进行会计核算和会计监督不排斥采用其他计量单位,其他计量单位可以对货币计量单位进行必要的补充和说明。

《会计法》第十二条规定,会计核算以人民币为记账本位币。业务收支以人民币以外的货币为主的单位,可以选定其中一种货币作为记账本位币,但是编报的财务会计报告应当折算为人民币。我国在境外设立的企业,通常用当地币种进行日常会计核算,但向境内编报会计报表时,应当折算为人民币。

货币计量假设可以与前三条假设结合,会计以货币为主要计量单位,为特定的会计主体在不会面临破产清算的情况下分期进行会计核算。

二、会计信息质量要求

会计工作的基本任务就是为包括所有者在内的各方面提供经济决策所需要的信息。会计信息质量的高低是评价会计工作成败的标准,为了规范企业会计确认、计量、记录和报告行为,保证会计信息质量,我国颁布的《企业会计准则——基本准则》对会计信息的质量要求有以下八项内容:可靠性、相关性、可理解性、可比性、实质重于形式、重要性、谨慎性和及时性。

(一) 可靠性

可靠性又称真实性,是指会计核算提供的信息应当以实际发生的经济业务(交易或者事项)及表明这些交易或者事项发生的合法凭证为依据,如实反映财务状况和经营成果,保证会计信息真实可靠,内容完整。这是对会计信息最重要的质量要求。

(二) 相关性

相关性是指企业提供的会计信息应当与财务报告使用者的经济决策需要相关,有助于财务报告使用者对企业过去、现在或者未来的情况作出评价或者预测。

(三) 可理解性

可理解性又称清晰性,是指企业提供的会计信息应当清晰明了,便于财务报告使用者理解和使用。企业编制财务报告、提供会计信息的目的在于使用,要使用就必须了解会计信息的内涵,明确会计信息的内容,如果无法做到这一点,就谈不上对决策有用。这就要求财务报告提供的会计信息应当清晰明了、易于理解,只有这样,才能提高会计信息的有用性,实现财务报告的目标,满足向投资者等财务报告使用者提供对决策有用信息的要求。

(四) 可比性

可比性是指企业提供的会计信息应当具有可比性。可比性包括两个方面:

(1) 纵向可比,即同一企业不同时期发生的相同或者相似的交易或者事项,应当采用一致的会计政策,不得随意变更。确需变更的,应当在附注中说明。会计政策是指企业在会计确认、计量、记录和报告中所采用的原则、基础和处理方法。

(2) 横向可比,即不同企业在同一会计期间发生的相同或者相似的交易或者事项,应当采用同一会计政策,确保会计信息口径一致、相互可比,以使不同企业按照一致的确认、计量、记录和报告要求提供有关的会计信息。

(五) 实质重于形式

实质重于形式是指企业应当按照交易或者事项的经济实质进行会计确认、计量、记录和报告,不应仅以交易或者事项的法律形式为依据。

这是因为，有时候交易或事项的法律形式并不能真实反映其实质内容，为了真实反映企业的财务状况和经营成果，就必须根据它们的实质和经济现实，而不是仅仅根据它们的法律形式进行核算和反映。例如，企业租入的资产（短期租赁和低值资产租赁除外），虽然从法律形式来讲企业并不拥有其所有权，但是由于租赁合同规定的租赁期相当长，往往接近该资产的使用寿命，租赁期结束时承租企业有优先购买该资产的选择权，在租赁期内承租企业拥有资产使用权并从中受益等。从其经济实质来看，企业能够控制租入资产所创造的未来经济利益，在会计确认、计量、记录和报告中就应当将租入的资产视为企业的资产，在资产负债表中填列使用权资产。

（六）重要性

重要性是指企业提供的会计信息应当反映与企业财务状况、经营成果和现金流量等有关的所有重要交易或者事项。在全面反映企业财务状况、经营成果的同时，会计人员可以根据会计信息对于使用者决策的影响程度来决定会计核算的精确程度及会计报表内容的详略程度，进而决定核算的工作量。强调会计信息的重要性主要是出于对会计信息的效用与加工会计信息的成本这两个方面的考虑。

（七）谨慎性

谨慎性又称稳健性、审慎性，是指企业对交易或者事项进行会计确认、计量、记录和报告应当保持应有的谨慎，不应高估资产或者收益、低估负债或者费用。也就是凡是可以遇见的可能发生的损失和费用都应予以合理的估计、确认并记录，而没有确定把握的收入，则不能予以确认和入账，以不抬高资产和收益也不压低负债和费用，来有效规避不确定因素带来的风险。比如，要求企业对可能发生的资产减值损失计提资产减值准备、要求企业对售出商品很可能发生的保修义务确认预计负债、对很可能承担的环保责任确认预计负债等，就体现了会计信息质量的谨慎性要求。

（八）及时性

及时性是指企业对于已经发生的交易或者事项，应当及时进行会计确认、计量、记录和报告，不得提前或者延后。在会计处理中，贯彻及时性应注意以下三点：一是要求及时收集会计信息，即在交易或者事项发生后，及时收集整理各种原始单据或者凭证；二是要求及时处理会计信息，即按照会计准则的规定，及时对交易或事项进行确认和计量，并编制财务报告；三是要求及时传递会计信息，即按照国家规定的有关时限，及时地将编制的财务报告传递给财务报告使用者，便于其及时使用和决策。

思政点睛

会计信息质量的高低是评价会计工作成败的标准，会计信息质量的八项要求也是会计人员必须遵守的八项基本原则。其中的真实性，要求会计人员做到"客观诚信"。"诚信"一词伴随着会计人员的整个职业生涯。因为"诚信"不仅仅是对会计人员职业道德上的规范,更是会计人员为人处世的基本准则。

古人云"人无信而不立",对朋友不诚信,我们将会失去真挚的友谊;对老板不诚信,我们将会失去工作的机遇;对家人不诚信,我们将会失去珍贵的亲情;会计人员不诚信,导致会计信息不真实,会误导相关利益用户作出错误的决策,造成社会资源的巨大浪费。古有"曾子杀猪"教子诚信,今有"信义兄弟"坚守诺言;古有"商鞅立木为信",今有拾荒老人吴兰玉替夫还债。诚信早已融入中华儿女的血脉,成了每一位中华儿女做人的准则,更是每一位会计人员的立业之本。

"诚信"两字看似简单,却是知易行难。会计人员需要坚持做诚信之事,努力成为守信之人。会计人员应自觉养成良好的诚信习惯,坚持"诚信为本"的道德底线,"勿以恶小而为之,勿以善小而不为"。

三、会计核算基础

会计核算基础又称会计记账基础,是指会计确认、计量、记录和报告的基础。它具体包括权责发生制和收付实现制。

(一)权责发生制

权责发生制又称应收应付制,是指以取得收取款项的权利或支付款项的义务为标志来确定本期收入和费用的会计核算基础。

在实际工作中,企业发生交易或者事项的时间与相关款项收付时间有时并不完全一致。在权责发生制下,凡是本期实现的收入和发生的费用,不论款项是否收付,都应作为本期的收入和费用处理;凡不属本期的收入和费用,即使款项已在本期收付,也不应作为本期的收入和费用处理。权责发生制强调经营成果的计算。

为了真实、公允地反映特定会计期间的财务状况和经营成果,《企业会计准则——基本准则》规定,企业应当以权责发生制为基础进行会计确认、计量、记录和报告。

(二)收付实现制

收付实现制又称现收现付制,是指以现金的实际收付为标志来确定本期收入和费用的会计核算基础。

在收付实现制下,凡是本期实际收到款项的收入和付出款项的费用,不论其是否属于本期,都作为本期的收入和费用处理;凡是本期没有实际收到款项的收入和付出款项的费用,均不作为本期的收入和费用处理。收付实现制强调财务状况的切实性。

在我国,政府会计由预算会计和财务会计构成。其中,预算会计部分采用收付实现制,国务院另有规定的,依照其规定;财务会计部分采用权责发生制。

> **财智未来**
>
> 　　会计大数据技术与人工智能技术的应用,对会计基本假设和会计信息质量要求带来新的挑战和机遇。例如,在大数据环境下,会计信息的及时性和相关性得到了极大的提升,但同时也对信息的真实性和可靠性提出了更高的要求。为了确保会计信息的质量,企业需要利用大数据技术进行数据清洗和验证,确保数据的准确性和完整性,还可以运用人工智能技术对未来数据进行合理预测。
>
> 　　而 Python 在数据处理和验证方面有着得天独厚的优势。它提供了丰富的数据处理库,如 Pandas、NumPy 等,可以方便地进行数据的清洗、转换和验证。此外,Python 还可以与其他大数据技术相结合,如 Hadoop、Spark(两大数据处理领域的重要技术)等,实现海量数据的快速处理和分析。在保证会计信息质量方面,Python 的数据分析和可视化库发挥着重要作用。Matplotlib 库提供了丰富的绘图函数,能够绘制折线图、柱状图、饼图等多种图表,将复杂的会计数据以直观的图形展示出来,帮助会计人员更全面、深入地分析、对比数据,确保数据的可比性。

第三节　会计的方法

一、会计的方法及其分类

　　会计的方法是为了发挥会计职能,实现会计目标,从会计实践中总结出来的手段。随着会计核算和监督的内容日趋复杂以及经营管理对会计不断提出新的要求,会计的方法也在不断地改进和发展。

　　会计是由会计核算、会计分析和会计检查三部分组成的。因此,会计的方法也分为会计核算方法、会计分析方法和会计检查方法,三者相互补充,构成一个完整的科学方法体系。这里主要介绍会计核算方法。

二、会计核算方法

　　会计核算方法主要有设置会计科目和账户、复式记账、填制和审核会计凭证、登记账簿、成本计算、财产清查和编制会计报表。下面只简要说明各种方法的特点和它们之间的相互联系(以后各章将陆续说明各种方法的运用)。

(一) 设置会计科目和账户

　　会计核算和监督的内容往往是包罗万象的,因此需要通过设置会计科目和账户来对会计核算和监督的内容进行科学的、具体的分类。例如,财产物资在企业内有各种不同的存在形态(如厂房、机器设备、各种材料、半成品等),这些物资在生产过程中的作用不同,管理的要求也有所不同,这就需要会计在核算时进行不同的账务处理。又如,取得这些财产物资所需要的资金可能来自不同的渠道,有的来自银行借款,有的来自投资者投入等。为了对不同的内容分别细致地进行核算和监督,会计核算前必须分别设置账户,以便取得经营管理所需要的各种不同会计信息。

(二) 复式记账

复式记账是指对每一项经济业务,都要在两个或两个以上的相关联的账户中进行记录的一种会计核算方法。在企业的资金运动过程中,任何一项经济业务都会引起资金的双重变化。例如,以银行存款购买材料,这项经济业务一方面会引起银行存款的减少,另一方面又会引起库存材料的增加。为了全面反映每一项经济业务所引起的这种双重变化,会计人员就必须在两个或两个以上相关的账户中同时加以记录。复式记账方法可以如实、完整地记录资金运动的来龙去脉,全面地反映企业经济活动过程。

(三) 填制和审核会计凭证

记账必须有根有据,这种根据就是会计凭证,会计凭证是交易或者事项的书面证明。例如,职工想要报销差旅费,就必须填制报销单,并附上车船票等相关单据,来证明经济业务真实发生并已经完成。报销单和所附的车船票等单据就是会计凭证。报销时,报销单还必须经过有关人员审核批准,并与所附单据核对无误后才可报销。报销手续完毕后,会计人员先根据报销单及所附单据填制和审核记账凭证,再据以登记账簿。

填制和审核会计凭证是会计核算工作的起点,也是保证会计资料真实的有效手段。只有经过审核无误的会计凭证,才能作为登记账簿的依据。

(四) 登记账簿

登记账簿要以会计凭证为依据,是将会计凭证中所反映的经济业务在账簿上进行全面、连续、系统记录的一种会计核算方法。通过登记账簿并定期进行对账、结账,可以提供完整、系统的会计资料,也为编制会计报表提供依据。登记账簿是会计核算的主要方法。

(五) 成本计算

成本计算是按一定的成本对象,对生产、经营过程中所发生的成本、费用进行归集,以确定各对象的总成本和单位成本的一种会计核算方法。通过成本计算,会计人员可以正确地对会计核算对象进行计价,可以考核经济活动过程中物化劳动和活劳动的耗费程度,为在经营管理中正确计算盈亏提供数据资料。

(六) 财产清查

财产清查是通过对企业货币资金和实物的盘点、往来款项的核对等来检查企业财产物资实有数额与会计账簿记录是否相符的一种会计核算方法。在财产清查中发现财产物资的账面数额与实存数额不符时,会计人员应及时调整账簿记录,使账存数与实存数保持一致,并查明账实不符的原因,明确责任;发现积压或残损物资以及往来账款中的呆账、坏账时,会计人员要积极清理和加强财产管理。财产清查不但有利于保证会计核算资料的真实与正确,而且有利于保护企业财产物资的安全与完整。

(七) 编制会计报表

编制会计报表是在账簿记录基础上对会计核算资料的进一步加工整理,即在日常账簿记录的数据资料基础上,采用一定的表格形式,总括、综合地反映各单位在一定时期内经济活动的过程和结果的一种会计核算方法。编制、报送或披露会计报表,可以为信息使用者提供有利于决策的会计信息,也可以作为会计分析和会计检查的重要依据。

从填制和审核会计凭证到登记账簿,再到根据账簿记录编制会计报表,至此一个会计期间的核算工作就告一段落,之后按照上述程序进入一个新的会计期间。如此循环往复,直至企业停业清算。

七种会计核算方法相互配合、互为依存、缺一不可,但又各具特色,如图 1-1 所示。它们作为一个完整体系,紧密结合、一环扣一环,从而保证了会计核算工作顺利进行。

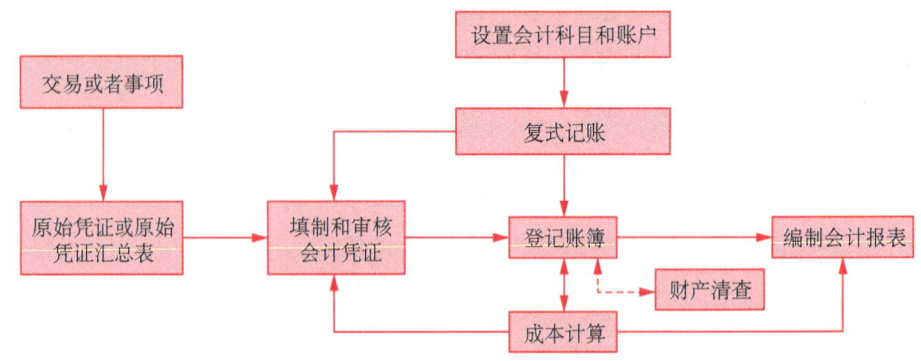

图 1-1 会计核算方法图示

> **财智未来**
>
> 大数据技术与人工智能技术为传统会计方法带来了全新的变革与活力。在大数据时代之前,企业运用传统的会计核算方法,如手工记账或基于简单电算化系统的核算,在面对海量、复杂的数据时,其效率极为低下。例如,在处理大规模企业的成本核算时,企业运用传统方法可能需要耗费大量的人力和时间进行数据的收集、整理和计算,且容易出现人为错误。而借助大数据分析工具和人工智能技术,情况得到了极大改善。
>
> 在大数据分析的背景下,数据驱动的会计方法逐渐成为主流。这种方法利用先进的数据分析工具和技术,如 Python 中的 Pandas 库,对大量财务数据进行快速处理和分析。例如,通过建立预测模型来估计未来的收入和支出,或者运用聚类分

析来识别不同的成本中心。这些方法不仅提高了会计工作的效率,还为企业战略规划提供了有力的数据支持。在预算编制方面,企业运用大数据分析可以整合企业的历史财务数据、市场趋势数据、行业对标数据等,还可以运用人工智能技术进行预测和分析,制定更符合企业实际情况和市场变化的预算方案。

此外,通过 Python 编写自动化脚本,可以实现会计凭证的自动生成和账务处理流程的自动化。以销售业务为例,当销售系统记录一笔销售交易时,Python 脚本可以根据预设的会计规则,自动从销售数据中提取关键信息,如销售金额、客户信息、产品信息等,生成相应的会计凭证,并自动完成账务处理,如借记应收账款、贷记销售收入等,极大地提高了会计工作效率,减少了人工操作带来的错误。

第四节 会计学分支和会计学科体系

一、会计学分支

会计学是一门研究会计理论和会计方法体系的管理学科。会计学主要有财务会计和管理会计两个分支。会计学分支如图 1-2 所示。

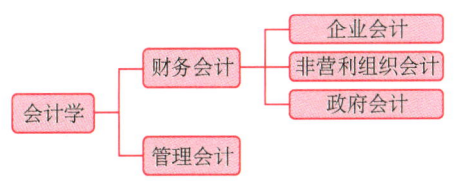

图 1-2 会计学分支图示

(一) 财务会计

财务会计又称对外报告会计,是当代企业会计的一个重要组成部分。它是运用会计核算的专门方法,以通用的会计原则为指导,对企业的生产经营过程进行反映和控制,旨在为所有者、债权人及其他利益相关者提供会计信息(财务状况、经营成果)的对外报告会计。

财务会计根据针对的组织不同,又分为企业会计、非营利组织会计和政府会计。

1. 企业会计

企业会计又称营利组织会计,是服务于企业单位的会计,主要反映企业的财务状况和经营者的经营业绩。它有其特定的会计对象和专门的会计方法。企业会计包括财务会计和成本会计等。

2. 非营利组织会计

非营利组织会计是服务于非营利组织(包括社会团体、基金会等)的会计。这里的非营利组织一般是指民间非营利组织,如各种志愿者协会等,但不包括公立非营利组织。

3. 政府会计

政府会计是将会计学的基本原理应用于政府公共部门的一门专业会计。它主要用来反映政府公共部门的财务状况和财务活动成果,以及政府公共管理部门的成本费用,如政府办公机构等。政府公共部门的活动资金主要来自国家的财政预算。

(二) 管理会计

管理会计又称对内报告会计,其主要任务是向企业管理者提供内部经营管理和经营决策的会计信息。它通过对财务会计信息的深加工和再利用,实现对经营过程的预测、决策、规划、控制和对经营者责任的考评。

二、会计学科体系

会计学作为一种知识体系,是由许多互相联系的学科组成的学科体系。目前,我国会计学科体系对应的骨干课程按照研究内容划分,主要包括"基础会计""财务会计学""成本会计学""会计信息管理""管理会计学""财务管理"和"审计学"等课程。

"基础会计"课程主要阐述会计核算的基本理论、基本方法和基本操作技术,它作为会计学的入门学科,是学习其他会计学科的基础。

"财务会计学"课程阐述企业如何按照会计核算的一般原则和账务处理程序,对经济业务进行确认、计量、记录和编制会计报表,对外传递会计信息。

"成本会计学"课程阐述成本预测、成本决策、成本计划、成本核算、成本控制及成本分析的理论与方法。

"会计信息管理"课程是会计学体系中一个新的重要分支,是会计技术与电子计算机技术相结合的产物。它是研究会计在电子计算机环境下的理论、方法、技术以及运行规律的学科。

"管理会计学"课程包括侧重于内部管理的执行性会计和以会计预测、决策为内容的决策会计两部分。

"财务管理"课程阐述企业如何"理财"。即筹集资金,运用资金,正确分配企业净收益。

"审计学"课程主要阐述对经济活动的合理、合法及效益的监督检查的基本理论和方法。

人们对会计学的认识不同,因而,对怎样建立科学完善的会计学体系尚有很大分歧。同样,会计学科体系也并不是一成不变的,随着科学技术的发展、社会的进步、自然科学和社会科学互相渗透、边缘科学与交叉学科的出现,随着人类社会生产实践和会计实践活动的不断丰富,传统的会计理论将会被新的会计理论所代替,现行的会计学科体系将被改造,新的、适应经济发展需要的会计理论和学科体系将会出现,并将展现出其强大的生命力。

> **财智未来**
>
> 会计学分支众多，在每个分支中，大数据技术和人工智能技术都有广阔的应用前景。比如，在财务会计领域，大数据技术可以实现财务数据的实时采集和处理，提高财务报告的及时性和准确性。在管理会计领域，大数据技术和人工智能技术可以支持企业的预算管理、成本控制和绩效评估等工作，为企业管理层提供更有价值的决策信息。在成本会计领域，大数据技术和人工智能技术可以帮助企业更精准地核算产品成本，提高成本控制的有效性。在审计领域，大数据技术和人工智能技术可以实现审计数据的自动化处理和分析，提高审计工作的效率和准确性。随着会计学科体系的不断完善和发展，掌握大数据技术和人工智能技术将成为新一代会计专业人士不可或缺的能力之一。

第五节　DeepSeek 与会计

在当今数字化浪潮下，信息技术迅猛发展，以 DeepSeek 为代表的 AI 工具正在重构会计职业的知识图谱。这类 AI 工具体系深度融合机器学习、自然语言处理（NLP）和分布式计算技术，构建起"采集—清洗—分析—决策"的全链路智能化解决方案。这一宏大的技术变革浪潮正重塑着众多传统行业，会计领域也正经历一场系统性变革。面对这一趋势，会计从业者亟需掌握此类工具的应用逻辑，以适应数字化转型的新要求。

一、DeepSeek 概述

DeepSeek 是杭州深度求索人工智能基础技术研究有限公司推出的 AI 助手，于 2025 年 1 月 15 日正式上线。DeepSeek 凭借自然语言处理、机器学习与深度学习、大数据分析等核心技术优势，在推理、自然语言理解与生成、图像与视频分析、语音识别与合成、个性化推荐、大数据处理与分析、跨模态学习及实时交互与响应八大领域表现出色。它能进行逻辑推理、解决复杂问题，理解和生成高质量文本，精准分析图像和视频内容，准确识别和合成语音，根据用户偏好提供个性化推荐，高效处理大规模数据并挖掘有价值信息，实现多模态数据融合与学习，以及通过智能助手和聊天机器人实现快速的自然语言交互。

在当今数据爆炸的时代，企业所产生的数据量呈指数级增长，而这些数据又存在着结构化、半结构化和非结构化等多种复杂形式。DeepSeek 凭借其卓越的技术架构和先进的算法体系，能够高效地对这些海量且复杂的数据进行精准处理。无论是来自企业内部各个部门的业务数据，还是来自外部市场环境的相关数据，DeepSeek 都能将其纳入分析范畴，通过严谨的算法和精密的模型，迅速提炼出蕴含在其中的宝贵信息。

二、DeepSeek 在会计中的具体应用

1. 财务数据分析

DeepSeek 在财务数据分析领域展现出了强大的实力。对于资产负债表，它能够快速分析企业的资产结构、负债水平和所有者权益状况，通过对各项资产和负债的占比分析、趋势变化分析等，帮助企业了解自身的财务状况是否健康，是否存在潜在的财务风险。对于利润表，DeepSeek 可以深入挖掘企业的收入来源、成本结构和利润水平，通过对比不同期间的利润数据、分析各项成本费用的变动原因，为企业的成本控制和盈利提升提供决策依据。对于现金流量表，它能够清晰地展现企业的现金流入和流出情况，分析企业的现金创造能力和资金运营效率，帮助企业合理规划资金，确保企业的资金链安全稳定。

此外，DeepSeek 还可以进行财务比率分析、趋势分析、结构分析等多种分析方法，全面而深入地解读企业的财务状况，为企业的财务管理提供全方位、多层次的支持。

2. 预算编制与管理

在预算编制方面，DeepSeek 发挥着极为重要的作用。它可以依据企业的历史财务数据和业务发展规划，运用先进的算法自动生成预算草案。通过对企业过去多年财务数据的学习和分析，结合企业的战略目标、市场预测及内部运营计划等因素，DeepSeek 能够准确地预测各项收入和支出项目，为预算编制提供科学、合理的依据。

在预算执行过程中，DeepSeek 能够实时监控预算的执行情况，将实际发生的数据与预算数据进行对比分析，及时发现偏差并预警。如果某个部门的费用支出超出了预算范围，DeepSeek 会立即发出提醒，以便企业管理层采取相应的措施进行调整，确保预算目标的顺利实现。同时，DeepSeek 还可以根据实际执行情况动态调整预算方案，使预算更加贴合企业的经营实际情况，提高预算的灵活性和有效性。

3. 成本核算与控制

DeepSeek 在成本核算与控制方面具有独特的优势。它能够对企业的成本数据进行细致入微地分析，从原材料采购成本、生产成本、销售成本到管理成本等各个环节，深入挖掘成本控制的关键点。通过对成本数据的多维度分析，如按时间维度、产品维度、部门维度等进行分析，帮助企业找出成本费用的波动原因和节约潜力。

在成本控制过程中，DeepSeek 可以实时监控成本费用的发生情况，一旦发现有成本浪费现象或异常支出，会及时发出警报并提供详细的分析报告。例如，如果发现某个生产环节的原材料损耗率过高，DeepSeek 会立即提示相关部门进行调查和改进，从而降低企业的运营成本，提高企业的经济效益。

4. 审计与风险管理

在审计工作中，DeepSeek 大大提高了审计的效率和准确性。面对海量的审计数据，传统的人工审计方式往往需要耗费大量的时间和精力，且容易出现疏漏。而 DeepSeek

可以快速地对审计数据进行筛选、分析和整理,精准地定位可能存在问题的审计领域。例如,通过对财务报表数据的快速扫描和分析,能够发现其中的异常数据和潜在的审计风险点。在风险评估方面,DeepSeek 可以对企业面临的各种财务风险进行全面的量化评估。它可以根据市场环境的变化、企业内部财务状况的变动等因素,运用风险评估模型计算出风险发生的概率和可能造成的损失程度,为企业制定风险防范策略提供科学的依据。同时,DeepSeek 还能够实时监测企业的风险状况,当风险水平超过设定的阈值时,及时发出预警信号,以便企业采取有效的风险应对措施,保障企业的稳健发展。

三、DeepSeek 对会计发展的影响

1. 提升会计工作效率

DeepSeek 的高度自动化处理功能为会计工作带来了革命性的变化。DeepSeek 能够自动完成大量烦琐且重复性的数据处理和分析任务,如数据录入、计算、报表生成等,极大地减少了会计人员的工作量。例如,在月末结账时,DeepSeek 可以在短时间内完成大量的数据统计和核算工作,而会计人员只需对结果进行审核和确认即可。这使会计人员能够从繁重的基础性工作中解脱出来,将更多的时间和精力投入高级财务管理工作中,如财务分析、预算管理、战略规划等,从而提高了会计工作的整体效率和质量。

2. 提高会计信息质量

DeepSeek 的智能数据分析功能有助于提高会计信息的准确性和可靠性。在传统的会计工作中,由于人为因素的影响,如疲劳、疏忽等,可能会出现数据录入错误、计算失误等问题。而 DeepSeek 通过对数据的自动化处理和分析,能够有效减少这些错误的发生概率。同时,它还能够对数据进行深入挖掘和验证,发现数据中的潜在问题和异常情况。例如,在财务报表编制过程中,DeepSeek 可以通过对数据的交叉核对和逻辑验证,确保报表数据的真实性和完整性。此外,DeepSeek 提供的数据可视化功能可以使会计信息以更加直观、易懂的方式呈现出来,便于企业管理层和其他相关人员更好地理解和使用会计信息,从而提高了会计信息的质量和决策有用性。

3. 推动会计职能转变

DeepSeek 的应用促使会计职能从传统的核算型向管理型和战略型转变。在传统的会计模式下,会计人员的主要工作是进行账务处理和报表编制,扮演着"账房先生"的角色。而随着 DeepSeek 等 AI 工具的应用,会计人员的工作重点逐渐向数据分析、决策支持和战略规划等方面转移。传统的会计工作将由 DeepSeek 等 AI 工具完成,而未来会计人员则运用工具完成数据统计并根据数据分析结果,为企业的管理决策提供有力支持。此外,会计人员还需要具备更高的业务洞察力和战略思维能力,能够从宏观角度审视企业的财务状况和经营活动,为企业的长远发展提供战略性的建议。例如,通过对市场趋势和竞争对手的分析,为企业的投资决策、产品定价等提供参考依据。

四、DeepSeek 的未来展望与会计人员的能力提升要求

随着信息技术的不断发展和大数据时代的深入推进，DeepSeek 等 AI 工具在会计领域的应用前景将更加广阔。未来，它将不断创新和优化功能，以更好地适应会计工作的多样化需求。同时，会计人员也需要不断提升自己的能力素质，以适应各种 AI 工具带来的变革。一方面，会计人员需要加强信息技术方面的学习，掌握 DeepSeek 的操作技能和数据分析方法，以便能够熟练运用这一工具为企业管理服务。另一方面，会计人员还需要提升自己的综合业务能力，包括财务分析能力、风险管理能力、沟通能力等。只有不断学习和进步，会计人员才能在 AI 时代下更好地履行自己的职责，为企业创造更大的价值。

第六节　会计法规体系

会计法规是指由国家和地方立法机关以及中央、地方各级政府和行政部门制定颁发的有关财务会计方面的法律、法规、规则、办法、规定等。这些法规制度是贯彻国家有关财经方针、政策的重要工具，是处理财务会计工作的规范和基本准则。我国企业会计法规体系是以《会计法》为中心形成的较为完备的会计法规体系，包括《会计法》《企业会计准则》《小企业会计制度》《企业会计制度》等会计核算方面的法规制度，以及《会计档案管理办法》《会计基础工作规范》等其他会计法规。

一、会计法

这里的会计法是指 1985 年 1 月 21 日颁布的《会计法》，该法于 1985 年 5 月 1 日起正式施行，并于 1993 年 12 月第一次修正、1999 年 10 月修订、2017 年 11 月第二次修正、2024 年 6 月第三次修正。它是我国会计工作的根本性法律，是制定会计准则、会计制度和各项会计法规的基本依据，也是指导会计工作最根本的准则。

《会计法》是调整我国经济生活中会计关系的法律规范，主要规定了会计工作的基本目的、会计管理权限、会计责任主体、会计核算和会计监督的基本要求、会计人员和会计机构的职责权限，并对会计法律责任作出了详细的规定。《会计法》是会计法律制度中层次最高的法律规范，是制定其他会计法规的依据，也是指导会计工作的最高准则。《会计法》明确规定由国务院财政部门管理全国的会计工作。

《会计法》的颁布施行，对加强会计工作，保障会计人员行使职权，发挥会计工作在维护国家财经制度、加强经济管理、提高经济效益中的作用，具有十分重要的意义。

二、会计行政法规

会计行政法规是由国务院制定发布或者由国务院有关部门拟定并经国务院批准发布，用来调整经济生活中某些方面会计关系的法律规范。会计行政法规的制定依据是

《会计法》,是对会计法律的具体化或某个方面的补充。比如,1990年12月31日国务院发布的《总会计师条例》,1992年11月16日国务院批准、同月30日财政部发布的《企业会计准则》等。

三、会计规章

会计规章包括会计地方政府规章和会计部门规章两种。

(一) 会计地方政府规章

会计地方政府规章是指由省、自治区、直辖市以及较大的市的人民政府根据法律、行政法规和本省、自治区、直辖市的地方性法规制定的适用于本地区的会计地方政府规章,会计地方政府规章的效力低于宪法、法律、行政法规和地方性会计法规。由于会计地方政府规章具有较强的地区局限性,我们接下来主要学习的内容是会计部门规章。

(二) 会计部门规章

会计部门规章是指由主管全国会计工作的行政部门(即财政部),根据法律和国务院的行政法规、决定、命令,在本部门的权限范围内制定的、调整会计工作中某些方面内容的规范性文件。国务院其他部门根据其职责权限制定的会计方面的规范性文件也属于会计规章,但必须报财政部审核或者备案。会计部门规章的效力低于宪法、法律和行政法规。

1. 会计部门规章内容

会计部门规章是根据《会计法》和会计行政法规制定的,其在内容上又可以分为三大类:

(1) 关于会计基础及档案的管理,如2015年颁布的《会计档案管理办法》,2019年修订的《会计基础工作规范》,2020年财政部、国家档案局发布的《关于规范电子会计凭证报销入账归档的通知》等。

(2) 关于会计机构和会计人员的管理,如2018年颁布的《会计人员管理办法》《会计专业技术人员继续教育规定》,2019年修订的《代理记账管理办法》等。

(3) 关于各类企业、事业单位会计核算及监督的管理,如《企业会计准则》《小企业会计准则》《政府会计准则》《民间非营利组织会计制度》《企业国有资本与财务管理暂行办法》《企业内部控制规范及指引》等。

2. 会计准则体系

会计部门规章中最主要的内容是会计准则,会计准则是关于会计确认、计量、记录和报告的会计行为规范,是进行会计核算工作必须共同遵守的基本要求。它是我国境内所有企业、事业单位进行会计工作所必须遵循的基本规范,是我国会计法规体系的重要组成部分,对我国企业、事业单位的财务会计核算具有普遍约束力。

3. 企业会计准则

2006年2月15日,财政部发布了包括《企业会计准则——基本准则》(以下简称基本准则)和38项具体准则在内的企业会计准则体系(后续补充了4项具体准则),实现了我国会计准则与国际财务报告准则的实质性趋同,顺应了完善我国社会主义市场经济体制和经济全球化的需要,对规范企业会计行为、提高会计信息质量、报告财务状况和经营成果、供投资人作出决策、完善资本市场和市场经济等具有十分重要的意义。现行的企业会计准则体系如图1-3所示。

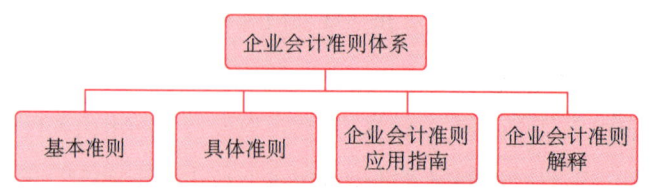

图1-3 现行的企业会计准则体系

1)基本准则

基本准则规定了会计目标、基本假设、会计核算基础和会计信息质量要求、会计要素及其确认、计量原则,以及财务报告的基本规范等。它对具体准则起着统驭作用,可以确保各具体准则的内在一致性。

2)具体准则

具体准则根据基本准则制定,用来指导企业各类经济业务的确认、计量、记录和报告。具体准则是根据基本准则的要求,对经济业务的会计处理所作的具体规定。具体准则又可以分为一般业务会计准则、会计报表准则和特殊行业的特殊业务准则,如图1-4所示。

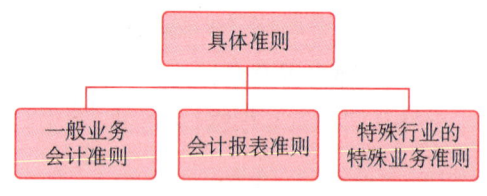

图1-4 具体准则图示

(1)一般业务准则主要规范各类企业普遍适用的一般经济业务的确认和计量要求,包括存货、会计政策、会计估计变更和差错更正、资产负债表日后事项、建造合同、所得税、固定资产、租赁、收入、职工薪酬、股份支付、外币业务、借款费用、长期股权投资等。

(2)会计报表准则主要规范普遍适用于各类企业的报告类准则,如财务报表列报、现金流量表、合并财务报表、中期财务报告等。

(3)特殊行业的特殊业务准则主要规范特殊行业的特定业务的确认和计量要求,如石油天然气开采、生物资产、金融工具确认和计量等。

3)企业会计准则应用指南

企业会计准则应用指南是根据基本准则和具体准则制定的,指导会计实务的操作性指南,主要解决在运用准则处理经济业务时所涉及的会计科目、账务处理、会计报表及其格式问题。

企业会计准则应用指南由两部分组成:第一部分为会计准则解释,第二部分为会计科目和主要账务处理。

4）企业会计准则解释

企业会计准则解释主要是针对企业会计准则实施中遇到的问题作出的相关解释。

思政点睛

会计是技术性很强又和政策性紧密结合的工作。一名合格的会计人员应该坚守自己的职业道德底线,遇到问题应保持底线思维,如果无法坚持职业道德底线,违反了相关的法律、法规,那么必将受到相应的惩戒和处罚。当个人利益、企业利益与社会公众利益发生冲突时,处理冲突的最基本的原则是廉洁自律,一切以社会公众利益为重。

在工作和生活中,会计人员必须坚守道德底线,必须遵守国家各项法律、法规,牢记财务人员的工作守则：

一、敬业爱岗,努力钻研业务,使自己的知识和技能适应本岗位的要求。

二、熟悉财经法律、法规和会计制度,按照各项制度和会计基础工作规范的要求办理各项业务。

三、依法办事。按照会计法律、法规、规章、规定的程序和要求进行核算,保证会计信息的真实、合法、完整、准确、及时。

四、实事求是、客观公正,遵守会计人员职业道德,不得以工作之便收受他人钱物。

财智未来

大数据技术和人工智能技术在会计法规监管中发挥着日益重要的作用。通过大数据分析,监管部门能够实时监测会计市场的运行情况,及时发现和预警违规行为。例如,利用数据挖掘和人工智能技术,可以快速识别财务报表中的异常信号,精准判断是否存在错报或舞弊风险。这种实时监测和预警机制不仅提高了监管效率,而且增强了对潜在风险的防范能力。同时,大数据技术为会计法规的制定和修订提供了更为科学、全面的依据。通过对海量会计数据的分析,监管部门可以深入了解会计实践中的问题和需求,从而制定更具针对性和前瞻性的法规。例如,大数据分析可以帮助识别法规执行中的不足,为修订提供数据支持。此外,大数据技术还能促进法规的动态调整,确保其与经济发展和市场变化保持一致。

在实际应用中,大数据技术和人工智能技术支持构建风险识别预警模型,动态更新企业财会领域的风险画像,帮助企业提前感知并应对潜在财务风险。这种基于数据驱动的监管模式,不仅提升了会计信息质量,而且为维护财经纪律和市场经济秩序提供了重要保障。

第七节　会计职业道德及其管理方法

一、会计职业道德概述

(一) 会计职业道德的概念

会计职业道德是指会计人员在会计工作中应当遵循的、体现会计职业特征的、调整会计职业关系的职业行为准则和规范。会计职业道德由特定的社会生产关系和经济社会发展水平决定,包括会计职业理想、会计职业责任、会计职业技能、会计工作态度、会计工作作风和会计职业纪律等内容。

在现代市场经济和现代企业制度环境下,如实反映受托责任履行情况的诚实性和可靠性是会计的基本职责,因此,会计职业道德的核心是诚信。诚信是诚实、守信、真实的总称,也就是实事求是、真实客观、不弄虚作假,它要求会计人员客观公正、遵守统一的会计制度、言行一致,表里如一、不做假账、忠诚为人,以诚待人。准确核算、如实反映、讲求诚信是决定会计工作成败和质量好坏的根本标准。会计人员应当以诚信为本,保持客观公正。

(二) 会计职业道德的内容

为贯彻落实党中央、国务院关于加强社会信用体系建设的决策部署,推进会计诚信体系建设,提高会计人员职业道德水平,根据《会计法》《会计基础工作规范》,财政部研究制定了《会计人员职业道德规范》,提出"三坚三守",强调会计人员"坚"和"守"的职业特性和价值追求,是对会计人员职业道德要求的集中表达。"三坚三守"的具体内容如下:

(1) 坚持诚信,守法奉公。牢固树立诚信理念,以诚立身、以信立业,严于律己、心存敬畏。学法知法守法,公私分明、克己奉公,树立良好职业形象,维护会计行业声誉。

(2) 坚持准则,守责敬业。严格执行准则制度,保证会计信息真实完整。勤勉尽责、爱岗敬业,忠于职守、敢于斗争,自觉抵制会计造假行为,维护国家财经纪律和经济秩序。

(3) 坚持学习,守正创新。始终秉持专业精神,勤于学习、锐意进取,持续提升会计专业能力。不断适应新形势新要求,与时俱进、开拓创新,努力推动会计事业高质量发展。

"三坚三守"逻辑清晰、层层递进:"坚持诚信,守法奉公"是对会计人员的自律要求,"坚持准则,守责敬业"是对会计人员的履职要求,"坚持学习,守正创新"是对会计人员的发展要求。加强会计人员职业道德建设,对长期以来会计职业活动实践中形成的职业道德要求进行总结提炼和大力宣传,引导会计人员形成正确的价值追求和行为规范,对于提高会计工作水平和会计信息质量、加强社会信用体系建设、推动经济社会高质量发展具有重要意义。

二、会计职业道德的管理方法

（一）增强会计人员诚信意识

（1）强化会计职业道德意识。引导会计人员自觉遵纪守法、勤勉尽责、参与管理、强化服务，不断提高专业胜任能力；督促会计人员坚持客观公正、诚实守信、廉洁自律、不做假账，不断提高职业操守。

（2）加强会计诚信教育。采取多种形式，广泛开展会计诚信教育，将会计职业道德作为会计人员继续教育的必修内容，大力弘扬会计诚信理念，不断提升会计人员诚信素养；大力发掘、宣传会计诚信模范等会计诚信典型，树立会计人员的学习榜样；深入剖析违反会计诚信的典型案例，引以为戒；在财会类教育中开设"会计职业道德"课程，努力提高会计后备人员的诚信意识；鼓励用人单位建立会计人员信用管理制度，将会计人员遵守会计职业道德情况作为考核评价、岗位聘用的重要依据，强化会计人员诚信意识。

（二）建立会计人员信用档案

（1）建立严重失信会计人员"黑名单"制度。将有提供虚假财务报告、做假账，隐匿或者故意销毁会计凭证、会计账簿、财务报告，贪污，挪用公款，职务侵占等与会计职务有关违法行为的会计人员，作为严重失信会计人员列入"黑名单"，纳入全国信用信息共享平台，依法向社会公开披露相关信息。

（2）建立会计人员信用信息管理制度。制定会计人员信用信息管理办法，规范会计人员信用评价、信用信息采集、信用信息综合利用、激励惩戒措施等，建立会计人员信息纠错、信用修复、分级管理等制度，建立健全会计人员信用信息体系。

（3）完善会计人员信用信息管理系统。以会计专业技术资格管理为抓手，有序采集会计人员信息，记录会计人员从业情况和信用情况，建立和完善会计人员信用档案，构建全国统一的会计人员信用信息平台。

（三）建立健全会计职业联合惩戒机制

建立健全会计职业联合惩戒机制，明确联合惩戒对象、信息共享与联合惩戒的实施方式和联合惩戒措施。联合惩戒对象主要是指在会计工作中违反《会计法》《中华人民共和国公司法》（以下简称《公司法》）《中华人民共和国证券法》（以下简称《证券法》）以及其他法律、法规、规章和规范性文件，违背诚实信用原则，经财政部门及相关部门依法认定的存在严重违法失信行为的会计人员。信息共享与联合惩戒的实施方式是指认定联合惩戒对象名单的相关部门和单位通过全国信用信息共享平台将会计领域违法失信当事人的相关信息推送给财政部，并及时更新。联合惩戒措施主要有：

①罚款、限制从事会计工作;②记入会计从业人员信用档案;③将会计领域违法失信当事人信息通过财政部网站、"信用中国"网站予以发布,同时协调相关互联网新闻信息服务单位向社会公布;④实行行业惩戒;⑤限制取得相关从业任职资格,限制获得认证证书;⑥依法限制参与评先、评优或取得荣誉称号;⑦依法限制担任金融机构董事、监事、高级管理人员;⑧依法限制其担任国有企业法定代表人、董事、监事;⑨限制登记为事业单位法定代表人;⑩作为招录(聘)为公务员或事业单位工作人员以及业绩考核、干部选任的参考。

> **财智未来**
>
> 会计大数据技术和人工智能技术的广泛应用对会计人员的职业道德提出了更高的要求。在处理和分析数据时,会计人员面临着诸多风险,如数据滥用、数据泄露等。数据滥用可能表现为会计人员利用手中掌握的大量财务数据,为个人或特定利益集团谋取不正当利益,如泄露企业的商业机密、操纵财务数据以达到特定的业绩目标等。数据泄露则可能由于会计人员的疏忽或安全防护措施不到位,企业的会计数据被非法获取,给企业带来严重的损失。
>
> 为了加强对会计职业道德的监督和管理,Python开发的监控工具可以发挥重要作用。通过Python编写脚本对数据访问日志进行分析,日志中记录了会计人员对会计数据的访问时间、访问方式、访问内容等信息。脚本可以通过分析这些日志数据,检测是否存在异常的访问行为,如频繁的大规模数据下载、非工作时间的敏感数据访问等。一旦发现异常行为,系统可以及时发出警报,通知相关管理人员进行调查和处理,保障会计数据的合法合规使用。此外,还可以利用Python开发数据使用权限管理系统,根据会计人员的职责和工作需要,为其分配不同的数据访问权限,实现对数据访问的精细化控制,从源头上降低数据滥用和泄露的风险。

第八节 会计机构、会计人员和会计职业

一、会计机构

会计机构是各单位办理会计事务的职能机构。建立健全会计机构,配备与工作要求相适应的、具有一定素质和数量的会计人员,是充分发挥会计职能作用的重要保证。会计机构的设置包括国家会计管理部门、行政事业单位和企业会计机构的设置。我国会计事务管理的最高机构是中华人民共和国财政部会计司,它是财政部的一个职能部门,主要任务是制定、修订与解释会计准则和会计制度等。

《会计法》规定,各单位应当根据会计业务的需要,设置会计机构,或者在有关机构中设置会计人员并指定会计主管人员;不具备设置条件的,应当委托经批准设立从事会计代理记账业务的中介机构代理记账。可见,为了科学、合理地组织会计工作,原则上各单位都需要设置专门从事会计工作的职能部门——会计机构。会计机构设置的形式有下面三种。

1. 单独设置会计机构

实行独立核算的大中型企业,都要单独设置会计机构,并在企业负责人的领导下开展会计工作。在设置总会计师的企业,其会计机构由总会计师直接领导,同时,接受上级财务部门的指导和监督。

2. 不单独设置会计机构,但配备专职会计人员

不具备单独设置会计机构条件的单位,应当在有关机构中配备专职会计人员,并在专职会计人员中指定会计主管人员。这里的"会计主管人员",是指负责组织、管理会计事务,行使会计机构负责人职权的人员。

3. 委托代理记账

不具备单独设置会计机构条件、不配备专职会计人员的单位,应当根据《代理记账管理办法》的规定,委托会计师事务所或者持有代理记账许可证书的其他代理记账机构进行代理记账。

二、会计人员

《会计法》第三十六条第一款、第二款规定:"会计人员应当具备从事会计工作所需要的专业能力。担任单位会计机构负责人(会计主管人员)的,应当具备会计师以上专业技术职务资格或者从事会计工作 3 年以上经历。"这说明会计机构负责人除了需要具备扎实的会计理论知识,熟悉国家财经法律、法规、规章和方针政策,同时,还要具有丰富的会计实践工作经验。

(一)会计人员应具备的素质

会计人员应该热爱本职工作,贯彻执行《会计法》、财经法律、法规和有关财务制度,熟悉财经制度,兼顾理论知识与动手能力,还要有扎实的专业素质、较强的写作能力和协调能力。

(二)会计人员的主要职责

1. 进行会计核算

会计核算是会计人员最基本也是最主要的职责。会计人员必须根据实际发生的经济业务事项进行会计核算,按照会计制度规定的程序和方法取得、填制和审核会计凭证,及时、准确地登记会计账簿,按期编制和报送会计报表,及时提供能满足各方面需要的会计信息。

2. 实行会计监督

会计监督也是会计的基本职责之一，根据《会计法》的规定，会计监督的职责主要体现在两个方面：一方面是会计人员对本单位各项经济业务和会计手续的合法性、合理性进行监督，这主要体现在会计人员对不真实、不合法的原始凭证可以不予受理，对于账簿记录和实物、款项不符的问题，有权处理的按有关规定进行处理，无权处理的及时向本单位领导人进行报告。对于违反国家统一的财政制度、财务规定的收入，可以不予办理。对于违反《会计法》和会计制度的行为有权进行监督。另一方面是各单位必须按照法律和有关法规的规定，接受财政审计、税务机关的监督，在接受监督的过程中，必须如实地提供凭证、账簿、报表等有关的会计资料以及其他书面文件，不得拒绝、隐匿和谎报。

3. 拟定本单位办理会计事务的具体办法

这包括选择和制定有关的会计处理方法、会计处理程序，如计提折旧的方法和存货计价的方法；制定本单位的内部控制制度、财产清查制度，选择和制定成本计算办法等。

4. 参与制订各项计划

会计人员应参与制订本单位经营计划、业务计划，编制预算和财务计划并考核、分析其执行情况，同时，提出改进的建议和措施，促使有关部门改善经营管理。

5. 办理其他的会计事项

会计人员应协助其他管理部门做好管理技术工作，如对企业单位管理人员进行财会知识培训等。这也是会计人员的工作职责之一。

(三) 会计人员的继续教育

继续教育是一种特殊形式的教育，主要是对专业技术人员的知识和技能进行更新、补充、拓展和提高，进一步完善知识结构，提高创造力和专业技术水平。为了规范会计专业技术人员继续教育，保障会计专业技术人员合法权益，财政部、人力资源社会保障部于2018年5月发布了《会计专业技术人员继续教育规定》。该规定明确指出，无论是否具有会计专业技术资格，只要从事会计工作的人员都需要参加继续教育。

会计专业技术人员继续教育内容包括公需科目和专业科目。公需科目包括专业技术人员应当普遍掌握的法律、法规、政策理论、职业道德、技术信息等基本知识。专业科目包括会计专业技术人员从事会计工作应当掌握的财务会计、管理会计、财务管理、内部控制与风险管理、会计信息化、会计职业道德、财税金融、会计法律、会计法规等相关专业知识。

会计专业技术人员参加继续教育实行学分制管理，每年参加继续教育取得的学分不少于90学分。其中，专业科目一般不少于总学分的2/3。另外，会计人员所在单位应将会计人员参加继续教育的情况作为会计人员任职、晋升的依据之一。继续教育主管部门应将会计人员参加继续教育情况的考核情况作为评选先进会计工作者、颁发荣誉证书等的依据之一。

三、会计职业

会计职业是指利用会计专门的知识和技能，为经济社会提供会计服务，获取合理报酬的职业。

（一）会计职业的特征

会计职业主要有以下特征：

（1）会计职业的社会属性。会计职业是社会的一种分工，履行会计职能，应为社会提供会计服务，维护生产关系和经济社会秩序，正确处理企业利益相关者和社会公众的经济权益及其关系。

（2）会计职业的规范性。会计职业具有系统性的专业规范操作要求，具有严格职业道德的规范性要求。

（3）会计职业的经济性。会计职业是会计人员赖以谋生的劳动过程，具有获取合理报酬的特性。

（4）会计职业的技术性。会计职业采用各种专门方法和程序履行其职能。

（5）会计职业的时代性。会计职业应适应经济社会生产经营方式、发挥市场在经济资源配置中的决定作用和更好地发挥政府作用以及文化、社会组织等多种因素的变化要求，切实贯彻创新、协调、绿色、开放、共享的新发展理念，与时俱进，适应中国特色社会主义新时代的要求。

（二）会计职业的风险

会计职业风险是指会计职业行为产生差错或不良后果应由会计行为人承担责任的可能性。企业会计的职业风险主要产生于以货币为主要计量单位和公司治理等多方面。

以货币为计量单位受到多种计量属性以及币值变动的影响，不同交易或者事项的确认、计量、记录和报告采用不同的计量属性形成不同的会计核算结果，产生不同的经济后果，导致会计面临不同会计技术处理、职业判断和选择不当甚至出现会计差错的职业风险。

会计人员在会计工作中产生或导致会计职业风险的常见行为有会计作假，即会计人员在会计核算和会计报表编制中存在不实反映的故意行为。会计作假行为主要包括：伪造、编造记录或凭证；侵占单位资产；隐瞒或删除交易或事项；记录虚假的交易或事项；蓄意使用不当的会计政策等。会计作假是故意的，是一种欺诈、故意违规违法甚至蓄意犯罪行为。会计作假给单位或其他利害关系人（包括国家利益）造成损失的，会计人员应该承担一定的责任和后果，要为自己的行为付出代价，这就是会计职业风险。

除此之外，会计法律、规章制度和会计准则等规范性文件的变化，以及相应会计处理技术方法的改进等也会导致企业会计人员在会计确认、计量、记录和报告过程中可能发生合法性、准确性的偏差甚至错误等风险。

财智未来

随着大数据时代的到来,会计人员的角色也在发生变化,从传统的数据记录者转变为数据分析师和财务数据科学家。会计人员需要具备更强的数据分析与预测能力,而 Python、大数据技术和人工智能技术正是提升这种能力的有效工具。无论是大型企业还是小型事务所,都开始重视会计人员对相关大数据技术的掌握程度。通过 Python、大数据技术和人工智能技术,会计人员不仅可以更好地服务于现有岗位,而且能为自己的职业生涯开辟新的道路,如成为数据分析师、财务数据科学家等。Python、大数据技术和人工智能技术的应用使得会计职业更加多元化,也对会计人员提出了新的要求。

技能自测题

一、单项选择题

1. 强调会计核算方法必须前后各期保持一致,不得随意变更的会计信息质量要求是( )。
   A. 可比性 B. 重要性
   C. 相关性 D. 谨慎性

2. 复式借贷记账法是在( )产生的。
   A. 美国 B. 英国 C. 意大利 D. 西班牙

3. 用来规定会计核算的空间范围与界限的会计基本假设是( )。
   A. 会计主体 B. 持续经营
   C. 会计分期 D. 货币计量

4. 《会计法》明确规定由( )管理全国的会计工作。
   A. 国务院 B. 财政部
   C. 全国人民代表大会 D. 注册会计师协会

5. 会计人员在审核原始凭证过程中,对于手续不完备的原始凭证,按规定应( )。
   A. 扣留原始凭证 B. 拒绝执行
   C. 向上级机关反映 D. 退回出具单位要求补办手续

二、多项选择题

1. 会计基本假设包括( )。
   A. 会计主体 B. 持续经营
   C. 会计分期 D. 货币计量
   E. 会计机构

2. 会计方法包括( )。
   A. 会计核算方法 B. 会计分析方法
   C. 复式记账方法 D. 会计检查方法
   E. 单式记账方法

3. 下列各项中,属于会计核算方法内容的有( )。
   A. 复式记账 B. 登记账簿
   C. 成本计算 D. 财产清查
   E. 编制会计报表

4. 我国《企业会计准则》规定,会计期间分为( )。

A. 年度   B. 季度   C. 月份   D. 半月

E. 半年

5. 会计的基本职能有(　　)。

A. 会计核算   B. 会计分析

C. 会计监督   D. 会计检查

E. 会计决策

三、判断题

(　　) 1. 谨慎性要求企业在会计核算时不得高估资产或收益,也不能低估和少计负债或损失。

(　　) 2. 会计主体与法律主体的关系是,法律主体必定是会计主体,会计主体也必定是法律主体。

(　　) 3. 企业会计制度规定,我国境内企业会计核算必须以人民币为记账本位币。

(　　) 4. 货币计量假设要求会计核算都必须以货币为唯一计量单位,不能使用实物和其他计量单位。

(　　) 5. 会计是一种管理活动,目的是提高经济效益。

课证融合练习题

——历年初级会计职称真题

参考答案

一、单项选择题

1. 下列各项中,确定会计核算空间范围所依据的会计基本假设是(　　)。(2024年·2分)
   A. 会计分期   B. 会计主体
   C. 货币计量   D. 持续经营

2. 下列经济业务中,按照权责发生制应计入当期收入的是(　　)。(2023年·2分)
   A. 本月收到甲企业上月的货款
   B. 本月销售乙企业商品一批,款项尚未收回
   C. 本月收回去年支付给乙企业的保证金
   D. 本业收到甲企业预付下月的货款

3. 下列各项中,体现会计信息质量重要性要求的是(　　)。(2023年·2分)
   A. 低值易耗品金额较小的,在领用时一次性计入成本费用
   B. 研发支出中属于研究阶段的支出计入当期损益
   C. 对售出商品很可能发生的保修义务确认预计负债
   D. 对可能发生的资产减值损失计提减值准备

4. 根据会计法律制度的规定,下列各项中,不属于会计核算内容的是(　　)。(2024年·2分)
   A. 固定资产盘盈   B. 合同的审核和签订
   C. 债券的收回   D. 有价证券的有偿转让

二、多项选择题

1. 下列各项中,企业应进行会计核算的有(　　)。(2024年·2分)
   A. 结转本年利润   B. 收到赔偿金
   C. 取得借款   D. 计提固定资产减值准备

2. 下列各项中,符合企业权责发生制会计核算基础的表述有(　　)。(2024年·2分)
   A. 将预付的下一年度保险费确认为当年费用
   B. 在销售已经实现但货款尚未收取时确认收入
   C. 按月计提生产经营用短期借款利息时确认费用
   D. 预收商品货款时确认收入

三、判断题

( ) 1. 企业应加强会计人员职业道德建设,要求会计人员坚持诚信、守法奉公,坚持准则、守责敬业,坚持学习、守正创新。(2024年·1分)

( ) 2. 重要性要求企业提供的会计信息应当反映与企业财务状况、经营成果和现金流量有关的所有重要交易或事项。(2024年·1分)

( ) 3. 权责发生制以实际收到或支付现金为标志确认当期收入和费用。(2024年·1分)

自我评价表

	项 目	评价打分	查缺补漏
知识目标	1. 了解会计的发展及会计学基本体系;	☆☆☆☆☆	
	2. 理解会计的含义、会计的基本职能;	☆☆☆☆☆	
	3. 理解会计职业与职业风险;	☆☆☆☆☆	
	4. 了解会计机构的含义。	☆☆☆☆☆	
技能目标	1. 明确会计基本假设和会计信息质量要求;	☆☆☆☆☆	
	2. 掌握不同会计核算基础下收入和费用归属期的判断;	☆☆☆☆☆	
	3. 阐述我国会计法律体系;	☆☆☆☆☆	
	4. 明确会计人员职业道德的要求。	☆☆☆☆☆	
素养目标	1. 树立正确的价值观;	☆☆☆☆☆	
	2. 对会计产生学习兴趣;	☆☆☆☆☆	
	3. 培养严谨细致的工作态度;	☆☆☆☆☆	
	4. 培养会计职业自豪感;	☆☆☆☆☆	
	5. 树立遵纪守法的意识。	☆☆☆☆☆	

第二章　会计对象、会计要素和会计等式

学习导图

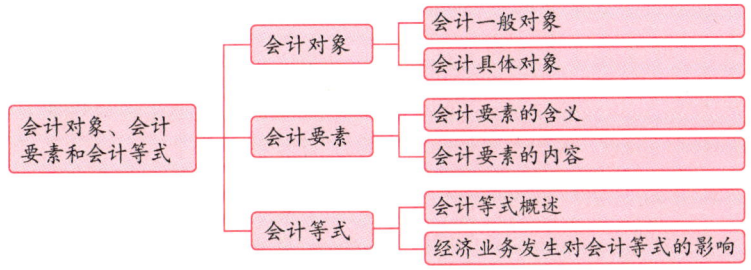

学习目标

知识目标	技能目标	素养目标
1. 明确会计对象； 2. 准确划分会计要素和运用会计等式。	1. 能对会计要素准确分类； 2. 能利用会计等式准确地分析和判断经济业务变化的类型。	1. 养成自主学习习惯； 2. 能自觉地树立遵纪守法的意识。

课程思政目标

树立正确的世界观、人生观、价值观和明确的学习目标,养成自主学习的习惯、严谨治学的学风和端正的工作态度,遵守职业道德。

第一节　会计对象

一、会计一般对象

会计对象是指会计核算和监督的内容,即会计的客体。明确会计对象,对于确定会

计目标,研究和运用会计方法,更好地发挥会计在经济管理中的作用,具有重要的意义。会计服务的主体性质不同,会计核算和监督的内容也不尽相同,因此,会计对象可以分为会计一般对象和会计具体对象。

社会再生产过程是由生产、分配、交换和消费四个相互关联的环节组成的。生产是指人们利用劳动资料对劳动对象进行加工,生产和创造出物质产品;分配是指生产中创造的社会总产品在国家、投资者、债权人和劳动者个人之间进行分配;交换是指将产品由生产领域,经过流通领域,到消费领域,满足社会和人们的生活需要;消费是指再生产过程中发生的人力、物力、财力等各种消耗。构成社会再生产过程链条的经济活动是由一系列企业、行政事业单位以及社会团体等单位的经济活动构成的。在不同的经济体制下,社会再生产过程的资金运动过程和表现形式也有所不同。

在商品经济条件下,社会再生产过程既可以表现为使用价值的运动——各种物资的生产和交换,也可以表现为价值的运动——价值的形成、实现和分配。这样,就会有以使用价值和价值为中心的经济管理。在市场经济条件下,对社会再生产过程的管理主要以价值为中心,因此,各级管理者应广泛利用各种价值指标,对社会再生产过程中的经济活动进行管理。会计主要是利用货币计量,对再生产过程的经济活动进行核算和监督的一种管理工作,因此,再生产过程中发生的、能够用货币表现的经济活动,即企业、行政事业单位以及社会团体等单位的资金运动就构成了会计的一般对象。

二、会计具体对象

由于不同性质的会计主体本身的生产经营活动的特点不同,其资金运动过程和表现形式不尽相同,核算和监督的内容也有所不同。因此,会计具体对象因会计主体性质不同而不同。下面以工业企业为例,说明会计具体对象。

工业企业的基本经营活动是生产产品,其再生产过程是以生产产品为中心的供应、生产和销售过程的统一。在供应过程中,工业企业采购材料支付货款和采购费用,需计算材料采购成本;在生产过程中,工业企业一方面制造出产品,另一方面要发生和计算各种耗费,计算产品的生产成本;在销售过程中,工业企业一方面销售产品取得销售货款,另一方面要支付包装、运输、广告等销售费用。此外,工业企业还要计算和分配企业的利润等。因此,工业企业的会计具体对象可以概括为工业企业再生产过程中的资金运动。工业企业的资金运动按其运动程序可以分为资金筹集、资金周转和资金分配三个基本环节;其资金运动的形态表现为货币资金形态、储备资金形态、生产资金形态、成品资金形态,最后又回到货币资金形态。因此,工业企业会计核算和监督的内容,就是工业企业在供、产、销过程中能够用货币计量的经济活动,也就是工业企业在供、产、销过程中的资金运动。工业企业资金的运动过程如图2-1所示。

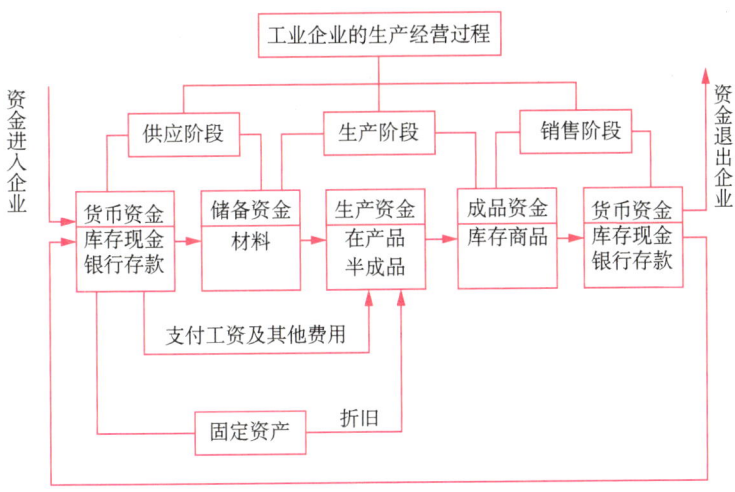

图 2-1　工业企业资金的运动过程

> **财智未来**
>
> 　　随着信息技术的发展，大数据逐渐成为会计工作中不可或缺的一部分。对于会计对象而言，大数据技术和人工智能技术可以帮助我们更深入地了解企业资金运动的全貌。例如，在供应链管理中，通过收集供应商、制造商、分销商以及零售商的数据，利用大数据技术和人工智能技术，企业可以预测市场趋势、优化库存管理、降低持有成本。Python作为一种强大的编程语言，其丰富的数据分析库（如Pandas、NumPy）能够帮助会计人员快速处理大量数据，发现潜在问题。比如，使用Python进行数据分析，会计人员可以轻松实现对历史财务数据的深度挖掘，识别出影响企业现金流的关键因素，为企业决策提供有力支持。此外，企业还可运用Python结合人工智能技术开发自动化报表生成系统，提高工作效率，减少人为错误。

第二节　会 计 要 素

、会计要素的含义

　　会计要素是对会计对象按其交易或者事项的经济特征所作的分类项目，是对会计对象的最基本分类，也是构成会计报表框架的基本内容。我国《企业会计准则——基本准则》将企业的会计要素划分为资产、负债、所有者权益、收入、费用和利润。其中，资产、负债和所有者权益三要素侧重于反映企业的财务状况，并构成资产负债表要素；收入、费用和利润三要素侧重于反映企业的经营成果，并构成利润表要素。会计核算的最终目的是对外提供财务报告,而财务报告的核心是会计报表,会计要素是构成会计报表框架的基本内容,因此,会计要素又称为会计报表要素。

思政点睛

  《企业会计准则》是我国重要的会计法规制度,是会计理论的具体化和会计实践的总结,是进行会计核算工作的规范,是制定各种会计制度的主要依据,是会计工作的基本规范。《企业会计准则》使会计人员在进行会计核算时有一个可共同遵循的标准,各行各业的会计工作可在同一标准的基础上进行,便于国家对经济指标进行统计和汇总,进行宏观经济决策。

  同学们走入工作岗位后,一定要牢记《企业会计准则》,并牢记以下八条:
一、热爱祖国,遵纪守法,保守机密。
二、掌握政策,钻研业务,提高素质。
三、爱岗敬业,勤奋工作,规范操作。
四、忠于职守,按时作息,严守纪律。
五、廉洁自律,秉公办事,反对腐败。
六、待人热情,服务周到,语言文明。
七、仪表端正,服装整洁,举止大方。
八、团结协作,恪尽职守,务实高效。

二、会计要素的内容

(一)资产

1. 资产的定义和特征

资产是指企业过去的交易或者事项形成的、由企业拥有或者控制的、预期会给企业带来经济利益的资源。拥有或控制一定数量的资产,是企业进行生产经营活动的前提条件。

资产具有以下特征:

(1)资产应为企业拥有或者控制的资源。资产作为一项资源,应当由企业拥有或者控制,是指企业享有某项资源的所有权,或者虽然不享有某项资源的所有权,但该资源能被企业所控制。

(2)资产预期会给企业带来经济利益。资产预期会给企业带来经济利益,是指资产直接或者间接导致现金和现金等价物流入企业的潜力。这种潜力可以来自企业日常的生产经营活动,也可以是非日常生产经营活动,带来的经济利益可以是现金或者现金等价物,或者是可以转化为现金或者现金等价物的形式,或者是可以减少现金或者现金等价物流出的形式。

（3）资产是由企业过去的交易或者事项形成的。资产应当由企业过去的交易或者事项形成，过去的交易或者事项包括购买、生产、建造行为等。只有过去的交易或者事项才能产生资产，企业预期在未来发生的交易或者事项不形成资产。例如，企业有购买某项商品的意愿或计划，但是购买行为尚未发生，就不符合资产的定义，不能因此而确认存货资产。

2. 资产的确认条件

符合资产定义的资源，在同时满足下列条件时，才能确认为资产：

（1）与该资源有关的经济利益很可能流入企业。

（2）该资源的成本或者价值能够可靠计量，只有当有关资源的成本或者价值能够可靠地计量时，资产才能予以确认。

3. 资产的分类

资产按其流动性分为流动资产和非流动资产。

（1）流动资产是指企业可以在1年或者超过1年的一个营业周期内变现或者运用的资产，是企业资产中必不可少的组成部分，主要包括库存现金、银行存款、交易性金融资产、应收账款、预付款项、存货和其他流动资产等。

（2）非流动资产是指不能在1年或者超过1年的一个营业周期内变现或者耗用的资产，主要包括长期股权投资、持有至到期投资、固定资产、在建工程、工程物资和无形资产等。

（二）负债

1. 负债的定义和特征

负债是指企业过去的交易或者事项形成的、预期会导致经济利益流出企业的现时义务。

负债具有以下特征：

（1）负债是企业承担的现时义务。负债必须是企业承担的现时义务，这里的现时义务是指企业在现行条件下已承担的义务。企业在未来发生的交易或者事项形成的义务，不属于现时义务，不应当确认为负债。

（2）负债预期会导致经济利益流出企业。预期会导致经济利益流出企业是负债的一个本质特征，只有履行义务会导致经济利益流出企业的，才符合负债的定义。在履行现时义务清偿负债时，导致经济利益流出企业的形式多种多样。例如，用现金偿还或以实物资产形式偿还；以提供劳务形式偿还；部分转移资产、部分提供劳务形式偿还；将负债转为资本等。

（3）负债是由企业过去的交易或者事项形成的。负债应当由企业过去的交易或者事项所形成。换句话说，只有过去的交易或者事项才形成负债，企业将在未来发生的承诺、签订的合同等交易或者事项，不形成负债。

2. 负债的确认条件

符合负债定义的义务,在同时满足以下条件时,确认为负债:

(1) 与该义务有关的经济利益很可能流出企业。从负债的定义可以看出,预期会导致经济利益流出企业是负债的一个本质特征。在实务中,企业履行义务所需流出的经济利益带有不确定性,尤其是与推定义务相关的经济利益通常需要依赖大量的估计。因此,负债的确认应当与经济利益流出企业的不确定性程度的判断结合起来。

(2) 未来流出的经济利益的金额能够可靠地计量。负债的确认在考虑经济利益流出企业的同时,对于未来流出的经济利益的金额应当能够可靠计量。

3. 负债的分类

负债按其流动性分为流动负债和非流动负债。

(1) 流动负债。流动负债是指将在1年或超过1年的一个营业周期内偿还的债务。流动负债包括短期借款、应付票据、应付账款、预收款项、应付职工薪酬、应交税费和其他应付款等。

(2) 非流动负债。非流动负债是指偿还期限在1年以上或者超过一个营业周期的债务,包括长期借款、应付债券、长期应付款和预计负债等。

(三) 所有者权益

1. 所有者权益的定义和来源

所有者权益是指企业资产扣除负债后,由所有者享有的剩余权益。公司的所有者权益又称为股东权益。所有者权益是所有者对企业资产的剩余索取权,是企业的资产扣除债权人权益后应由所有者享有的部分,既可反映所有者投入资本的保值增值情况,又体现了保护债权人权益的理念。

所有者权益的来源包括所有者投入的资本(实收资本、资本公积)、其他综合收益和留存收益(盈余公积、未分配利润)等。

(1) 所有者投入的资本。所有者投入的资本是指所有者投入企业的资本部分,包括构成企业注册资本或者股本的金额,也包括投入资本超过注册资本或股本部分的金额(资本公积),即资本溢价或股本溢价。

(2) 其他综合收益。其他综合收益是指企业根据企业会计准则规定未在当期损益中确认的各项利得和损失。

(3) 留存收益。留存收益是指企业从历年实现的利润中提取或形成的留存于企业的内部积累,包括盈余公积和未分配利润。

2. 所有者权益的确认条件

所有者权益体现的是所有者在企业中的剩余权益,因此,所有者权益的确认和计量主要依赖于资产和负债的确认和计量。例如,企业接受投资者投入的资产,在该资产符合资产确认条件时,就相应地符合所有者权益的确认条件;当该资产的价值能够可靠地计量时,所有者权益的金额也就可以确定。

(四) 收入

1. 收入的定义和特征

收入是指企业在日常活动中形成的、会导致所有者权益增加、与所有者投入资本无关的经济利益的总流入。

收入具有以下特征:

(1) 收入是企业在日常活动中形成的。日常活动是指企业为完成其经营目标所从事的经常性活动,以及与之相关的活动。例如,工业企业制造并销售产品,就属于企业的日常活动。日常活动产生的收入通常包括主营业务收入和其他业务收入,即营业收入。

(2) 收入是与所有者投入资本无关的经济利益的总流入。收入应当会导致经济利益的流入,从而导致资产的增加。例如,企业销售商品,应当收到现金或者有权在未来收到现金,才表明该交易符合收入的定义。但是在实务中,经济利益的流入有时是所有者投入资本的增加导致的,所有者投入资本的增加不应当确认为收入,应当将其直接确认为所有者权益。

(3) 收入会导致所有者权益的增加。与收入相关的经济利益的流入应当会导致所有者权益的增加,不会导致所有者权益增加的经济利益的流入不符合收入的定义,不应确认为收入。

2. 收入的确认条件

企业应当在履行了合同中的履约义务,即在客户取得相关商品控制权时确认收入。取得相关商品控制权是指能够主导该商品的使用并从中获得几乎全部的经济利益。当企业与客户之间的合同同时满足下列条件时,企业应当在客户取得相关商品控制权时确认收入:

(1) 合同各方已批准该合同并承诺将履行各自义务。

(2) 该合同明确了合同各方与所转让商品或提供劳务(以下简称"转让商品")相关的权利和义务。

(3) 该合同有明确的与所转让商品相关的支付条款。

(4) 该合同具有商业实质,即履行该合同将改变企业未来现金流量的风险、时间分布或金额。

(5) 企业因向客户转让商品而有权取得的对价很可能收回。

(五) 费用

1. 费用的定义和特征

费用是指企业在日常活动中发生的、会导致所有者权益减少的、与向所有者分配利润无关的经济利益的总流出。

费用具有以下特征:

（1）费用是企业在日常活动中形成的。
（2）费用会导致所有者权益减少。
（3）费用是与向所有者分配利润无关的经济利益的总流出。

2. 费用的确认条件

费用的确认除了应当符合定义，至少应当符合以下条件：
（1）与费用相关的经济利益应当很可能流出企业。
（2）经济利益流出企业的结果会导致资产的减少或者负债的增加。
（3）经济利益的流出额能够可靠计量。

（六）利润

1. 利润的定义和构成

利润是指企业在一定会计期间的经营成果。利润包括收入减去费用后的净额、直接计入当期利润的利得和损失等。其中，收入减去费用后的净额反映的是企业日常活动的业绩；直接计入当期利润的利得和损失，是指不应当计入当期损益、会导致所有者权益发生增减变动的、与所有者投入资本或者向所有者分配利润无关的利得或者损失。其中，利得是指由企业非日常活动所形成的、会导致所有者权益增加的、与所有者投入资本无关的经济利益的流入；损失是指由企业非日常活动所发生的、会导致所有者权益减少的、与向所有者分配利润无关的经济利益的流出。

2. 利润的确认条件

利润反映的是收入减去费用、利得减去损失后的净额。因此，利润的确认主要依赖于收入和费用，以及利得和损失的确认，其金额的确定也主要取决于收入、费用、利得和损失金额的计量。

财智未来

会计大数据技术和人工智能技术可以更精准地对会计要素进行计量和确认。在传统会计模式下，对资产价值的评估、负债规模的确定及收入和费用的核算，往往依赖于有限的数据样本和较为简单的核算方法，存在一定的局限性。而在大数据时代，通过会计大数据技术和人工智能技术收集和分析海量的内外部数据，能够获取更全面、更准确的信息，从而为会计要素的计量和确认提供坚实的数据基础。例如，在评估资产价值时，可以综合考虑资产的历史交易数据、市场同类资产的价格波动、资产的使用状况和技术更新等多方面因素；确定负债规模时，不仅可以关注现有债务合同，还可以结合企业的信用评级变化、市场利率波动等信息进行动态评估。对于所有者权益来说，通过 Python 可以构建财务模型来模拟不同情境下的资本结构变化，帮助企业作出更加明智的融资决策。

第三节 会 计 等 式

一、会计等式概述

会计等式是指会计要素之间的基本数量关系的表达式。会计等式是对会计要素的性质及相互之间的内在经济关系所作的概括和科学的表达,是正确地设置账户、复式记账、试算平衡和设计与编制会计报表的重要理论依据。

1. 资产、负债和所有者权益的关系

任何企业为了实现其经营目标,都必须拥有一定数量的资产。企业的资产有两个来源:一是所有者提供的,二是债权人提供的。所有者和债权人对企业资产的要求权称为权益,企业的投资者和债权人为企业提供了多少资产,相应就拥有多少权益,即资产等于权益。投资者作为企业的所有者拥有企业的产权,其权益是所有者权益;而债权人则对企业资产具有优先求偿权,其权益是债权人权益,债权人权益从企业来看就是企业的负债。因此,资产、负债和所有者权益之间必然存在以下关系:

$$资产 = 权益$$

或: $$资产 = 债权人权益 + 所有者权益$$

或: $$资产 = 负债 + 所有者权益 \quad (2-1)$$

从任何一个时点来观察,此等式都成立,等式(2-1)称为静态会计等式,又称会计方程式或会计恒等式,人们提到会计等式时,一般仅指"资产 = 负债 + 所有者权益"这个反映企业财务状况的最基本的会计等式,这是编制资产负债表的理论依据。

2. 收入、费用和利润的关系

随着商品的销售或者劳务的提供,企业一方面取得各类收入,另一方面为取得收入会发生相关的各种耗费(即费用)。在一定的会计期间内,企业获得的总收入扣除相关的总费用就形成了企业的利润,用公式表示如下:

$$收入 - 费用 = 利润 \quad (2-2)$$

等式(1-2)称为动态会计等式,这是编制利润表的理论依据。

3. 会计六要素之间的关系

会计等式"资产 = 负债 + 所有者权益"反映的是企业在某个会计期间开始时(即某一特定时日)的财务状况。随着经济活动的进行,在会计期间内,企业一方面取得了收入,因而增加了资产或减少了负债;另一方面要发生各种各样的费用,因而减少了资产或增加了负债。会计等式"收入 - 费用 = 利润"反映的是企业在某一会计期间的经营成果。所以,企业在会计期间内的任一时点上,即未结账之前,等式(2-1)和等式(2-2)就转化为等式(2-3):

$$资产 = 负债 + 所有者权益 + (收入 - 费用) \qquad (2-3)$$

到了会计期末,企业将收入与费用相抵减,计算出利润,并按规定程序分配给投资者后,剩余的留存收益归属于所有者权益项目,这样等式(2-3)又恢复到等式(1-1)的形态,即:

$$资产 = 负债 + 所有者权益$$

由此可见,会计等式揭示了会计要素之间的联系,它是设置账户、复式记账、试算平衡和编制会计报表的理论依据。

二、经济业务发生对会计等式的影响

会计事项又称会计交易事项或经济业务,是指会计主体与信息用户相关,并且导致经营实体的各项资产和权益发生变化的经济事项。凡足以使企业资产、负债、所有者权益、收入、费用和利润六要素发生增减变化的事项或行为都属于会计交易事项。不属于会计事项的经济业务,不必进行会计处理,例如,企业编制财务成本计划,与外单位签订供销合同等。而属于会计事项的经济业务,必须进行会计处理。

我国各企业、机关、事业单位和其他组织,平日发生的经济业务是千变万化、多种多样的。每一项经济业务的发生,都会对会计要素产生一定的影响。一项会计要素发生增减变动,其他有关要素也必然随之发生等额变动,或者是在同一会计要素中一项具体项目发生增减变动,其他有关项目也随之等额变动,但不管如何增减变动,都不会破坏会计等式中各要素的平衡关系,其资产总量总是与负债和所有者权益的总量相等。以会计等式"资产=负债+所有者权益"中的"="为核心点,会计要素的增减变动可归纳为以下四种类型:

(1)等号两边等额同增。

(2)等号两边等额同减。

(3)等号左边内部等额增减。

(4)等号右边内部等额增减。

下面举例说明经济业务的发生对会计等式的影响。

远东有限责任公司20××年10月31日的资产负债表(简表)如表2-1所示。

表 2-1　　　　　　　　　　　　　资产负债表(简表)

编制单位:远东有限责任公司　　　　20××年10月31日　　　　　　　　　　单位:元

资产	金额	负债和所有者权益	金额
库存现金	2 000	短期借款	21 000
银行存款	50 000	应付账款	17 000
应收账款	6 500	长期借款	30 500
原材料	10 000	实收资本	120 000
固定资产	920 000	本年利润	800 000
合计	988 500	合计	988 500

表 2-1 中资产、负债和所有者权益各为 988 500 元,双方相等。随着 20××年 11 月份经济业务的发生,有关会计要素会发生相应的变化,但无论如何变化,等式两边的总额总是相等的。远东有限责任公司 20××年 11 月份发生如下四笔经济业务。

1. 等号两边等额同增

【任务 2-1】11 月 2 日,购入材料 15 000 元,材料已经验收入库,货款尚未支付。

这笔经济业务使等号左边"原材料"增加 15 000 元,同时,使等号右边"应付账款"增加 15 000 元,等号两边同时等额增加,平衡关系保持不变,如表 2-2 所示。

表 2-2　　　　　　　　　　　资产负债表(简表)

编制单位:远东有限责任公司　　　20××年 11 月 2 日　　　　　　　　单位:元

资产	金额	负债和所有者权益	金额
库存现金	2 000	短期借款	21 000
银行存款	50 000	应付账款	17 000 + 15 000
应收账款	6 500	长期借款	30 500
原材料	10 000 + 15 000	实收资本	120 000
固定资产	920 000	本年利润	800 000
合计	1 003 500	合计	1 003 500

2. 等号两边等额同减

【任务 2-2】11 月 16 日,以银行存款 20 000 元偿还银行短期借款。

这笔经济业务使等号左边"银行存款"减少 20 000 元,同时,使等号右边"短期借款"减少 20 000 元,等号两边同时等额减少,平衡关系保持不变,如表 2-3 所示。

表 2-3　　　　　　　　　　　资产负债表(简表)

编制单位:远东有限责任公司　　　20××年 11 月 16 日　　　　　　　单位:元

资产	金额	负债和所有者权益	金额
库存现金	2 000	短期借款	21 000 - 20 000
银行存款	50 000 - 20 000	应付账款	32 000
应收账款	6 500	长期借款	30 500
原材料	25 000	实收资本	120 000
固定资产	920 000	本年利润	800 000
合计	983 500	合计	983 500

3. 等号左边内部等额增减

【任务 2-3】11 月 23 日,从银行提取现金 10 000 元。

这笔经济业务使等号左边"银行存款"减少 10 000 元,同时,使等号左边"库存现金"增加 10 000 元,等号左边内部同时等额增减,总额不变,平衡关系保持不变,如表 2-4 所示。

表 2-4　　　　　　　　　　　　　资产负债表(简表)

编制单位:远东有限责任公司　　　　　20××年 11 月 23 日　　　　　　　　　　　　单位:元

资产	金额	负债和所有者权益	金额
库存现金	2 000 + 10 000	短期借款	1 000
银行存款	30 000 - 10 000	应付账款	32 000
应收账款	6 500	长期借款	30 500
原材料	25 000	实收资本	120 000
固定资产	920 000	本年利润	800 000
合计	983 500	合计	983 500

4. 等号右边内部等额增减

【任务 2-4】11 月 30 日,经批准,将长期借款 20 500 元,转为实收资本。

这笔经济业务使等号右边"长期借款"减少 20 500 元,同时,使等号右边"实收资本"增加 20 500 元,等号右边内部同时等额增减,右边总额不变,平衡关系保持不变,如表 2-5 所示。

表 2-5　　　　　　　　　　　　　资产负债表(简表)

编制单位:远东有限责任公司　　　　　20××年 11 月 30 日　　　　　　　　　　　　单位:元

资产	金额	负债和所有者权益	金额
库存现金	12 000	短期借款	1 000
银行存款	20 000	应付账款	32 000
应收账款	6 500	长期借款	30 500 - 20 500
原材料	25 000	实收资本	120 000 + 20 500
固定资产	920 000	本年利润	800 000
合计	983 500	合计	983 500

以上四种基本类型可以用图 2-2 表示。

图 2-2　经济业务变化四种基本类型

以上四种基本类型还可以进一步细分为九种情形,如表 2-6 所示。

表 2-6　　　　　　　　经济业务变化的九种情况

基本类型	资产	=	负债	+	所有者权益
第 1 种类型 （等号两边等额同增）	增		增		
	增				增
第 2 种类型 （等号两边等额同减）	减		减		
	减				减
第 3 种类型 （等号左边内部等额增减）	增、减				
第 4 种类型 （等号右边内部等额增减）			增、减		
					增、减
			增		减
			减		增

请思考：经济业务变化有哪四种类型？哪九种情况？

思政点睛

　　会计恒等式为：资产＝负债＋所有者权益。无论发生什么经济业务，都无法破坏该等式的平衡。这一等式（又称财务状况等式）又何尝不是经营人生价值的等式？人生价值＝责任＋资本，其中负债便是每个人要承担的责任，而所有者权益则可看作一个人实现人生价值的各种资源。

　　从这个等式分析，人生价值的实现不仅取决于自己拥有的资源，还要加上所承担的责任。要使人生价值得到充分体现，不仅要在资本中加入砝码，同时也要在责任中加入足够的砝码。我们可以通过努力为自己人生价值的实现加上一些宝贵的砝码，如感恩、友善、勤奋等。对于责任，每个人在自己人生的旅途中总会肩负起各种责任，如在收获父母爱的同时担负起赡养父母的责任，享受朋友情谊的同时承担守望相助的责任，在收获爱情的同时扛起组建、维护家庭的责任，总之每次在人生价值的一端增添一块砝码，同样在另一端的责任也要加上同样的砝码。"积土而为山，积水而为海"，幸福不会凭空出现，成功属于有信念的人。

财智未来

在大数据环境下,会计等式的验证和分析可以借助更强大的工具和技术。通过大数据技术,企业可以实时监控会计等式的动态变化,及时发现和纠正可能存在的误差和问题。而 Python 可以用于开发会计等式监控系统,实现自动化监控和报警功能。此外,大数据技术和人工智能技术还可以用于会计等式的分析和预测工作,帮助企业更好地了解财务状况和经营成果的变化趋势。

技能自测题

一、单项选择题

1. 工业企业会计核算和监督的内容是企业供、产、销过程中的(　　)。
   A. 资金运动　　　　　　　　B. 采购材料
   C. 生产产品　　　　　　　　D. 销售商品
2. (　　)是会计核算和监督的内容。
   A. 会计要素　　　　　　　　B. 会计平衡式
   C. 会计报表　　　　　　　　D. 会计对象
3. 编制资产负债表的理论依据是(　　)。
   A. 收入－费用＝利润
   B. 资产＝负债＋所有者权益
   C. 期初余额＋本期增加数－本期减少数＝期末余额
   D. 借方发生额合计＝贷方发生额合计
4. 对会计对象按其经济特征所作的分类项目,就是(　　)。
   A. 账户分类　　　　　　　　B. 会计对象
   C. 会计要素　　　　　　　　D. 会计科目
5. 反映企业在某一会计期间经营成果的会计等式是(　　)。
   A. 资产＝负债＋所有者权益
   B. 收入－费用＝利润
   C. 资产＝负债＋所有者权益＋(收入－费用)
   D. 期末余额＝期初余额＋本期增加发生额－本期减少发生额

二、多项选择题

1. 工业企业的生产经营过程分为(　　)。
   A. 供应阶段　　　　　　　　B. 生产阶段
   C. 销售阶段　　　　　　　　D. 循环阶段
2. 构成资产负债表要素的有(　　)。
   A. 收入　　　　　　　　　　B. 资产
   C. 负债　　　　　　　　　　D. 所有者权益
3. 以会计等式"资产＝负债＋所有者权益"中的"＝"为核心点,会计要素的增减变动可归纳的类型有(　　)。
   A. 等号两边等额同增　　　　B. 等号两边等额同减

参考答案

C. 等号左边内部等额增减 D. 等号右边内部等额增减
4. 属于流动负债的有(　　)。
   A. 应付债券 B. 应付账款
   C. 短期借款 D. 应付利息
5. 所有者权益包括(　　)。
   A. 实收资本(或股本) B. 资本公积
   C. 盈余公积 D. 未分配利润

三、判断题

(　　) 1. 会计要素是对会计对象按其经济特征所作的分类项目,是对会计对象的最基本分类,也是构成会计报表框架的基本内容。

(　　) 2. 会计等式是对会计要素的性质及相互之间的内在经济关系所作的概括和科学的表达,是正确地设置账户、复式记账、试算平衡和设计与编制会计报表的重要理论依据。

(　　) 3. 资产是指企业现在的交易或者事项形成的、由企业拥有、预期会给企业带来经济利益的资源。

(　　) 4. 任何经济业务的发生都会引起会计等式两边发生增减变化,但并不破坏平衡关系。

(　　) 5. 经济业务变化分四种基本类型,还可以进一步细分为九种情形。

课证融合练习题
——历年初级会计职称真题

参考答案

一、单项选择题

1. 下列各项会计要素中,反映企业财务状况的是(　　)。(2023年·2分)
   A. 利润　　　　　　B. 负债　　　　　　C. 收入　　　　　　D. 费用
2. 下列各项中,会导致企业资产总额增加的是(　　)。(2024年·2分)
   A. 从银行取得短期借款　　　　　　B. 从银行提取现金备用
   C. 对外捐赠现金　　　　　　　　　D. 资本公积转增实收资本
3. 下列各项中,不会引起会计等式"资产=负债+所有者权益"左右两边金额发生变化的经济业务是(　　)。(2022年·2分)
   A. 以银行存款偿还前欠货款　　　　B. 向银行借入3个月的借款
   C. 接受投资者投入的固定资产　　　D. 以银行存款预付货款

二、多项选择题

1. 下列各项中,引起企业资产和负债同时增加或同时减少的经济业务有(　　)。(2022年·2分)
   A. 向银行借入短期借款
   B. 以银行存款偿还前欠货款
   C. 接受股东追加现金投资
   D. 企业投资者收回投资款
2. 下列各项中,不符合收入要素定义、不可以确认为收入的有(　　)。(2024年·2分)
   A. 出售无形资产收取的价款
   B. 销售材料收到的价款
   C. 出售固定资产收取的价款
   D. 确认的政府补助利得

三、判断题

(　　)1. 企业将一项符合负债定义的现时义务确定为负债,需要同时满足两个条件,即该义务是由过去的交易或事项形成,且很可能导致经济利益流出企业。(2022年·1分)

自我评价表

项　目		评价打分	查缺补漏
知识目标	1. 明确会计对象；	☆☆☆☆☆	
	2. 准确划分会计要素和运用会计等式。	☆☆☆☆☆	
技能目标	1. 能对会计要素准确分类；	☆☆☆☆☆	
	2. 能利用会计等式准确地分析和判断经济业务变化的类型。	☆☆☆☆☆	
素养目标	1. 养成自主学习习惯；	☆☆☆☆☆	
	2. 能自觉地树立遵纪守法的意识。	☆☆☆☆☆	

第三章

会计科目、会计账户和复式记账

学习导图

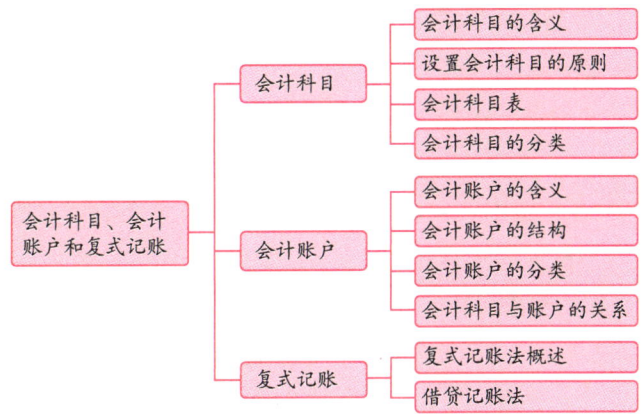

学习目标

知识目标	技能目标	素养目标
1. 熟记会计科目的概念和类别； 2. 牢记各类会计账户的结构。	1. 能准确判断会计科目类别、账户的结构和经济业务变化的类型； 2. 能准确地诠释借贷记账法的记账规则。	1. 自觉地树立遵纪守法的意识； 2. 培养严谨细致的工作作风。

课程思政目标

学习会计科目概念和类别，掌握会计的概念、账户结构，养成严谨治学的学风，遵守职业道德。

第一节 会计科目

一、会计科目的含义

会计科目简称科目，是对会计要素具体内容进行分类核算的项目，是进行会计核算和提供会计信息的基本单元。企业在生产经营过程中,经常发生各种各样的会计事项。会计事项的发生,必然引起会计要素的增减变动。但是,由于同一会计要素内部的项目不同,其性质和内容也往往不同。例如,同属资产的"固定资产"和"原材料",其经济内容、在生产中的作用和价值转移方式都不相同;同属负债的"应付账款""短期借款""长期借款",其形成原因、债权人、偿还期限等也不相同。为了全面、系统、分类地核算和监督各项会计要素的增减变化,在实际工作中是通过设置会计科目的方法进行的。设置会计科目,是运用复式记账、正确填制会计凭证、登记账簿和编制会计报表的基础。

二、设置会计科目的原则

1. 考虑会计要素的特点

设置会计科目,必须对会计要素的具体内容进行科学的分类,以便分门别类地核算和监督各项经济业务。各单位应结合本单位会计要素的特点来确定应设置的会计科目。例如,制造业应设置"生产成本""制造费用"科目,用来核算和监督制造业产品的生产过程,商品流通企业则不设置这样的科目。

2. 符合会计目标的要求

会计目标是提供有用的会计信息,满足与企业有经济利益关系的各方了解企业财务状况和经营成果,以及企业内部加强经营管理的需要。例如,企业的盈亏情况是会计信息使用者非常关心的。为此,必须设置"主营业务收入""主营业务成本""管理费用""财务费用""本年利润"等科目,反映盈亏的形成。为了反映实有资本,企业就需要设置"实收资本"科目。

3. 做到统一性与灵活性相结合

目前,总账科目由财政部统一制定颁布,但企业可根据自身规模的大小,业务的繁简程度等自行增设、减少或合并某些会计科目。例如,制造业可增设"备用金""在途物资"等科目,可以不单设"预收账款"和"预付账款"科目。

4. 做到科目名称简明、易懂和相对稳定

为了便于不同时期会计资料的分析对比,会计科目的设置应保持相对稳定。此外,每个会计科目都有特定的核算内容,名称要含义明确,通俗易懂,便于开设和运用账户,不能将不同特征的资料记入同一科目。

三、会计科目表

我国财政部颁布的《企业会计准则——应用指南》,对企业应用的会计科目及其核算内容作出了规定。企业应按规定设置和使用会计科目,为满足教学需要,这里只提供部分与制造业生产经营活动有关的科目名称,其余更多的科目将在后续有关专业会计课程中介绍。企业会计科目表(简表)如表3-1所示。

表 3-1　　　　　　　　　　企业会计科目表(简表)

编号	会计科目名称	编号	会计科目名称
	一、资产类	2211	应付职工薪酬
1001	库存现金	2221	应交税费
1002	银行存款	2231	应付利息
1012	其他货币资金	2232	应付股利
1101	交易性金融资产	2241	其他应付款
1121	应收票据	2501	长期借款
1122	应收账款	2502	应付债券
1123	预付账款	2701	长期应付款
1131	应收股利	2801	预计负债
1132	应收利息	2901	递延所得税负债
1221	其他应收款		三、共同类
1231	坏账准备	3101	衍生工具
1402	在途物资	3201	套期工具
1403	原材料		四、所有者权益类
1404	材料成本差异	4001	实收资本
1405	库存商品	4002	资本公积
1511	长期股权投资	4003	其他综合收益
1512	长期股权投资减值准备	4101	盈余公积
1531	长期应收款	4103	本年利润
1601	固定资产	4104	利润分配
1602	累计折旧		五、成本类
1603	固定资产减值准备	5001	生产成本
1604	在建工程	5101	制造费用
1605	工程物资		六、损益类
1606	固定资产清理	6001	主营业务收入
1701	无形资产	6051	其他业务收入
1702	累计摊销	6101	公允价值变动损益
1703	无形资产减值准备	6111	投资收益
1711	商誉	6301	营业外收入
1801	长期待摊费用	6401	主营业务成本
1811	递延所得税资产	6402	其他业务成本
1901	待处理财产损溢	6403	税金及附加
	二、负债类	6601	销售费用
2001	短期借款	6602	管理费用
2101	交易性金融负债	6603	财务费用
2201	应付票据	6711	营业外支出
2202	应付账款	6801	所得税费用
2203	预收账款	6901	以前年度损益调整

为了便于编制会计凭证、登记账簿、查阅账目和实行会计电算化,会计科目表统一规定了会计科目的编号。总分类科目采取"四位数制"编号,千位数码代表会计科目按会计要素区分的类别,百位数码代表每大类会计科目下的较为详细的类别,十位和个位数码一般代表会计科目的顺序号。为了便于增加和建立某些会计科目,科目编号留有空号,企业不应随意打乱重编。企业在填制会计凭证、登记账簿时,应当填列会计科目的名称,或者同时填列会计科目的名称和编号,不应只填列会计科目的编号而不填列会计科目的名称。

思政点睛

> 我国财政部颁布的《企业会计准则——应用指南》,对企业应用的会计科目及其核算内容作出了规定。企业应按规定设置和使用会计科目,不应随意打乱重编,因为每个企业的经济业务不同,不同行业的企业又有各自的特殊性,会计人员在进行会计核算时,按照《企业会计准则》的规定设置和使用会计科目,就有了一个共同遵循的标准,各行各业的会计工作才可在同一标准的基础上进行,从而使会计行为达到规范化。作为会计人员要养成严谨的工作态度,诚实守信的工作作风,遵守职业道德,从而提高会计信息的质量。

四、会计科目的分类

1. 按经济内容分类

会计科目按经济内容的分类是主要的、基本的分类。工业企业的会计科目按其所反映的经济内容,可以划分为六大类:资产类、负债类、共同类、所有者权益类、成本类和损益类,其具体划分可参考表3-1会计科目表(考虑到本课程的业务实例不涉及共同类科目,故此处可由授课教师自行处理)。

2. 按提供信息的详细程度及其统驭关系分类

会计科目按提供信息的详细程度及其统驭关系,可以分为总分类科目和明细分类科目。

(1)总分类科目(又称总账科目或一级科目),是对会计要素的具体内容进行总括分类,提供总括信息的会计科目。总分类科目由中华人民共和国财政部统一制定颁布。

(2)明细分类科目(又称明细科目),是对总分类科目作进一步分类,提供更为详细和具体会计信息的科目。明细科目又分为二级科目(子目)和三级科目(细目),二级科目介于总分类科目与三级科目之间,是对一级科目所作的进一步分类,它提供的信息要比总分类科目详细,但又比三级科目概括;三级科目是对二级科目的进一步分类,是对二级科目的进一步补充和说明。

明细科目的设置,除制度已有规定外,各单位可根据实际情况和经营管理的需要自行设置。在实际工作中,除"库存现金"和"累计折旧"等少数总分类科目不必设置明细分类科目,大多数都要设置明细分类科目。例如,在"原材料"总分类科目下,按材料的品种、规格开设明细科目,如表3-2所示。

表3-2 　　　　　　　　　　会计科目分类

总分类科目 (一级科目)	明细分类科目	
	二级科目(子目)	三级科目(细目)
原材料	原料及主要材料	圆钢 生铁 紫铜
	辅助材料	润滑油 防锈剂
	燃料 ……	汽油 原煤 ……

总分类科目和明细分类科目反映的经济内容相同,只是提供的核算信息详细程度不同。总分类科目提供的是总括综合的核算信息,而其所属的明细分类科目提供的是详细具体的核算信息,因此,总分类科目对明细科目具有统驭控制作用,明细分类科目对总分类科目起着详细补充说明作用。

随着大数据技术和人工智能技术的不断发展,会计科目的管理也迎来了智能化变革。传统会计科目的设置和调整主要依靠人工经验,但这种方式难以适应快速变化的经济环境和业务需求。大数据技术和人工智能技术通过收集和分析海量的财务数据,可以自动识别和分类不同的经济业务,为会计科目的设置提供科学依据。

例如,利用大数据分析,可以实时监测企业的业务活动,发现新的收入来源或成本支出项目,从而及时调整会计科目,确保财务报表的准确性和完整性。大数据技术和人工智能技术结合还可以预测未来业务趋势,为会计科目的前瞻性设置提供支持。此外,通过Python语言编写脚本来实现会计科目的自动化管理,通过程序运行自动从财务系统中提取数据,可以按照预设规则进行分类和汇总,生成会计科目报表。这种方式不仅提高了工作效率,还减少了人为错误。

第二节　会　计　账　户

一、会计账户的含义

会计账户简称账户,是根据会计科目设置的,具有一定格式和结构,用来分类核算会计要素增减变动情况及其结果的载体。

会计科目仅仅是对会计要素的具体内容进行分类核算的项目,它不能反映交易或事项的发生所引起的会计要素各项目的增减变动情况和结果。各项核算指标的具体数据资料,只有通过账户记录才能取得。因此,在设置会计科目后,会计人员还必须根据会计科目开设相应的账户,以便对交易或事项进行系统、连续的记录,向有关方面提供有用的会计信息。

设置账户是会计核算的一种专门方法。账户的基本格式如表 3-3 所示。

表 3-3

总　　　账

会计科目 _____

年		凭证号数	摘要	借方									贷方									核对号	借或贷	余额								
月	日			亿	千	百	十	万	千	百	十	元	角	分	亿	千	百	十	万	千	百	十	元	角	分			亿	千	百	十	万	千	百	十	元	角	分

二、会计账户的结构

经济业务所引起的各项会计要素的变动,从数量上看只有增加和减少两种情况,因此,用来分类记录经济业务的账户,在结构上用"借方"和"贷方"两个基本部分来记录各项会计要素具体内容的增加和减少的数额。账户的结构是指在账户中如何记录经济业务所引起的各项会计要素的增减变动情况及结果,即增加记何方,减少记何方,余额在何方(增减各记何方,将在下节讲述)。

在实际工作中,账户的具体结构可以根据不同的需要设计出多种多样的格式。账户格式多种多样,从表 3-3 可以看出,账户的基本内容包括:①账户名称;②日期和摘要;③凭证号数;④增加额、减少额及余额。其中,反映各个会计要素的增加额、减少额和余额这三个部分就形成了账户的基本结构。为了便于说明,通常将账户的基本结构简化为"T"形账户。其格式如图 3-1 所示。

在借贷记账法下,账户的左方固定为借方,右方固定为贷方,因此,"T"形账户不必标出"借方"和"贷方",也能明确表示出借贷方,如图 3-2 所示。

图 3-1　账户的简化格式　　　　　　图 3-2　"库存现金"账户的简化格式

账户记录四种核算指标,即期初余额、本期增加发生额、本期减少发生额和期末余额。其关系如下:

$$期末余额 = 期初余额 + 本期增加发生额 - 本期减少发生额$$

账户上期期末余额与本期期初余额之间的关系如下:

$$上期期末余额 = 本期期初余额$$

三、会计账户的分类

与会计科目分类相对应,账户可以根据其核算的经济内容、提供信息的详细程度及其统驭关系进行分类。按经济内容分类,账户可以分为资产类账户、负债类账户、共同类账户、所有者权益类账户、成本类账户和损益类账户六类;按其提供信息的详细程度及其统驭关系,账户可分为总分类账户和明细分类账户两类。

1)总分类账户

总分类账户又称总账账户,是指按照总账科目开设的账户,用来反映某一类经济业务的总括资料,如"银行存款""固定资产"和"实收资本"等。

2)明细分类账户

明细分类账户又称明细账户,是指按照明细科目开设的,用来反映某一类经济业务详细资料的账户。比如,在"应收账款"总账账户下,可以按照购货单位的名称分别设置明细分类账户,以提供应收每一客户货款增减变动的详细资料。

设置总账账户和明细账户,提供不同详细程度的会计核算资料,主要是为了满足经营管理的需要。在原材料管理中,有时候需要了解原材料的总体状况,以便分析原材料的总体资金占用水平,这就需要通过"原材料"总分类账户获得相关资料;另一些时候,则需要掌握某类材料的详细情况,以便对具体材料的库存与采购加强管理,保证企业财产的安全与完整,这就需要在"原材料"总分类账户提供原材料总体资料的基础上,进一步按照更加详细的材料项目开设"原材料"明细分类账户,以提供某一类原材料的详细资料。

明细分类账户是在总分类账户的基础上,进一步按照更加详细的内容设置的账户,所以明细分类账户所提供的资料比较具体,它对总分类账户的资料起到具体的补充说明作用。总分类账户是按照会计要素具体内容设置的账户,提供的资料比较概括,它对明细分类账户起到控制和统驭的作用。

四、会计科目与账户的关系

会计科目与账户之间既有共同点,又有区别。

会计科目与账户的共同点是,会计科目和账户都是按照相同经济内容来设置的,账户是根据会计科目设置的。会计科目的名称就是账户的名称,会计科目规定的核算内容就是账户应记录反映的经济内容。在实际工作中,会计人员往往把会计科目和账户不加区别地互相通用。

会计科目与账户的区别是,会计科目是按经济内容对会计要素所作的分类;账户则是在会计科目所作的分类基础上,对经济业务内容进行全面、连续、系统记录的工具。因此,会计科目只是个名称,只能表明某项经济内容,不存在结构问题。而账户必须具备一定的结构,以便记录和反映某项经济内容的增减变动及其结果。

会计对象、会计要素和会计科目三者密切相连,互为依存,连续划分,越分越细,从而满足了会计进行分类核算,提供详略不同的各种会计信息的需要。其关系如图3-3所示。

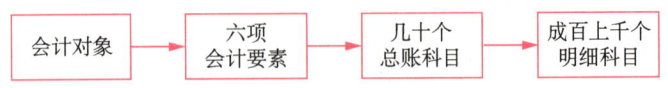

图3-3　会计对象、会计要素和会计科目关系图

请思考:会计科目与账户有什么关系?

财智未来

在大数据环境下,会计账户的管理和使用也变得更加智能化和高效化。在以往的会计工作模式下,获取账户数据往往存在时间滞后性,且分析手段相对单一,难以满足企业对财务信息及时性和准确性的需求。如今,通过将会计大数据技术与企业信息系统进行无缝集成,能够实时获取各类账户数据。通过大数据技术和人工智能技术,企业可以实现对会计账户的实时监控和分析,及时发现和应对潜在的问题和风险。利用Python的自动化脚本,会计人员可以实现对会计账户的批量处理和分析。例如,通过编写Python脚本,会计人员可以自动化地生成账户余额表、账户发生额表等报表,为企业的财务管理和决策提供有力支持。此外,Python还可以与数据库技术相结合,实现会计账户数据的存储、检索和分析等功能,进一步提高会计账户管理的效率和准确性。

同时,大数据技术和人工智能技术还可以帮助企业实现会计账户的跨部门、跨地域的共享和协作。通过构建统一的数据平台,企业可以实现会计账户数据的实时同步和共享,促进各部门之间的沟通和协作,提高企业的整体运营效率。

第三节　复式记账

 一、复式记账法概述

经济业务的发生会引起某些会计要素增减变动,要对这些会计要素变动引起的资金运动加以记录,不仅要科学地设置账户,而且还要运用科学的记账方法来记录经济业务引起的资金运动情况及其结果。记账方法是指运用特定的记账符号,按照一定的记账规则,使用文字和数字在相关账户中登记各项经济业务的一种专门方法。

记账方法分为单式记账法和复式记账法两种。

(一) 单式记账法

单式记账法是一种比较简单、不完善的记账方法。单式记账法对于发生的每一项经济业务一般只在一个账户上登记一笔账,账户之间的记录没有直接联系。这种记账方法通常只设置库存现金、银行存款、债权债务账户,一般只记录现金的收付、债权债务的结算,不核算实物资产。例如,"用银行存款 70 000 元购买甲种原材料"这项经济业务,单式记账法只在"银行存款"账户上记录银行存款减少 70 000 元,并不登记原材料的增减变化。显然,单式记账法记账手续简单,但是其账户设置不完整,不能全面、系统地反映经济业务的来龙去脉,不能反映发生经济业务以后各账户之间的对应关系,缺乏平衡制约关系,也不便于检查账户记录的正确性,不能适应复杂的商品生产和交换的需要。

(二) 复式记账法

复式记账法是从单式记账法发展起来的一种比较完善的记账方法。公元 1494 年,意大利数学家卢卡·帕乔利在威尼斯出版的《算术、几何、比及比例概要》一书中,针对当时流行的威尼斯商业账簿,结合数学原理,第一次系统、概括地论述了复式簿记,从此,复式记账法就逐渐成为国际通行的一种记账方法。

1. 复式记账法的理论依据

复式记账法的理论依据是"资产 = 负债 + 所有者权益"这一会计恒等式。复式记账法是指对每项经济业务都以相等的金额,同时在两个或两个以上相互联系的账户中进行登记的一种记账方法。例如,"用银行存款 70 000 元购买甲种原材料"这项经济业务,复式记账法既要在"银行存款"账户上记录银行存款减少 70 000 元,又要在"原材料"账户上记录原材料增加 70 000 元。"原材料"账户与"银行存款"账户之间形成对应关系,能够清晰地说明银行存款减少的原因是购买了原材料;原材料增加的资金来源是银行存款而不是库存现金。

2. 复式记账法的意义

与单式记账法比较,复式记账法是一种科学的记账方法,对于全面、完整、系统地反映企业资金运动,建立科学的会计核算体系有着重要的意义。

(1) 复式记账法同时在两个或两个以上相互联系的账户中记录一项经济业务,能够全面、系统地反映资金的来龙去脉。在复式记账法下,对每项经济业务都以相等的金额同时在两个或两个以上相互联系的账户中进行登记,这样,一方面,反映了资金的来源;另一方面,反映了资金的去向,能够全面、系统地反映企业整个资金的来龙去脉。

(2) 复式记账法以相等的金额记入对应账户,有助于检查账簿记录的正确性。在复式记账法下,每项经济业务都以相等的金额在相互联系的账户中进行记录,这样就可以利用账户之间的相互依存和平衡关系进行试算平衡,以检查账簿记录的正确性。

3. 复式记账法的种类

复式记账法按照记账符号、记账规则、试算平衡方法的不同,可分为借贷记账法、增减记账法和收付记账法。复式记账法的种类如图3-4所示。

复式记账法 ｛
借贷记账法 —— 以"借"和"贷"为记账符号,以"有借必有贷,借贷必相等"为记账规则。
增减记账法 —— 以"增"和"减"为记账符号,以"同类账户,有增有减""异类账户同增同减"为记账规则。
收付记账法 —— 以"收"和"付"为记账符号,以"同收同付,有收有付"为记账规则。
｝

图3-4 复式记账法的种类

借贷记账法是最早的复式记账法,也是世界各国普遍采用的记账方法。

1992年11月30日,财政部发布并于1993年7月1日执行的《企业会计准则》规定,我国境内的所有企业一律采用借贷记账法,统一了所有企业的记账方法。1997年5月28日,财政部发布并于1998年1月1日起试行的《行政单位会计准则》和《事业单位会计准则》进一步将行政单位、事业单位的会计记账方法也统一为借贷记账法。

二、借贷记账法

(一) 借贷记账法的产生

借贷记账法大约产生于13世纪的意大利。当时,海上贸易比较发达,意大利的沿海城市形成了许多贸易中心,在这些地方相应地出现了一些专门从事借贷业务、货币兑换业务以及转账业务的借贷资本家,为了适应商业资本和借贷资本家的需要,逐步形成了借贷记账法。"借"和"贷"最初的含义是从借贷资本家的角度来解释的,其中资本家借进的款项,记在"贷"主的名下,表示债务的增加(我欠人);资本家贷出的款项,记在"借"主的名下,表示债权的增加(人欠我)。随着西方国家商品经济的发展,人们运用"借"和"贷"所记录的内容越来越多,"借"和"贷"两字也就失去了原来的含义,变成了纯粹的记账符号。作为记账符号,"借"和"贷"两字应理解为一个账户上两个相反的方面,即一方表示增加,另一方表示减少。至于哪一方表示增加,哪一方表示减少,这要根据账户的具体性质确定。到了15世纪,西方国家形成了完善的借贷记账法理论体系,借贷记账法成为一种比较科学的记账方法,并为世界各国普遍采用。

(二) 借贷记账法的记账符号

记账符号是指在账户中表示记账方向的记号。借贷记账法是以"借"和"贷"作为记账符号,把每个账户都划分为"借方""贷方"和"余额",账户左方为"借方",右方为"贷方",如图3-5所示,分别登记其反映的经济内容的增加和减少,至于哪一方表示增加,哪一方表示减少,这取决于账户的性质。

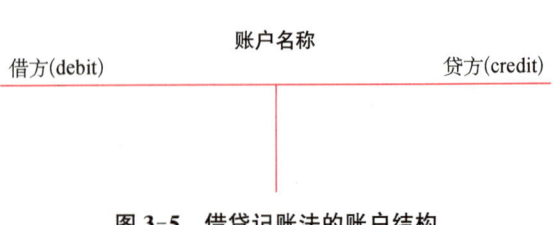

图3-5 借贷记账法的账户结构

(三) 借贷记账法的账户结构

账户的性质就是账户所反映的经济内容。按照会计等式"资产＋费用＝负债＋所有者权益＋收入",账户可以分为两类性质不同的账户。处于等式左边的资产和费用账户为一类,反映资金的使用形式,其借方记录增加,贷方记录减少;处于等式右边的负债、所有者权益和收入账户为一类,反映资金的来源渠道,其贷方记录增加,借方记录减少。

1. 资产类账户结构

资产类账户的结构是,其借方登记资产的增加,贷方登记资产的减少,余额一般在借方,表示资产的实有数。资产类账户如图3-6所示。

资产类账户

借方		贷方	
期初余额	×××		
本期增加额	×××	本期减少额	×××
...		...	
本期借方发生额合计	×××	本期贷方发生额合计	×××
期末余额	×××		

图3-6 资产类账户结构

资产类账户期末余额的计算公式如下:

资产类账户期末余额＝期初余额＋本期借方发生额－本期贷方发生额

2. 负债和所有者权益类账户结构

负债和所有者权益类账户的结构是,其贷方登记负债和所有者权益的增加,借方登记负债和所有者权益的减少,余额一般在贷方,表示负债和所有者权益的实有数。负债和所有者权益类账户如图3-7所示。

负债和所有者权益类账户

借方		贷方	
		期初余额	×××
本期减少额	×××	本期增加额	×××
		...	
本期借方发生额合计	×××	本期贷方发生额合计	×××
		期末余额	×××

图3-7 负债和所有者权益类账户结构

负债和所有者权益类账户期末余额的计算公式如下：

负债和所有者权益类账户期末余额＝期初余额＋本期贷方发生额－本期借方发生额

3. 成本和费用类账户结构

成本和费用类账户的结构是，其借方登记成本、费用的增加，贷方登记成本、费用的减少，成本类账户（制造费用除外，制造费用一般没有期末余额）若有余额，余额在借方，表示期末在产品的成本；费用类账户期末没有余额。成本和费用类账户结构如图 3-8 所示。

成本和费用类账户

借方		贷方	
期初余额	×××		
本期增加额	×××	本期减少额	×××
...		...	
本期借方发生额合计	×××	本期贷方发生额合计	×××
期末余额	×××		

图 3-8　成本和费用类账户结构

注：成本和费用类账户结构与资产类类似，但费用类账户一般无期初、期末余额。

4. 收入类账户结构

收入类账户的结构是，其贷方登记收入的增加，借方登记收入的减少，期末无余额。收入类账户结构如图 3-9 所示。

收入类账户

借方		贷方	
本期减少额	×××	本期增加额	×××
...		...	
本期借方发生额合计	×××	本期贷方发生额合计	×××

图 3-9　收入类账户结构

注：收入类账户结构与负债类账户类似，但一般无期初、期末余额。

超链接

登记在借方的数额称为"借方发生额",登记在贷方的数额称为"贷方发生额"。"借方发生额"和"贷方发生额"均称为本期发生额,本期发生额反映资金增减变化情况,为经济管理提供动态经济指标。在期初余额为零的情况下,"借方发生额"和"贷方发生额"相抵减以后的差额称为"期末余额",如果借方发生额大于贷方发生额,其余额称为借方期末余额;如果贷方发生额大于借方发生额,其余额称为贷方期末余额。本期期末余额顺移至下一个会计期初,即为下一个会计期初的期初余额。期初余额和期末余额反映资金增减变化的结果,为经济管理提供静态经济指标。

(四)借贷记账法的记账规则

1. 记账规则的形成

我们已经知道企业的经济业务及其所引起的资金运动变化只有四种类型:①等号两边等额同增;②等号两边等额同减;③等号左边内部等额增减;④等号右边内部等额增减。如果将其中的增减变动用"借""贷"符号表示,就可以找出资金运动变化的规律,如表3-4和图3-10所示。

表3-4　　　　　　　　　　经济业务变化的四种基本类型

经济业务类型	记账行为	
等号两边等额同增	等号左边账户增加记借方	等号右边账户增加记贷方
等号两边等额同减	等号右边账户减少记借方	等号左边账户减少记贷方
等号左边内部等额增减	等号左边账户增加记借方	等式左边账户减少记贷方
等号右边内部等额增减	等式右边账户减少记借方	等式右边账户增加记贷方

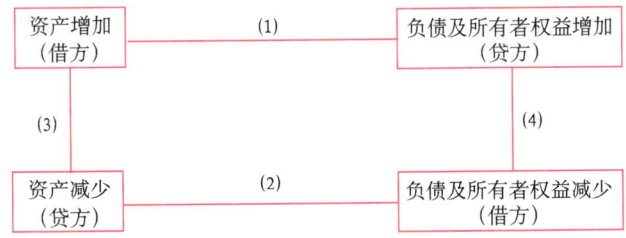

图3-10　经济业务变化的四种基本类型与记账规则的对应关系

由表3-4可知,对每一会计事项都要以相等的金额,在两个或两个以上相互关联的账户中进行登记,而且,必须同时涉及有关账户的借方和贷方,其借方和贷方的金额一定相等。

2. 借贷记账规则的内容

由表3-4和图3-10我们可以得出借贷记账法的记账规则为"有借必有贷,借贷必相等"。"有借必有贷"是指任何一项经济业务都应在一个账户的借方(或贷方)和另一个账户的贷方(或借方),或者一个(或多个)账户的借方(或贷方)和另几个账户的贷方(或借方)同时进行登记。"借贷必相等"是指任何一项经济业务记入借方账户的金额和记入贷方账户的金额必须相等。

"有借必有贷,借贷必相等"是所有四种类型的经济业务按照借贷记账法的账户设置和分类、账户结构和用法,以及记账符号的含义进行登记的必然结果。

(五) 会计分录和对应账户

1. 会计分录

在实际工作中,对发生的经济业务要取得和填制原始凭证。发货票、支票存根、材料入库单等原始凭证具有法律效力。为了全面、连续、系统、综合地核算和监督经济业务,需要设置账簿,将所发生的经济业务分门别类地进行登记;为了保证账簿记录的正确性,不能直接根据原始凭证登记账簿,必须先对原始凭证上的业务进行分析,将经济业务所涉及的会计科目名称、借贷方向及增减金额,填制到专设的记账凭证上,再根据记账凭证登记账簿。记账凭证是登记账簿的依据。

【任务3-1】齐庆有限责任公司20××年8月1日从银行提取现金20 000元,不能根据现金支票存根(表3-5)直接登记账簿,而应该先填制记账凭证,如表3-6所示。

表3-5　　　　　　　　　　　　　　支票存根

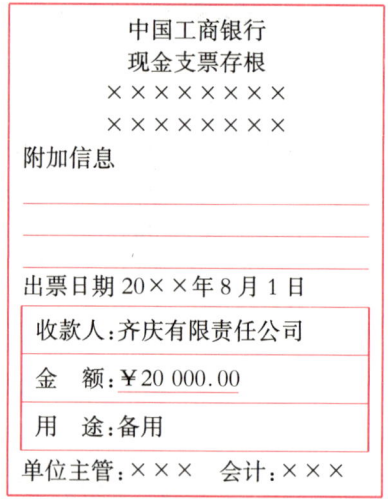

为了便于印刷和教学,习惯上将记账凭证进行简化,只保留其中的会计科目名称、借贷方向和应记的金额,并且在书写上规定了格式。

借: 库存现金　　　　　　　　　　　　　　　　　　　　　　　　　20 000
　　贷: 银行存款　　　　　　　　　　　　　　　　　　　　　　　　 20 000

上述记账凭证的简化格式为会计分录,为方便教学,可以用会计分录代替记账凭证,其中会计科目名称、借贷方向和应记的金额称为会计分录三要素。会计分录分为简单会计分录和复合会计分录,如图3-11所示。

表 3-6

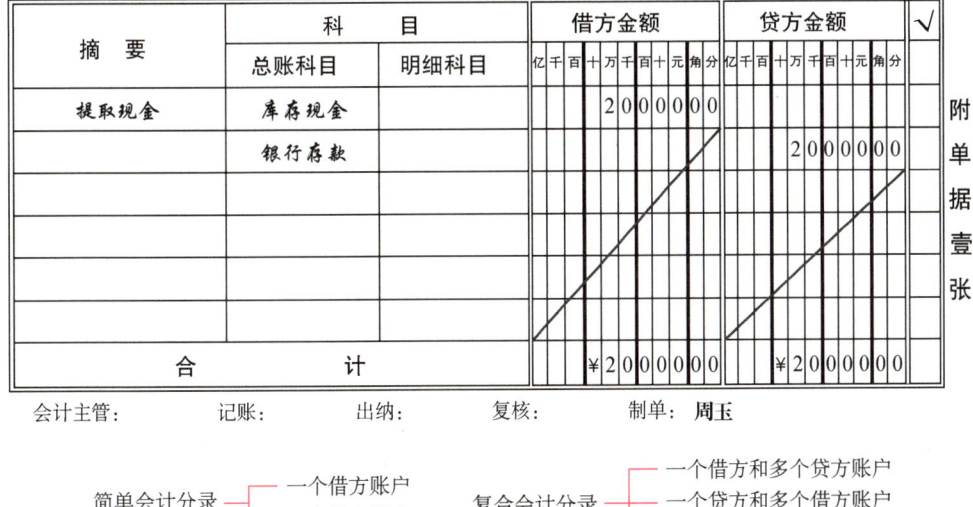

图 3-11 简单会计分录与复合会计分录

2. 对应账户

采用借贷记账法记录各项经济业务时，在有关账户之间都会形成应借、应贷的相互关系，账户之间的这种相互关系称为账户的对应关系。发生对应关系的账户称为对应账户。

（六）借贷记账法的试算平衡

借贷记账法的记账规则是"有借必有贷，借贷必相等"，因此，在一定时期内（如 1 个月），所有账户的借方发生额必然等于所有账户的贷方发生额，根据会计公式"资产＝负债＋所有者权益"，所有账户的借方期末余额合计数必然等于所有账户的贷方期末余额合计数。试算平衡公式为下列三个：

全部账户期初借方余额合计＝全部账户期初贷方余额合计

全部账户本期借方发生额合计＝全部账户本期贷方发生额合计

全部账户期末借方余额合计＝全部账户期末贷方余额合计

在日常核算中，通常是在月末结出各个账户本月发生额和期末余额，并通过编制试算平衡表来进行的，试算平衡表的格式如表 3-7 所示。

（七）借贷记账法的运用

为了方便举例，通常对原始凭证、记账凭证、账页和会计报表进行适当简化。

（1）用文字介绍经济业务代替原始凭证。

（2）用会计分录代替记账凭证。

（3）用简化的账页格式（"T"形账户）代替真实账页。

(4) 用简化的报表代替真实报表。

表 3-7 试算平衡表

20××年××月××日　　　　　　　　　　　　　　　　　　　　单位：元

账户名称	期初余额		本期发生额		期末余额	
	借方	贷方	借方	贷方	借方	贷方
合　计						

【任务 3-2】仍以[任务 2-1]至[任务 2-4]远东有限责任公司资料为例，说明借贷记账法。远东有限责任公司 20××年 11 月月初总账账户余额如下。

1. 远东有限责任公司 20××年 11 月份总账账户的期初余额，如表 3-8 所示。

表 3-8 远东有限责任公司总账账户余额

20××年 11 月 1 日　　　　　　　　　　　　　　　　　　　　单位：元

资产	金额	负债和所有者权益	金额
库存现金	2 000	短期借款	21 000
银行存款	50 000	应付账款	17 000
应收账款	6 500	长期借款	30 500
原材料	10 000	实收资本	120 000
固定资产	920 000	本年利润	800 000
合计	988 500	合计	988 500

2. 远东有限责任公司 20××年 11 月发生的经济业务和编制的会计分录如下：

(1) 11 月 2 日，购入材料 15 000 元，材料已经验收入库，货款暂欠。

企业购入材料 15 000 元，原材料增加记"原材料"账户借方，货款没有支付，应付账款增加记"应付账款"账户贷方。其会计分录如下：

借：原材料　　　　　　　　　　　　　　　　　　　　　　　　　　15 000
　　贷：应付账款　　　　　　　　　　　　　　　　　　　　　　　　　　15 000

(2) 11 月 16 日，以银行存款 20 000 元偿还银行短期借款。

企业以银行存款 20 000 元偿还短期借款，短期借款减少记"短期借款"账户借方，银行存款减少记"银行存款"账户贷方。其会计分录如下：

借：短期借款　　　　　　　　　　　　　　　　　　　　　　　　　20 000
　　贷：银行存款　　　　　　　　　　　　　　　　　　　　　　　　　　20 000

(3) 11月23日,从银行提取现金10 000元。

企业从银行提取现金10 000元,库存现金增加记"库存现金"账户借方,银行存款减少记"银行存款"账户贷方。其会计分录如下:

借:库存现金　　　　　　　　　　　　　　　　　　　　　　10 000
　　贷:银行存款　　　　　　　　　　　　　　　　　　　　　　　10 000

(4) 11月30日,经批准,企业将长期借款20 500元转为实收资本。

将长期借款转为资本金,企业长期借款减少记"长期借款"账户借方,实收资本增加记"实收资本"账户贷方。其会计分录如下:

借:长期借款　　　　　　　　　　　　　　　　　　　　　　20 500
　　贷:实收资本　　　　　　　　　　　　　　　　　　　　　　　20 500

3. 根据上述资料,将有关账户的期初余额和本期发生额全部登记入账("T"形账户)并结出期末余额,如图3-12至图3-21所示。

库存现金

借方		贷方	
期初余额	2 000		
(3)	10 000		
本期借方发生额	10 000	本期贷方发生额	—
期末余额	12 000		

图3-12 "库存现金"账户

银行存款

借方		贷方	
期初余额	50 000		
		(2)	20 000
		(3)	10 000
本期借方发生额	—	本期贷方发生额	30 000
期末余额	20 000		

图3-13 "银行存款"账户

应收账款

借方		贷方	
期初余额	6 500		
本期借方发生额	—	本期贷方发生额	—
期末余额	6 500		

图3-14 "应收账款"账户

借方	原材料		贷方
期初余额	10 000		
(1)	15 000		
本期借方发生额	15 000	本期贷方发生额	—
期末余额	25 000		

图 3-15 "原材料"账户

借方	固定资产		贷方
期初余额	920 000		
本期借方发生额	—	本期贷方发生额	—
期末余额	920 000		

图 3-16 "固定资产"账户

借方	短期借款		贷方
		期初余额	21 000
(2)	20 000		
本期借方发生额	20 000	本期贷方发生额	—
		期末余额	1 000

图 3-17 "短期借款"账户

借方	应付账款		贷方
		期初余额	17 000
		(1)	15 000
本期借方发生额	—	本期贷方发生额	15 000
		期末余额	32 000

图 3-18 "应付账款"账户

借方	长期借款		贷方
		期初余额	30 500
(4)	20 500		
本期借方发生额	20 500	本期贷方发生额	—
		期末余额	10 000

图 3-19 "长期借款"账户

	实收资本	
借方		贷方
	期初余额	120 000
	(4)	20 500
本期借方发生额　—	本期贷方发生额	15 000
	期末余额	140 500

图 3-20 "实收资本"账户

	本年利润	
借方		贷方
	期初余额	800 000
本期借方发生额　—	本期贷方发生额	—
	期末余额	800 000

图 3-21 "本年利润"账户

4. 编制试算平衡表

根据所编制的会计分录和账户记录编制试算平衡表,如表 3-9 所示。

表 3-9　　　　　　　　本期发生额及余额试算平衡表

20××年 11 月 30 日　　　　　　　　　　　　　　单位:元

账户	期初余额		本期发生额		期末余额	
	借方	贷方	借方	贷方	借方	贷方
库存现金	2 000		10 000		12 000	
银行存款	50 000			30 000	20 000	
应收账款	6 500				6 500	
原材料	10 000		15 000		25 000	
固定资产	920 000				920 000	
短期借款		21 000	20 000			1 000
应付账款		17 000		15 000		32 000
长期借款		30 500	20 500			10 000
实收资本		120 000		20 500		140 500
本年利润		800 000				800 000
合计	988 500	988 500	65 500	65 500	983 500	983 500

试算平衡表汇总了企业全部账户的核算资料,因此,通过试算平衡表,不仅可以检查

记录是否正确、完整,而且可以了解企业经济活动的全部情况,并为期末会计报表的编制提供资料。但是,必须指出的是,经试算后的双方数额如果不等,肯定是记账有误,如一方多记,另一方少记;如果相等,一般来说记账是正确的,除非借方和贷方都多记或者少记了相同的金额,或者应借、应贷科目写错,或者借贷方向记反等。

请思考: 什么是会计分录?

思政点睛

> 复式记账法是指对每项经济业务都以相等的金额,同时在两个或两个以上相互联系的账户中进行登记的一种记账方法。经济业务的发生,必然会引起相应会计要素的变化。古人也讲,种瓜得瓜,种豆得豆。一分耕耘,一分收获,要收获得好,必须耕耘得好。只要我们认真地工作,就能作出许多成绩。不劳而获,那是神话。
>
> 让我们在平凡的日子里感受生命的美好,在耕耘里感受劳动的快乐和收获的期待,朝着梦想的地方一直走。

财智未来

> 复式记账是会计核算的基本方法,但传统的手工记账方式存在效率低、易出错等问题。大数据技术和人工智能技术的应用为复式记账的自动化处理提供了可能。利用大数据技术,可以自动识别和匹配经济业务的借贷方,实现复式记账的自动化处理。例如,当企业发生一笔销售业务时,大数据系统可以自动识别销售收入和应收账款的借贷关系,并自动生成记账凭证。
>
> 通过 Python 和人工智能技术可以编写自动化记账程序,实现复式记账的自动化处理。通过自动化程序运行,可以自动从业务系统中提取交易数据,按照复式记账规则生成记账凭证,并自动录入财务系统。这种方式大大提高了记账效率,减少了人为错误,为企业的财务管理提供了更加准确和及时的数据支持。例如,当企业发生一笔采购业务时,程序可以根据采购发票上的信息,如采购金额、供应商名称、货物种类等,自动判断应借记"原材料""库存商品"等账户,贷记"银行存款""应付账款"等账户,并准确填写金额和摘要信息,极大地减少了人工录入错误,提高了记账效率。同时,通过大数据分析技术和人工智能技术对复式记账数据进行深度挖掘,可以分析企业的资金流向和业务活动规律。

技能自测题

一、单项选择题

1. 对会计要素进行分类核算所规定的项目,就是( )。
   A. 会计对象　　　B. 会计科目　　　C. 会计账户　　　D. 会计账簿
2. 设置账户是会计核算的一种专门方法,账户是根据( )开设的。
   A. 会计对象　　　B. 会计要素　　　C. 会计科目　　　D. 会计分录
3. 复式记账法是指对发生的每项经济业务,都要以相等的金额在( )中进行登记的记账方法。
   A. 两个账户
   B. 一个账户
   C. 所有账户
   D. 两个或两个以上相互联系的账户
4. 我国目前采用的记账方法是( )。
   A. 借贷记账法　　B. 增减记账法　　C. 收付记账法　　D. 单式记账法
5. 总分类账户一般只适用于( )。
   A. 实物量度　　　B. 货币量度　　　C. 劳动量度　　　D. 实物与货币量度

参考答案

二、多项选择题

1. 会计科目按提供核算指标的详细程度,可以分为( )。
   A. 总分类科目　　B. 明细分类科目　C. 资产类科目　　D. 负债类科目
2. 会计分录分为( )。
   A. 过账分录
   B. 更正分录
   C. 简单会计分录
   D. 复合会计分录
3. 会计分录的三要素为( )。
   A. 账户名称　　　B. 借贷方向　　　C. 应记金额　　　D. 试算平衡
4. 在借贷记账法中,下列关于账户的说法中,正确的有( )。
   A. 资产类账户余额一般在借方
   B. 负债与所有者权益类账户余额一般在贷方
   C. 损益类账户无期末余额
   D. 成本类与资产类类似,但制造费用无期末余额
5. 借贷记账法的试算平衡公式有( )。
   A. 全部账户期初借方余额合计＝全部账户期初贷方余额合计
   B. 全部账户本期借方发生额合计＝全部账户本期贷方发生额合计
   C. 全部账户期末借方余额合计＝全部账户期末贷方余额合计

D. 全部账户期初借方余额合计＝全部账户期末贷方余额合计

三、判断题

（　）1. 凡是期末无余额的账户均是损益类账户。

（　）2. 借贷记账法的记账规则是"有借必有贷，借贷必相等"。

（　）3. 试算平衡可以保证记账工作准确无误。

（　）4. 期末，每个账户的借方发生额合计数与贷方发生额合计数必须相等。

（　）5. "预付账款"账户是资产类账户，"预收账款"账户是负债类账户。

课证融合练习题

——历年初级会计职称真题

参考答案

一、单项选择题

1. 下列各项中,属于企业成本类科目的是(　　)。(2024年·2分)
   A. 主营业务成本　　　　　　　　B. 其他业务成本
   C. 研发支出　　　　　　　　　　D. 资产处置损益

2. 下列各项关于借贷记账法下账户结构的表述中,正确的是(　　)。(2024年·2分)
   A. 贷方登记收入减少　　　　　　B. 借方登记费用增加
   C. 借方登记负债增加　　　　　　D. 贷方登记所有者权益减少

二、多项选择题

1. 下列各项中,在借贷记账法下企业应记入相应账户借方的有(　　)。(2024年·2分)
   A. 生产成本的增加　　　　　　　B. 在建工程的增加
   C. 盈余公积的增加　　　　　　　D. 短期借款的减少

2. 下列各项中,在借贷记账法下企业应记入相应账户贷方的有(　　)。(2024年改编·2分)
   A. 实收资本的增加　　　　　　　B. 短期借款的增加
   C. 原材料的增加　　　　　　　　D. 应付账款的减少

三、判断题

(　)1. 借贷记账法的记账规则"有借必有贷,借贷必相等"是余额试算平衡的直接依据。(2022年改编·1分)

(　)2. 通过试算平衡表检查账户记录,如果借贷双方发生额或余额相等,则表明记账正确。(2023年·1分)

自我评价表

项　目		评价打分	查缺补漏
知识目标	1. 熟记会计科目的概念和类别；	☆☆☆☆☆	
	2. 牢记各类会计账户的结构。	☆☆☆☆☆	
技能目标	1. 能准确判断会计科目类别、账户的结构和经济业务变化的类型；	☆☆☆☆☆	
	2. 能准确地诠释借贷记账法的记账规则。	☆☆☆☆☆	
素养目标	1. 自觉地树立遵纪守法意识；	☆☆☆☆☆	
	2. 培养严谨细致的工作作风。	☆☆☆☆☆	

第四章

会计凭证和主要经济业务的核算

学习导图

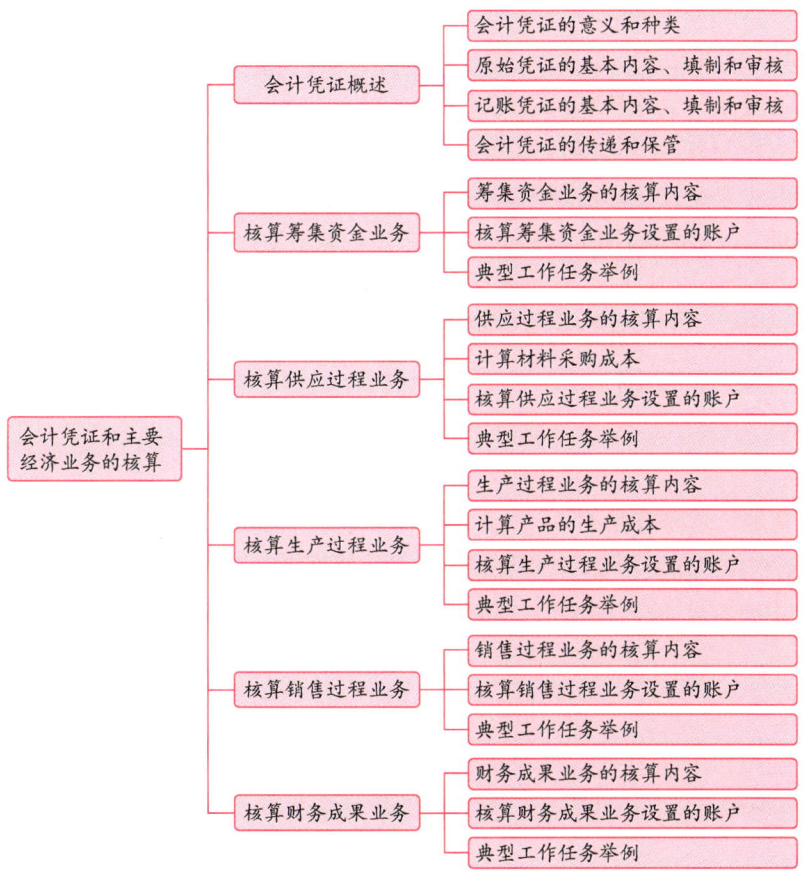

学习目标

知识目标	技能目标	素养目标
1. 认知各类会计凭证； 2. 填制和审核会计凭证。	1. 正确填制和审核会计凭证； 2. 正确地计算产品成本。	1. 养成自主学习习惯； 2. 遵守企业会计准则和相关法规。

课程思政目标

树立正确的价值观和明确的学习目标，养成严谨治学的学风，按照会计准则的规定填制和审核会计凭证，遵守职业道德。

第一节　会计凭证概述

一、会计凭证的意义和种类

（一）会计凭证的意义

会计凭证是指记录经济业务，明确经济责任，作为记账依据的书面证明。填制与审核会计凭证，是进行会计核算，实行会计监督的一种专门方法。

一切会计记录都必须有真凭实据，从而使会计资料具有客观性，这是会计核算必须遵循的原则，也是会计核算区别于其他经济管理活动的一个重要特点。所以，填制和审核会计凭证是会计核算工作的起点。任何经济业务的发生，都必须由经办经济业务的有关人员填制或取得会计凭证，记录经济业务的日期、内容、数量和金额，并由有关人员在凭证上签名盖章，对会计凭证的真实性和正确性负责。只有经过审核无误的会计凭证，才能作为登记账簿的依据。

填制与审核会计凭证，对完成会计工作任务，实现会计职能，提供真实可靠的会计信息等都具有十分重要的意义，具体如下。

1. 真实地记录经济业务

会计主体日常发生的每一项经济业务，如资金的取得与运用、生产过程中各种耗费的发生、成本的形成、收入的取得、利润的形成和分配等，这些经济业务都需要按其发生的时间、地点、内容和完成情况，正确及时地填制会计凭证，记录经济业务的实际情况。记账必须以经过审核无误的会计凭证为依据，没有会计凭证，就不可能登记账簿，也不可能及时提供准确、可靠的会计信息。因此，正确填制与审核会计凭证，不仅具有核算和监督经济活动的作用，而且对保证会计资料真实可靠，提高会计工作质量具有重要的意义。

2. 有效地监督经济业务

会计主体发生的各项经济业务，在会计凭证中都如实地作了记录，经济业务是否真实、正确、合法、合规，都会在会计凭证中得到反映。记账前，会计人员必须对会计凭证进行严格的审核，检查各项经济业务是否符合国家的政策、法律、法规和制度，是否符合企业单位的计划和预算，是否给单位带来经济效益，有无铺张浪费、贪污盗窃等损害单位财产的行为发生，有无违法乱纪、损害公共利益的行为发生，以达到严肃财经纪律，发挥会计监督，加强经济管理，维护市场经济秩序，提高经济效益的目的。

3. 明确相关人员的经济责任

企业发生的每一项经济业务,都要由经办人员填制或取得会计凭证,并由有关部门和人员在会计凭证上签名或盖章,这样就可以促使经办部门和人员对经济业务的真实性、合法性负责,增强责任感;即使发生问题,也易于弄清情况,分清责任,作出正确的裁决。会计凭证的传递可以将经办部门和人员联系在一起,使之可以互相促进、互相监督、互相牵制。

4. 正确地登记账簿

经济业务发生或完成时不仅要及时填制和审核会计凭证,以保证会计凭证的真实性、客观性和合法性,还要由有关人员签字盖章,以明确经济责任,只有内容填制完整、手续齐备及审核无误的会计凭证,才能用来作为登记账簿的依据。任何一项经济业务如没有办理凭证手续,都不允许直接登记账簿,必须先编制成会计凭证,并审核无误后才能据以登记账簿。

请思考:登记账簿的依据是什么?

(二)会计凭证的种类

会计凭证按其填制的程序和用途不同,可以分为原始凭证和记账凭证两种。

1. 原始凭证

原始凭证是指在经济业务发生或完成时取得或填制的,记录经济业务、明确经济责任、具有法律效力的书面证明。它是组织会计核算的原始资料,也是编制记账凭证(特殊的记账凭证除外)的依据。

原始凭证按其取得来源的不同,分为自制原始凭证和外来原始凭证。

1)自制原始凭证

自制原始凭证是指由本单位经办业务部门的有关人员在经济业务发生或完成时填制的原始凭证。自制原始凭证按其填制手续不同,分为一次凭证、累计凭证和汇总凭证。

第一,一次凭证。

一次凭证是指填制手续一次完成,一次只记录一项经济业务或同时记录若干项同类经济业务的原始凭证。自制原始凭证大部分是一次凭证,如收料单、领料单(表 4-1)和制造费用分配表等。

表 4-1 　　　　　　　　　　　<u>领　料　单</u>

领料部门:　　　　　　　　　　　　　　　　　　　　　　　　　领料编号:
用途:　　　　　　　　　　　　年　月　日　　　　　　　　　　发料仓库:

材料编号	材料名称	材料规格	计量单位	数量		单价	金额
				请领	实发		

供应单位:　　　　　领料单位:　　　　　保管员:　　　　　领料人:

第二，累计凭证。

累计凭证是指在一定时期内连续记录若干项同类经济业务的原始凭证，如限额领料单。累计凭证的手续不是一次完成的，而是随着经济业务的陆续发生分次填写的，只有完成全部填制手续后，才能作为原始凭证编制记账凭证并据以登记入账。限额领料单的格式如表 4-2 所示。

表 4-2　　　　　　　　　　　　　　限额领料单

领料部门：　　　　　　　　　　　　　　　　　　　　　　　　领料编号：
用途：　　　　　　　　　年　月　日　　　　　　　　　　　　发料仓库：

材料类别	材料编号	材料名称	材料规格	计量单位	领用限额	实领总数量	计划单价	金额	备注

日期	请领		实发			退料			限额结余
	数量	领料单位签章	数量	收料人签章	发料人签章	数量	收料人签章	发料人签章	
合计									

供应部门负责人：　　　　　　生产计划部门负责人：　　　　　　保管员：

从限额领料单可以看到，企业对用料部门规定某种材料在一定时期（通常为 1 个月）内的领用限额。每次领料时，在限额领料单上逐笔登记，并随时结出限额结余，到月末时，结出本月实际耗用总量和限额结余，送交财务部门，作为会计核算的依据。这样不仅可以预先控制领料，而且可以减少凭证的数量，简化凭证填制的手续。

第三，汇总凭证。

汇总凭证是指根据一定时期若干份记录同类经济业务的原始凭证加以汇总编制而成的一种原始凭证，如将全月领料业务的领料单加以汇总后编制的发料凭证汇总表。发料凭证汇总表的格式如表 4-3 所示。

表 4-3　　　　　　　　　　　　　　发料凭证汇总表
　　　　　　　　　　　　　　　　　　年　月

应贷科目		应借科目				合计
		生产成本	制造费用	管理费用	在建工程	
原材料	原材料及主要材料					
	辅助材料					
	修理用配件					
	燃料					
	合计					
周转材料	低值易耗品					
	包装物					
	合计					

汇总原始凭证只能将同类经济业务汇总在一张汇总凭证上，不能汇总两类或两类以上不同类型的经济业务。

2) 外来原始凭证

外来原始凭证是指在同外单位或个人发生经济往来时，从单位外部取得的原始凭证，外来原始凭证一般都是一次凭证。比如，供应单位开出的增值税专用发票，银行结算凭证，收款单位或个人开具的收据，出差人员取得的车票、船票、机票、宿费单、铁路托运单、运杂费收据等。外来原始凭证必须盖有出具原始凭证单位的公章或财税机关的统一监制章才有效。纸质"增值税专用发票"格式如表4-4所示，数字化电子发票格式如表4-5所示。

表4-4

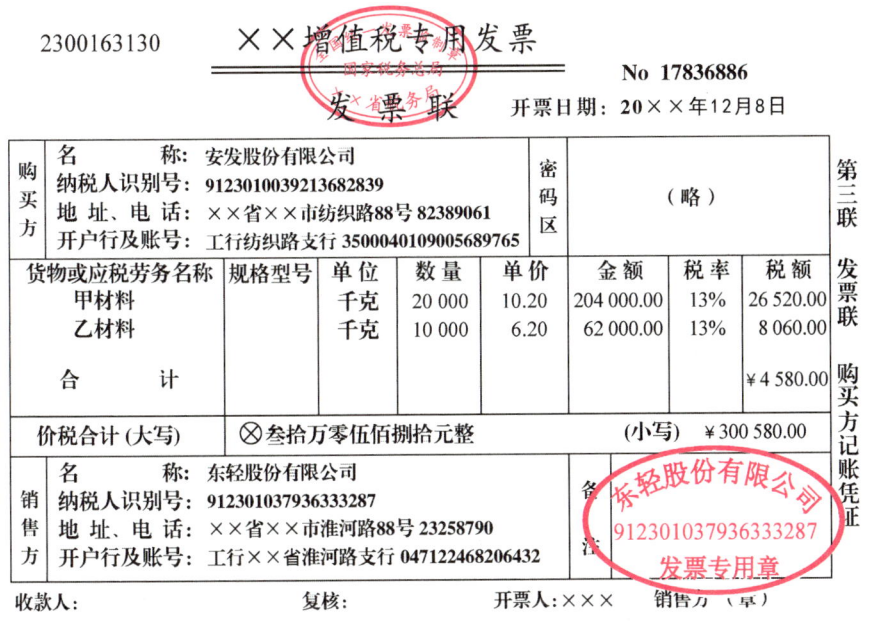

表4-5

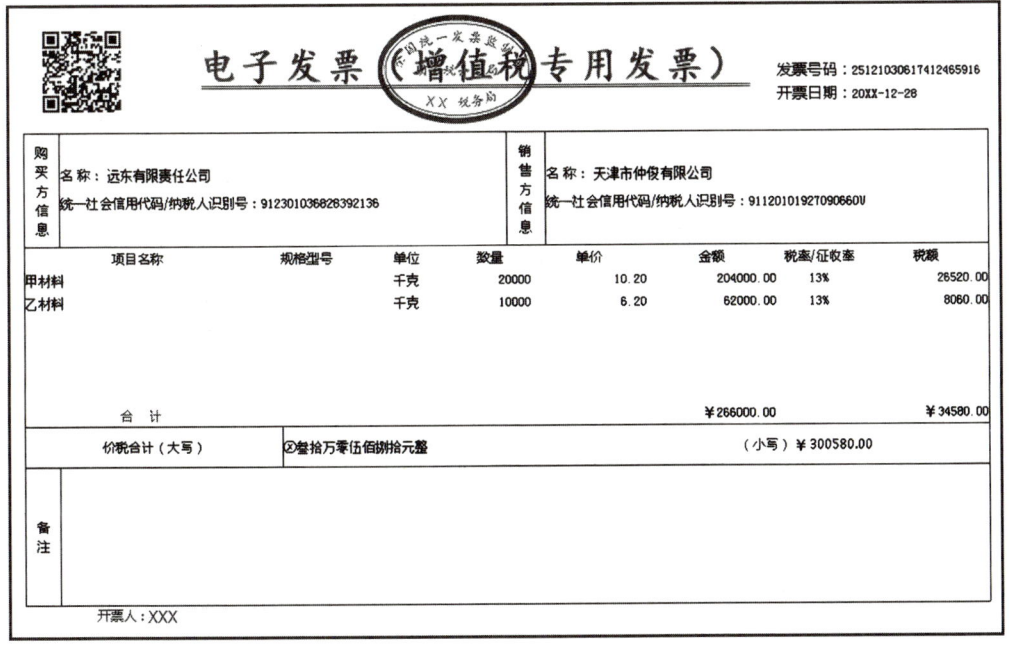

2. 记账凭证

记账凭证是由会计人员根据审核无误的原始凭证或原始凭证汇总表填制的、确定经济业务应借、应贷科目及金额、作为登记账簿依据的会计凭证。

有些经济业务,如错账更正,期末结账前有关账项调整结转、转销等无法取得原始凭证的,可以由会计人员根据账簿记录提供的数据编制记账凭证。

原始凭证来自不同的单位,种类繁多,数量庞大,格式和内容不统一,只记录经济业务的实际情况,并未反映应使用的会计科目和记账方向,直接根据原始凭证记账容易发生差错。因此,会计人员在记账前,应认真审核原始凭证,并根据审核无误的原始凭证,按照记账规律,确定应借、应贷科目名称和金额,填制记账凭证,并据以记账。原始凭证作为记账凭证的附件粘贴在记账凭证之后,不仅可以简化记账工作,减少差错,而且便于对账和查账,提高记账工作的质量。

记账凭证按记录的经济内容与货币资金是否有关,分为收款凭证、付款凭证和转账凭证。

1) 收款凭证

收款凭证是用来记录现金和银行存款等货币资金收入业务的凭证。收款凭证的格式如表4-6所示。

表4-6

2) 付款凭证

付款凭证是用来记录现金和银行存款等货币资金支付业务的凭证。它是根据现金和银行存款付款业务的原始凭证填制的。付款凭证的格式如表4-7所示。

表 4-7

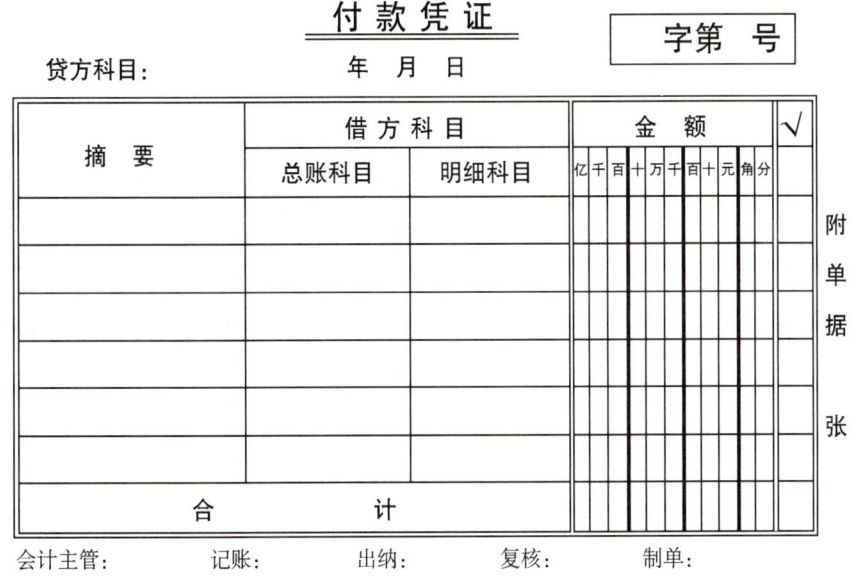

3) 转账凭证

转账凭证是用来记录与现金、银行存款等货币资金收付无关的转账业务的凭证。它是根据有关转账业务的原始凭证填制的。转账凭证的格式如表 4-8 所示。

表 4-8

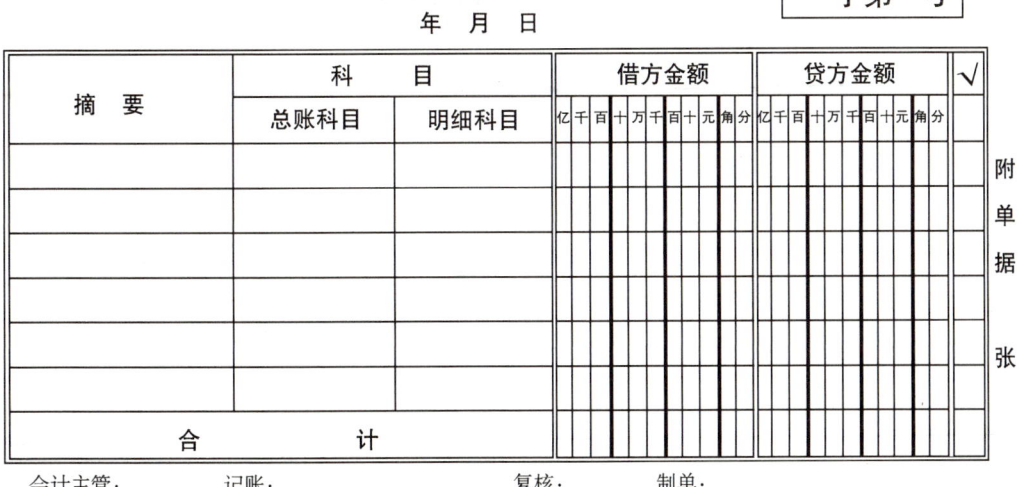

在实际工作中,为了简单,经济业务数量少的企业和行政事业单位,可以不分收款、付款和转账业务,统一使用同一种格式的记账凭证来记录和反映所发生的各种经济业务,这种记账凭证称为通用记账凭证。通用记账凭证的格式如表 4-9 所示。

表 4-9

记 账 凭 证
年 月 日

字第　号

摘　要	科　目		借方金额	贷方金额	√
	总账科目	明细科目	亿千百十万千百十元角分	亿千百十万千百十元角分	
合　　　计					

附单据　张

会计主管：　　　记账：　　　出纳：　　　复核：　　　制单：

原始凭证和记账凭证之间存在着密切的联系。原始凭证是编制记账凭证的依据,是记账凭证的附件;记账凭证是对原始凭证的内容进行整理而编制的,是对原始凭证内容的概括和说明;当某些账户所属明细账户较多时,原始凭证是登记明细账户的依据,两者关系密切,不可分割。

请思考：会计凭证按填制的程序和用途不同,分为哪些凭证？

二、原始凭证的基本内容、填制和审核

（一）原始凭证的基本内容

经济业务是多种多样的,因此,用来记录经济业务的原始凭证也是多种多样的。虽然原始凭证的名称、格式和反映的具体内容不同,但无论哪一种原始凭证,都应该说明经济业务的执行和完成情况,都必须明确经办业务部门、人员及有关单位的经济责任,都应该具备以下基本内容：

（1）凭证的名称。
（2）填制凭证的日期。
（3）填制凭证的单位名称和填制人姓名。
（4）经办人员的签名或者盖章。
（5）接受凭证单位名称。
（6）经济业务内容。
（7）数量、单价和金额。

(二)原始凭证的填制

原始凭证是经济业务发生的原始证明,是具有法律效力的证明文件,因此,原始凭证的填制,必须符合一定的规范。其要求如下所述。

1. 记录真实

原始凭证所填列经济业务的内容和数字,必须真实可靠,符合实际情况。

2. 内容完整

原始凭证的各项目,必须填写齐全,不能遗漏和简略。原始凭证中的年、月、日要按照填制原始凭证的实际日期填写;名称要齐全,不能简化;品名或用途要填写明确,不能含糊不清;有关人员的签名或者盖章必须齐全。

3. 手续完备

单位自制的原始凭证必须有经办单位相关负责人的签名或者盖章;对外开出的原始凭证必须加盖本单位的公章或者财务专用章;从外部取得的原始凭证,必须盖有填制单位的公章或者财务专用章;从个人取得的原始凭证,必须有填制人员的签名或者盖章。

4. 书写清楚、规范

原始凭证要按规定填写,文字要简明,字迹要清楚,易于辨认,不得使用未经国务院公布的简化汉字。大小写金额必须符合填写规范,小写金额用阿拉伯数字逐个书写,不得写连笔字。在金额前要填写人民币符号"¥",且与阿拉伯数字之间不得留有空白。金额数字一律填写到角、分,无角无分的,写"00"或符号"—";有角无分的,分位写"0",不得用符号"—"。大写金额用汉字壹、贰、叁、肆、伍、陆、柒、捌、玖、拾、佰、仟、万、亿、元、角、分、零、整等,一律用正楷或行书书写。大写金额前未印有"人民币"字样的,应加写"人民币"三个字且和大写金额之间不得留有空白。大写金额到元或角为止的,后面要写"整"或"正"字;有分的,不写"整"或"正"字,如小写金额为"¥2 008.00",大写金额应写成"贰仟零捌元整"。

5. 编号连续

各种凭证要连续编号,以便检查。如果凭证已预先印定编号,如发票、支票等重要凭证,在因错作废时,应加盖"作废"戳记,妥善保管,不得撕毁。

6. 不得涂改、刮擦、挖补

原始凭证金额有错误的,应当由出具单位重开,不得在原始凭证上更正。原始凭证有其他错误的,应当由出具单位重开或更正,更正处应当加盖出具单位公章或财务专用章。

7. 填制及时

各种原始凭证一定要及时填写,并按规定的程序及时送交会计机构审核。

(三)原始凭证的审核

为了保证原始凭证的合法性和真实性,会计人员必须对原始凭证进行严格的审查和核对。审核原始凭证不仅是正确组织会计核算和进行会计检查的重要方面,也是实行会计监督的重要手段。可以说,原始凭证的审核是实行会计监督的第一道关口,只有经过审核合格的原始凭证,才能作为编制记账凭证和登记账簿的依据。

审核原始凭证,主要从以下四个方面入手。

1. 真实性审核

其真实性的审核包括审核原始凭证日期是否真实、业务内容是否真实、数据是否真实等。对外来原始凭证,必须有填制单位公章或财务专用章和填制人员签名或者盖章;对自制原始凭证,必须有经办部门和经办人员的签名或者盖章。此外,对通用原始凭证,还应审核凭证本身的真实性,以防作假。

2. 合理性、合法性审核

审核原始凭证所记录经济业务是否符合国家法律、法规,是否履行了规定的凭证传递和审核程序;审核原始凭证所记录经济业务是否符合企业经济活动的需要,是否符合有关的计划和预算等。

3. 完整性审核

审核原始凭证各项基本要素是否填写齐全,是否有漏项情况,日期是否完整,数字是否清晰,文字是否工整,有关人员签名或者盖章是否齐全,凭证联次是否正确等。

4. 正确性审核

审核原始凭证记载的各项内容是否正确,包括以下内容:

(1) 接受原始凭证单位的名称是否正确。

(2) 金额的填写和计算是否正确。阿拉伯数字分位填写,不得连写。小写金额前要标明"¥"字样,中间不能留有空位。大写金额前要加"人民币"字样,大写金额与小写金额要相符。

(3) 更正是否正确。原始凭证记载的各项内容均不得涂改;原始凭证金额有错误的,应当由出具单位重开,不得在原始凭证上更正。原始凭证有其他错误的,应当由出具单位重开或者更正,更正处应当加盖出具单位公章或财务专用章。

思政点睛

> 原始凭证是经济业务发生的原始证明,具有法律效力,填制和审核原始凭证是正确组织会计核算和进行会计检查的重要内容,也是实行会计监督的重要手段,原始凭证的审核是实行会计监督的第一道关口,只有经过审核合格的原始凭证,才能作为编制记账凭证和登记账簿的依据,所以,会计人员要树立正确的价值观,养成认真细致的工作作风,诚实守信的处事原则,廉洁自律的职业道德,才能保证原始凭证的合法性和真实性,后续的记账凭证、账簿和会计报表才有真实可靠的基础。
>
> 会计工作过程中总是经历着重重考验,我们应该坚守底线,保持初心,认真履行会计人员的责任与义务。

三、记账凭证的基本内容、填制和审核

(一) 记账凭证的基本内容

记账凭证所反映的经济业务内容不同,因而在具体格式上也有一些差异,但所有的记账凭证都应该具备以下基本内容:

(1) 填制凭证的日期。
(2) 凭证编号。
(3) 经济业务摘要。
(4) 会计科目。
(5) 金额。
(6) 所附原始凭证张数。
(7) 填制凭证人员、稽核人员、记账人员、机构负责人、会计主管人员签名或者盖章。此外,收款和付款凭证还需有出纳人员的签名或者盖章。

(二) 记账凭证的填制

记账凭证的填制除了要做到内容完整、书写清楚和规范,还必须符合下列要求:

(1) 除了结账和更正错账可以不附原始凭证,其他记账凭证必须附原始凭证。

(2) 记账凭证可以根据每一张原始凭证填制,或根据若干张同类原始凭证汇总填制,也可根据原始凭证汇总表填制,但不得将不同内容和类别的原始凭证汇总填制在一张记账凭证上。

(3) 记账凭证应连续编号。凭证应由主管该项业务的会计人员,按业务发生的顺序并按不同种类的记账凭证采用"字号编号法"连续编号,如银收字 1 号、现收字 2 号、现付字 1 号、银付字 2 号。如果一项经济业务需要填制两张以上(含两张)记账凭证的,可以采用"分数编号法"编号,如转字 $4\frac{1}{3}$ 号、转字 $4\frac{2}{3}$ 号、转字 $4\frac{3}{3}$ 号。为便于监督,反映付款业务的会计凭证不得由出纳人员填制或编号。

(4) 填制记账凭证若发生错误,应当重新填制。已经登记入账的记账凭证在当年内发现填写错误时,可以用红字填写一张与原内容相同的记账凭证,在摘要栏注明"注销某月某日某号凭证"字样,同时,再用蓝字重新填制一张正确的记账凭证,注明"订正某月某日某号凭证"字样。如果会计科目没有错误,只是金额错误,也可以将正确数字与错误数字之间的差额另编一张调整的记账凭证,调增金额用蓝字,调减金额用红字。发现以前年度记账凭证有错误的,应当用蓝字填制一张更正的记账凭证。

(5) 记账凭证填制完成后,如有空行,应当自金额栏最后一笔金额数字下的空行处至合计数上的空行处划线注销。

请思考:记账凭证填制有哪些要求?

(三) 记账凭证的审核

为了保证会计信息的质量,在记账之前应由有关稽核人员对记账凭证进行严格的审核,审核的内容主要包括:记账凭证是否以原始凭证为依据,所附原始凭证或记账凭证汇总表的内容与记账凭证的内容是否一致;记账凭证各项目的填写是否齐全,如日期、凭证编号、摘要、会计科目、金额、所附原始凭证张数及有关人员签名或者盖章等;记账凭证的应借、应贷科目以及对应关系是否正确;记账凭证所记录的金额与原始凭证的有关金额是否一致,计算是否正确;记账凭证中的记录是否文字工整、数字清晰,是否按规定进行更正等;出纳人员在办理收款或付款业务后,是否已在原始凭证上加盖"收讫"或"付讫"的戳记。

请思考:原始凭证与记账凭证是什么关系?

四、会计凭证的传递和保管

(一) 会计凭证的传递

会计凭证的传递是指会计凭证从填制或取得起,经过审核、记账、装订到归档为止,在有关部门和人员之间按规定的时间、路线办理业务手续和进行处理的过程。

正确、合理地组织会计凭证的传递,有利于有关部门和人员及时了解经济业务活动情况,加速对经济业务的处理,同时,有利于加强各有关部门的经济责任,也有利于实现会计监督,以充分发挥会计的监督作用。

由于企业生产经营的组织不同,经济业务的内容不同,企业管理的要求也不尽相同。会计凭证的传递应根据具体情况,确定每一种凭证的传递程序和方法,作为业务部门和会计部门处理会计凭证的工作规范。

会计凭证的传递应规定合理的传递程序、传递时间和传递过程中的衔接手续。

各单位应根据经济业务的特点、机构设置和人员分工情况,明确会计凭证填制的联数和传递程序,既要保证会计凭证经过必要的环节进行处理和审核,又要避免会计凭证在不必要的环节停留,从而使有关部门和人员及时了解情况、掌握资料,按规定手续进行工作。

凭证的传递时间,应是考虑各部门和有关人员的工作内容和工作量在正常情况下完成的时间。明确规定各种凭证在各个环节上停留的最长时间,不能拖延和积压会计凭证,以免影响会计工作的正常秩序。一切会计凭证的传递和处理,都应在报告期内完成,不允许跨期;否则,将影响会计核算的准确性和及时性。

会计凭证传递过程中的衔接手续,应该做到既完备严密又简便易行。凭证的收发、交接都应按一定的手续办理,以保证会计凭证的安全和完整。

会计凭证的传递程序、传递时间和衔接手续明确后,可制成凭证流转图,制定凭证传递程序,规定凭证传递的路线、环节,在各环节上的时间、处理内容及交接手续,使凭证传递工作有条不紊、迅速有效地进行。

(二) 会计凭证的保管

会计凭证的保管是指会计凭证记账后的整理、装订、归档和存查工作。会计凭证作为记账的依据,是重要的会计档案和经济资料。任何单位在完成经济业务手续和记账后,必须将会计凭证按规定的立卷归档制度形成会计档案资料,妥善保管,防止丢失,不得任意销毁,以便日后随时查阅。

会计凭证的保管要求包括以下几个方面:

(1) 会计凭证应定期装订成册,防止散失。会计部门在依据会计凭证记账以后,应定期(每天、每旬或每月)对各种会计凭证进行分类整理,将各种记账凭证按照编号顺序,连同所附的原始凭证一起加具封面和封底,装订成册,并在装订线上加贴封签。会计凭证封面应注明单位名称、凭证种类、凭证张数、起止号数、年度、月份、会计主管人员和装订人员等有关事项,会计主管人员和保管人员等应在封面上签名或盖章。

从外单位取得的原始凭证遗失时,应取得原签发单位盖有公章的证明,并注明原始凭证的号码、金额、内容等,由经办单位会计机构负责人、会计主管人员和单位负责人批准后,才能代作原始凭证。

(2) 会计凭证应加贴封条,防止抽换凭证。原始凭证不得外借,其他单位如有特殊原因确实需要使用时,经本单位会计机构负责人、会计主管人员批准,可以复制。向外单位提供的原始凭证复制件,应在专设的登记簿上登记,并由提供人员和收取人员共同签名或者盖章。

(3) 原始凭证较多时,可单独装订,但应在凭证封面注明所属记账凭证的日期、编号和种类,同时在所属的记账凭证上应注明"附件另订"及原始凭证的名称和编号,以便查阅。对各种重要的原始凭证,如押金收据、提货单等,以及各种需要随时查阅和退回的单据,应另编目录,单独保管,并在有关的记账凭证和原始凭证上分别注明日期和编号。

(4) 每年装订成册的会计凭证,在年度终了时可暂由单位会计机构保管1年,期满后应当移交本单位档案机构统一保管;未设立档案机构的,应当在会计机构内部指定专人保管。出纳人员不得兼管会计档案。

(5) 严格遵守会计凭证的保管期限要求,期满前不得任意销毁。

注:在[任务3-2]远东有限责任公司20××年11月份发生的经济业务及期末余额的基础上,本章仍以该公司20××年12月份发生的经济业务为例,说明会计凭证的填制与审核。

请思考: 装订成册的会计凭证是会计档案吗?

> **财智未来**
>
> 随着信息技术的发展,特别是大数据技术和人工智能技术的进步,会计凭证的管理和处理方式正在经历一场革命。大数据技术和人工智能技术可以帮助企业实现对会计凭证的自动化处理和智能分析。例如,通过光学字符识别(OCR)技术和自然语言处理(NLP),可以将纸质或电子形式的原始凭证自动转化为结构化的数据,极大地提高了工作效率并减少了人为错误。利用Python编写自动化脚本,可以实现对会计凭证的自动分类、归档和检索,大大提高财务工作效率。同时,大数据分析还可以帮助企业从海量的凭证数据中发现潜在的问题和趋势。比如,通过对不同时间段内采购成本的对比分析,可以及时发现价格波动的趋势,从而为企业的采购决策提供支持。同时,利用人工智能技术可以预测未来的支出模式,优化预算编制过程。
>
> 此外,大数据技术还使得会计凭证的存储和检索变得更加便捷。通过构建电子化的会计凭证管理系统,企业可以将会计凭证以电子形式存储,实现快速检索和共享。这不仅节省了存储空间,而且提高了会计凭证的可用性和安全性。

第二节　核算筹集资金业务

一、筹集资金业务的核算内容

企业为了进行生产经营活动,必须拥有一定数量的资金,作为生产经营活动的物质基础。企业筹集资金的渠道是指企业取得资金的方式。目前,我国企业的资金来源渠道主要是投资者投入和向银行等金融机构筹借以及发行债券等。因此,投资者投入和向银行借入是企业资金筹集的主要渠道。

二、核算筹集资金业务设置的账户

1. "实收资本"账户

实收资本是指企业实际收到的投资者投入的资本。它是企业所有者权益中的主要部分。"实收资本"账户用来核算按照企业章程或合同、协议的约定投资者投入企业的法定资本(股份公司为"股本")。该账户是所有者权益类账户,其贷方登记企业实际收到的投资者投入的资本数;借方登记企业按法定程序报经批准减少的注册资本数;期末余额在贷方,表示企业实际拥有的资本(或股本)数额。该账户应按投资者设置明细账,进行明细分类核算。

2. "固定资产"账户

"固定资产"账户用来核算企业持有的固定资产的原始价值。该账户是资产类账户,其借方登记企业增加的固定资产的原始价值;贷方登记减少的固定资产的原始价值;期末余额在借方,表示企业实际持有的固定资产的原始价值。该账户应按固定资产的类别和项目设置明细账,进行明细分类核算。

3. "无形资产"账户

"无形资产"账户用来核算企业持有的无形资产成本,包括专利权、非专利技术、商标权、著作权、土地使用权等。该账户是资产类账户,其借方登记取得无形资产的实际成本;贷方登记减少无形资产的实际成本;期末借方余额,表示企业实际持有的无形资产的成本。该账户应按无形资产的项目设置明细账,进行明细分类核算。

4. "短期借款"账户

"短期借款"账户用来核算企业向银行或其他金融机构等借入的期限在1年以内(含1年)的各种借款。该账户是负债类账户,其贷方登记企业借入的各种短期借款数额;借方登记归还的借款数额;期末余额在贷方,表示期末尚未归还的短期借款的本金。该账户应按借款种类、贷款人和币种设置明细账,进行明细分类核算。

5. "长期借款"账户

"长期借款"账户用来核算企业向银行或其他金融机构借入的期限在1年以上(不含1年)的各种借款。该账户是负债类账户,其贷方登记企业借入的各种长期借款数(包括本金和利息);借方登记各种长期借款归还数(包括本金和利息);期末余额在贷方,表示企业尚未归还的长期借款本金和利息数。该账户应按贷款单位和贷款种类设置明细账,进行明细分类核算。

筹集资金业务账务处理程序如图4-1所示。

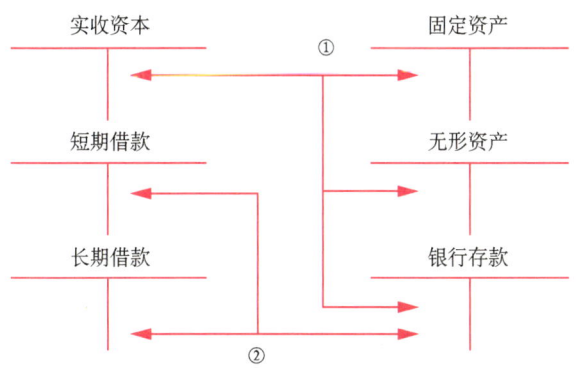

图4-1 筹集资金业务账务处理程序

说明:
① 收到投资人投入固定资产、无形资产、货币资金等;
② 向银行或其他金融机构借入短期借款、长期借款。

三、典型工作任务举例

远东有限责任公司20××年12月份发生的经济业务如下。

【任务4-1】12月1日,收到银行收账通知,滨州机电设备有限公司(简称滨州机电公司)投资款1 000 000元已收款入账。投资协议书如图4-2所示。

> 投资协议书(摘录)
>
> 投出单位：滨州机电设备有限公司
> 被投资单位：远东有限责任公司
> ……
> 第三，滨州机电设备有限公司向远东有限责任公司投资 1 200 000 元，其中人民币 1 000 000 元、机器设备 120 000 元、专利权一项 80 000 元。
> 第四，滨州机电设备有限公司投资后占远东有限责任公司注册资本 40%的份额。
> 第五，滨州机电设备有限公司必须在 20××年 12 月 31 日前向远东有限责任公司出资。
> ……

图 4-2　投资协议书(摘录)

银行进账单及填制的收据如表 4-10 和表 4-11 所示。

表 4-10

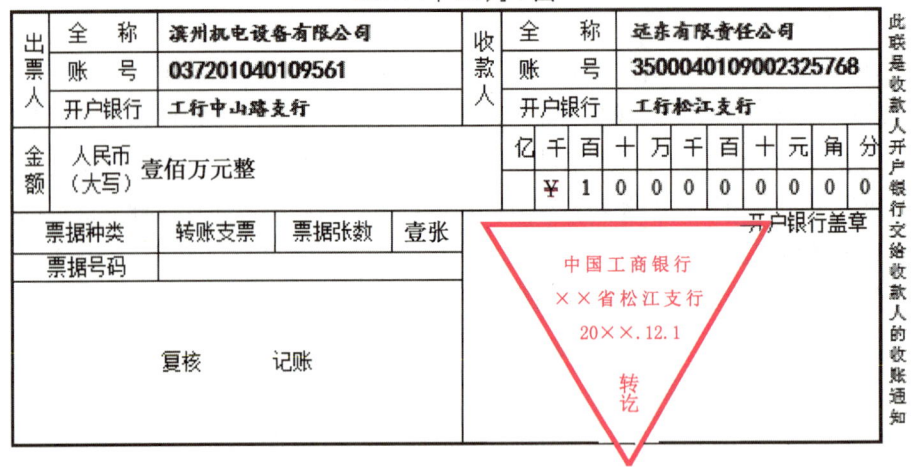

表 4-11

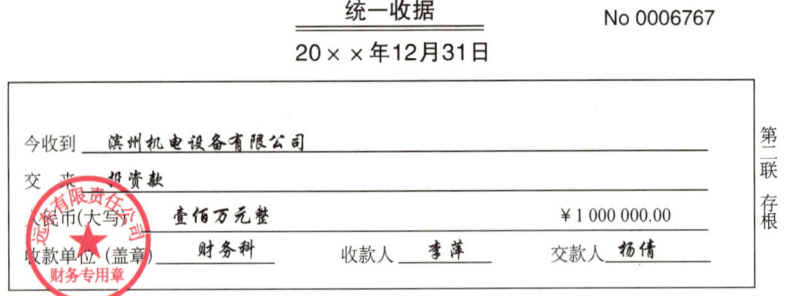

根据上述原始凭证进行分析，该笔经济业务使银行存款增加了 1 000 000 元，应借记"银行存款"账户；使投资者投入的资本增加了 1 000 000 元，应贷记"实收资本"账户。因此，该笔经济业务应作如下会计分录：

借：银行存款　　　　　　　　　　　　　　　　　　　　　　　1 000 000
　　贷：实收资本——滨州机电公司　　　　　　　　　　　　　　1 000 000

根据上述分析结果以及投资协议书(副本)、银行进账单和收据,填制记账凭证如表 4-12 所示(注:本章收款、付款及转账业务统一采用通用记账凭证,并统一编号)。

表 4-12

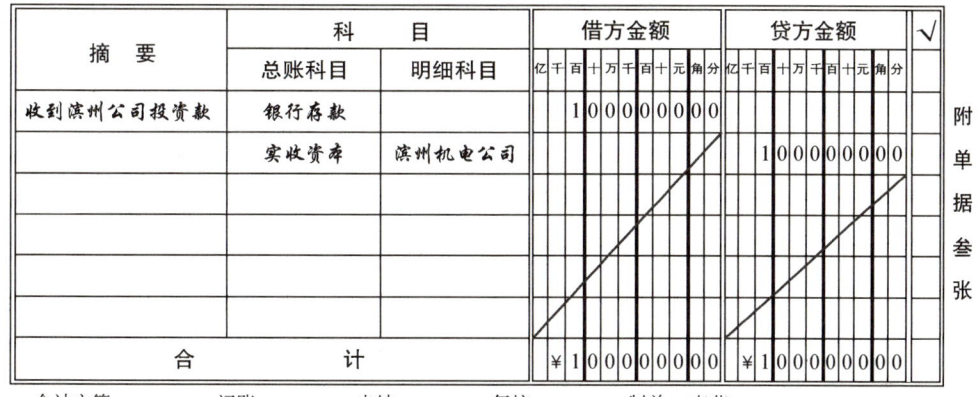

【任务 4-2】12 月 1 日,收到滨州机电设备有限公司按投资协议书投入的新设备一台,价值 120 000 元;专利技术一项,作价 80 000 元。其资产评估报告表、产权转移书、固定资产验收单如表 4-13、图 4-3 和表 4-14 所示(其余原始凭证略、此笔业务涉及的增值税略)。

表 4-13　　　　　　　　　　资产评估报告表

20××年12月1日　　　　　　　　　　　　　　　单位:元

| 资产名称及规格型号 | 产地 | 计量单位 | 数量 | 评估价值 | | | 差异 | | 备注 |
				重置价值	折旧年限	折旧额	净值	净值增减额	净值增减率	
B-6 刨床	长春	台	1	120 000			120 000			全新

产权转移书

滨州机电设备有限公司将价值 120 000 元的全新刨床以投资形式转让给远东有限责任公司,从即日起,该刨床的所有权由滨州机电设备有限公司转移给远东有限责任公司,特此说明。

投资方
单位名称(章):滨州机电设备有限公司
法人代表:张扬
委托代理人:
电话:46963208
电报挂号:4342
开户银行:工行中山路支行
账号:037201040109561
邮编:

接受投资方
单位名称:远东有限责任公司
法人代表:李桂红
委托代理人:
电话:84696123
电报挂号:4466
开户银行:工行松江支行
账号:3500040109002325768
邮编:

图 4-3　产权转移书

表 4-14　　　　　　　　　　　　　　固定资产验收单　　　　　　　　　　　　单位:元
20××年12月1日　　　　　　　　　　　　编号:003

固定资产名称	规格及型号	单位	数量	预计使用年限	尚可使用年限	投出单位账面价值			评估净值	备注
						原值	已提折旧	净值		
刨床	B-6	台	1	10	10	120 000	0	120 000	120 000	全新
滨州机电设备有限公司										

负责人:刘丹　　　　　　　　经办人:金鑫

该笔经济业务使固定资产和无形资产分别增加 120 000 元和 80 000 元,应借记"固定资产""无形资产"账户;使实收资本增加 200 000 元,应贷记"实收资本"账户。因此,该笔经济业务应作如下会计分录:

借:固定资产——刨床　　　　　　　　　　　　　　　　　　120 000
　　无形资产——专利技术　　　　　　　　　　　　　　　　 80 000
　　　贷:实收资本——滨州机电设备有限公司　　　　　　　 200 000

根据上述分析结果和相关单据,填制记账凭证如表 4-15 所示。

表 4-15

记 账 凭 证　　　　　　　　　　记字第 2 号
20××年12月1日

摘 要	科　目		借方金额	贷方金额	√
	总账科目	明细科目	亿千百十万千百十元角分	亿千百十万千百十元角分	
滨州公司投资	固定资产	刨床	12000000		
	无形资产	专利权	8000000		
	实收资本	滨州机电公司		20000000	
合　　　　计			¥20000000	¥20000000	

附单据叁张

会计主管:　　　记账:　　　出纳:　　　复核:　　　制单:李萍

【任务 4-3】 12 月 1 日,企业向银行申请取得短期流动资金贷款 300 000 元存入银行,该借款到期一次还本付息,利息按月预提。借款借据如表 4-16 所示。

该笔经济业务使银行存款增加 300 000 元,应借记"银行存款"账户;使短期借款增加 300 000 元,应贷记"短期借款"账户。因此,该笔经济业务应作如下会计分录:

借:银行存款　　　　　　　　　　　　　　　　　　　　　300 000
　　　贷:短期借款　　　　　　　　　　　　　　　　　　　300 000

表 4-16

中国工商银行借款借据 （收账通知） ⑤

20××年12月1日

借款人	远东有限责任公司		账号	35000401090002325768									
贷款金额	人民币（大写）：叁拾万元整			千	百	十	万	千	百	十	元	角	分
				¥	3	0	0	0	0	0	0	0	0
用途	流动奖金周转借款	期限	个月	约定还款日期		于20××年3月1日到期							
				贷款利率	8%（年）	借款合同号码		（略）					

上列借款已批准发放，转入你单位存款账户。

中国工商银行
××省松江支行
转讫

复核   记账

根据上述分析结果和借款借据填制记账凭证如表4-17所示。

表 4-17

记账凭证

20××年12月1日

记字第 3 号

摘 要	科 目		借方金额	贷方金额	√
	总账科目	明细科目	亿千百十万千百十元角分	亿千百十万千百十元角分	
向银行借款	银行存款		3 0 0 0 0 0 0 0		
	短期借款	流动资金借款		3 0 0 0 0 0 0 0	
合 计			¥ 3 0 0 0 0 0 0 0	¥ 3 0 0 0 0 0 0 0	

附单据壹张

会计主管：   记账：   出纳：   复核：   制单：李萍

财智未来

在大数据环境下，核算筹集资金业务变得更加智能化和高效化。筹集资金是企业生存和发展的重要环节，通过大数据技术和人工智能技术，企业可以实时监控和分析资金流动情况，及时掌握筹集资金的使用效果和风险状况。利用Python脚本，会计人员可以实现对筹集资金业务的自动化处理和分析。通过编写Python脚本自动化地收集和处理各种融资数据，包括市场利率、融资规模、融资渠道等，为企业提供实时、准确的融资信息。利用 NumPy 库可以高效地执行数值计算，模拟不同的利率情景对债务成本的影响；而 Scikit-learn 提供的机器学习功能则可用于构建信用评分模型，评估借款人的违约风险。此外，Python 可以与数据库无缝集成，实时获取最新的市场数据，动态调整筹资计划。

同时，大数据技术还可以帮助企业优化筹集资金策略。通过对历史数据的分析和挖掘，企业可以了解不同筹集资金渠道的成本和风险，从而制订更加合理的筹集资金计划，通过人工智能技术可以构建资金筹集模型，预测不同融资方案下的成本和风险，帮助企业选择最优的融资策略。这对于提高企业的资金使用效率和降低财务风险具有重要意义。

第三节　核算供应过程业务

一、供应过程业务的核算内容

供应过程是生产的准备阶段。在这个过程中，一方面，企业要从供应单位购进各种材料物资，形成生产储备；另一方面，要支付材料物资的买价和各种采购费用，与供应单位发生结算。因此，核算和监督材料的买价和采购费用，确定材料采购成本，考核有关采购计划的执行情况，核算和监督与供应单位的货款结算以及材料储备资金的占用，就构成了核算供应过程业务的主要内容。

二、计算材料采购成本

材料采购成本的计算公式如下：

$$材料采购成本 = 买价 + 采购费用$$

1. 买价

买价是指供应单位开具的发票价格。

2. 采购费用

（1）运杂费。运杂费包括运输费、装卸费、保险费、包装费和仓储费等。

（2）运输途中发生的合理损耗。这是指企业与供应或运输部门所签订的合同中规定的各类损耗或必要的自然损耗。

（3）入库前的挑选整理费用。这是指购入的材料在入库前需要挑选整理而发生的费用，包括挑选过程中所发生的工资、费用支出和必要的损耗，但要扣除下脚料的价值。

（4）购入材料负担的税金（如关税）和其他费用等。

如果一次购买两种以上材料，发生的采购费用需要在所购入的材料之间进行分配。

分配方法如下：

$$采购费用分配率 = \frac{共同发生的采购费用}{各种材料重量（体积或买价）之和}$$

某种材料应负担的采购费用＝某种材料重量（体积或买价）×采购费用分配率

请思考：材料的采购成本包括哪些内容？

三、核算供应过程业务设置的账户

1. "原材料"账户

"原材料"账户用来核算企业库存各种材料的增减变动及其结存情况。该账户是资产类账户，其借方登记已验收入库材料的实际成本；贷方登记发出材料的实际成本；期末余额在借方，表示库存各种材料的实际成本。"原材料"账户应按材料的类别、品种及规格设置明细账，进行明细分类核算。

2. "在途物资"账户

"在途物资"账户用来核算企业已经付款、但尚未到达企业，或虽已运抵企业但尚未验收入库的外购材料的实际采购成本。该账户属于资产类账户，其借方登记外购材料成本的增加数；贷方登记到货验收后转入"原材料"账户的采购成本数；期末借方余额，表示在途物资的实际成本。"在途物资"账户应按材料品种设置明细账，进行明细分类核算。

3. "应付账款"账户

"应付账款"账户用来核算企业因购买材料、商品或接受劳务供应等应付给供应单位的款项。该账户是负债类账户，其贷方登记因购买材料、商品或接受劳务供应等发生的应付未付的款项；借方登记已经支付或已开出承兑商业汇票抵付的应付款项；期末贷方余额，表示尚未偿还的款项。"应付账款"账户应按供应单位（债务人）设置明细账，进行明细分类核算。

4. "应交税费"账户

"应交税费"账户用来核算企业应交的各种税金，如增值税、消费税、城市维护建设税、所得税等。该账户是负债类账户，其贷方登记按规定计算的各种应交税费和增值税销项税额；借方登记已交纳的各种税金和增值税进项税额；期末贷方余额为未交的税金，借方余额为多交的税金。该账户应按税金的种类设置明细账，进行明细分类核算。其中，"应交税费——应交增值税"账户是用来核算和监督企业应交和实交增值税结算情况的账户，企业购买材料物资时交纳的增值税进项税额记入该账户的借方，企业销售产品时向购买单位代收的增值税销项税额记入该账户的贷方。

供应过程的账务处理程序如图4-4所示。

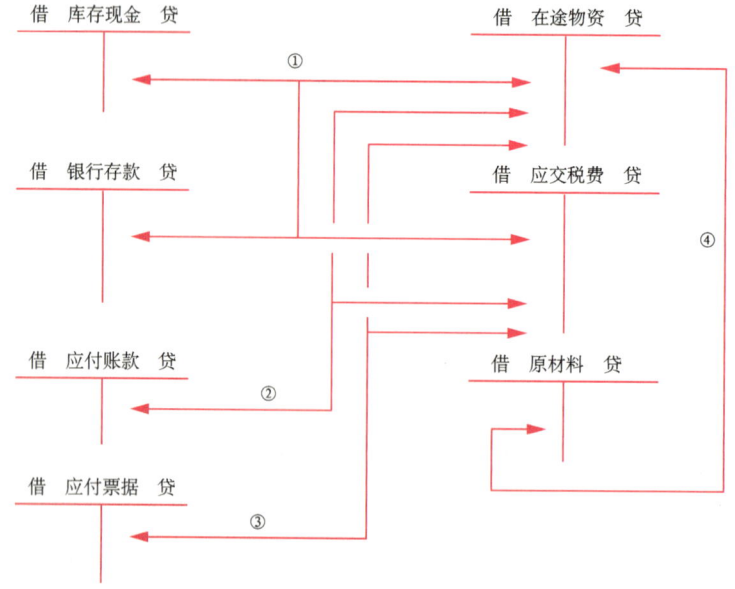

图 4-4 供应过程的账务处理程序

说明：
① 购入材料，支付材料货款、增值税进项税额及采购费用；
② 购入材料，应付材料货款及增值税进项税额；
③ 购入材料，以应付票据结算材料货款及增值税进项税额；
④ 结转材料采购成本。

四、典型工作任务举例

【任务 4-4】12 月 3 日，远东有限责任公司收到银行转来的结算凭证并承付购料款，材料尚未到达企业。该公司采用实际成本法核算原材料，有关原始凭证如表 4-18 至表 4-20 所示。

表 4-18

中国工商银行托收凭证（付款通知） 5

委托日期：20××年12月1日

业务类型	委托收款（□邮划、☑电划）		托收承付（□邮划、☑电划）		
付款人	全称	远东有限责任公司	收款人	全称	东辰服饰有限公司
	账号	3500040109002325768		账号	047122468206432
	地址	××省××市 开户行 工行松江支行		地址	××省××市 开户行 工行潞河支行
金额	人民币（大写）伍拾肆万壹仟柒佰伍拾贰元整			¥ 541 752 00	
款项内容	货款	托收凭据名称	增值税专用发票发票联、抵扣联、运费发票	附寄单证张数	3
商品发运情况		已发运	合同名称号码		
备注	上列款项已划回收入方账户 中国工商银行 ××省松江支行 付款人开户银行盖章 20××.12.1 转讫		付款人注意： 1.应于见票当日通知开户银行划款。 2.如需拒付，应在规定期限内，将拒付理由书并附债务证明退交开户银行。		
	复核　　记账				

表 4-19

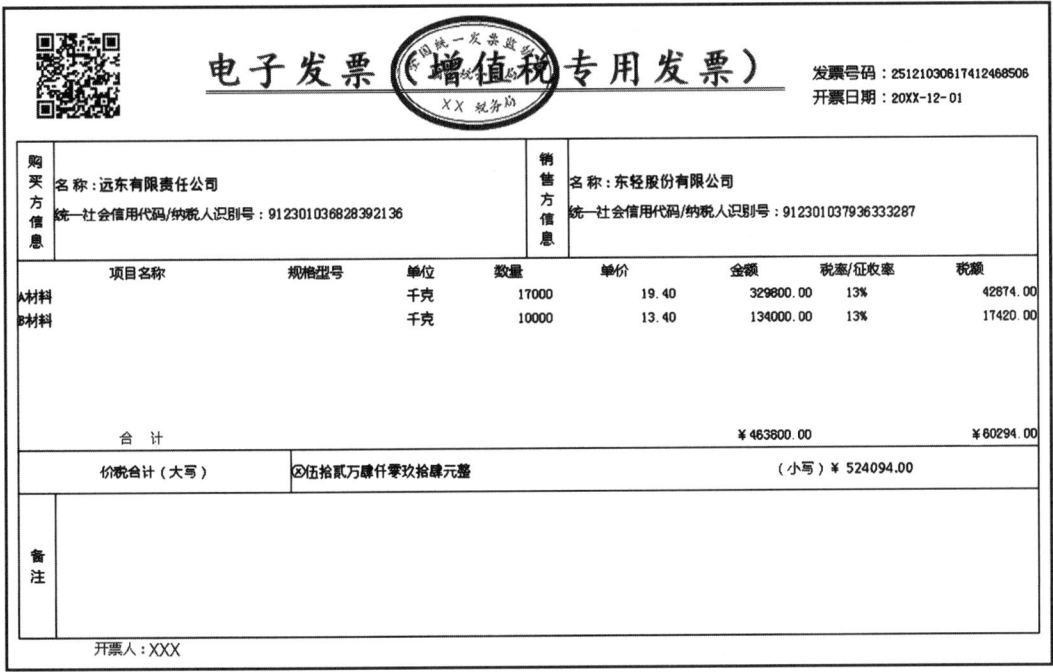

表 4-20

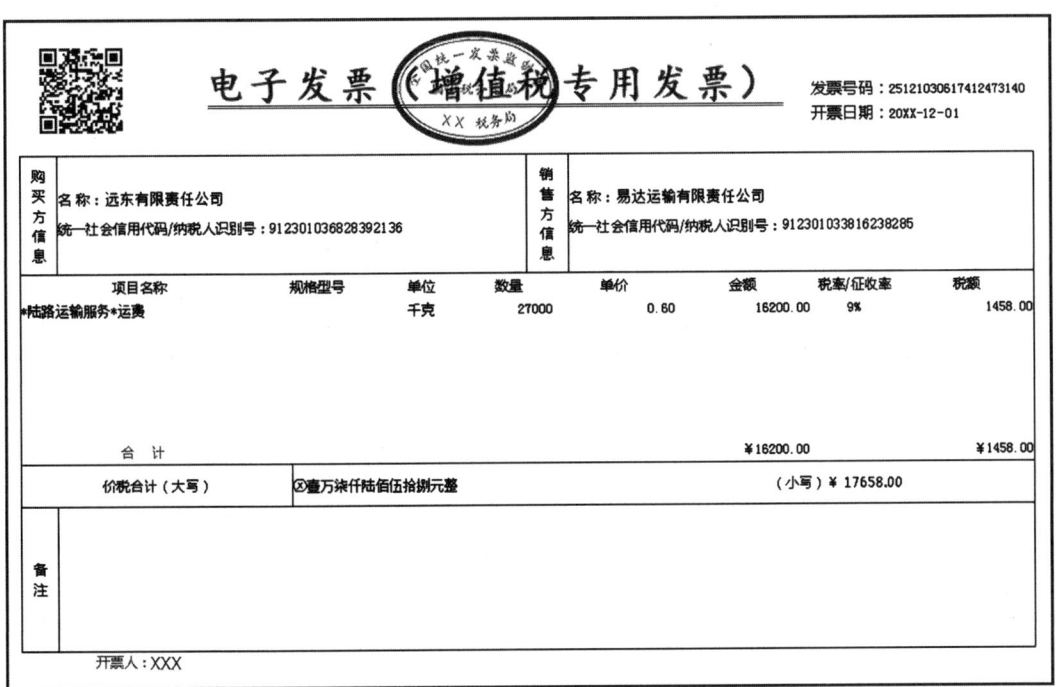

$$运杂费分配率 = \frac{16\ 200}{17\ 000 + 10\ 000} = 0.6$$

A 材料应负担的运杂费 = 17 000×0.6 = 10 200(元)
B 材料应负担的运杂费 = 10 000×0.6 = 6 000(元)
A 材料的采购成本 = 329 800 + 10 200 = 340 000(元)
B 材料的采购成本 = 134 000 + 6 000 = 140 000(元)

该笔经济业务发生后,企业购买 A 原材料支付买价 329 800 元,运费 10 200 元,这两项构成 A 材料的实际采购成本 340 000 元;购买 B 原材料支付买价 134 000 元,运费 6 000 元,这两项构成 B 材料的实际采购成本 140 000 元,使"在途物资"增加 480 000 元,应借记"在途物资"账户;同时,作为一般纳税人,随同价款一起支付的增值税款为 61 752 元,不能计入采购成本,使企业负债减少,应借记"应交税费——应交增值税(进项税额)"账户;使银行存款减少了 541 752 元,应贷记"银行存款"账户。因此,该笔经济业务应作如下会计分录:

```
借:在途物资——A 材料                     340 000
         ——B 材料                     140 000
   应交税费——应交增值税(进项税额)        61 752
   贷:银行存款                           541 752
```

根据上述分析结果和银行转来的"托收凭证"的付款通知、"增值税专用发票"等原始凭证,编制记账凭证如表 4-21 所示。

表 4-21

记 账 凭 证   记字第 4 号
20××年12月3日

摘 要	科 目		借方金额	贷方金额	√
	总账科目	明细科目	亿千百十万千百十元角分	亿千百十万千百十元角分	
购A材料	在途物资	A材料	3 4 0 0 0 0 0 0		
购B材料	在途物资	B材料	1 4 0 0 0 0 0 0		
	应交税费	应交增值税(进项税额)	6 1 7 5 2 0 0		
	银行存款			5 4 1 7 5 2 0 0	
合 计			¥5 4 1 7 5 2 0 0	¥5 4 1 7 5 2 0 0	

附单据叁张

会计主管: 记账: 出纳: 复核: 制单:李萍

【任务 4-5】 12 月 6 日,上述材料到达企业并验收入库。财务部门收到仓库保管员填制的收料单如表 4-22 所示。财会人员编制材料采购成本计算表,如表 4-23 所示。

表 4-22　　　　　　　　　　　　　　　　收料单

材料科目：原材料　　　　　　　　　　　　编号：收1

供应单位：东轻股份有限公司　　20××年12月6日　　材料类别：主要材料　　仓库：1号库

材料编号	材料名称	规格	计量单位	数量		金额(元)			
				应收	实收	单价	发票金额	运杂费	合计
1001	A材料		千克	17 000	17 000	19.40	329 800	10 200	340 000
1002	B材料		千克	10 000	10 000	13.40	134 000	6 000	140 000

采购员：王鹏　　检验员：　　记账员：　　保管员：赵芳

表 4-23　　　　　　　　　　　　材料采购成本计算表

20××年12月　　　　　　　　　　　　　　金额单位：元

项目	A材料(17 000千克)		B材料(10 000千克)		成本合计
	总成本	单位成本	总成本	单位成本	
买价	329 800	19.40	134 000	13.40	463 800
采购费用	10 200	0.60	6 000	0.60	16 200
采购成本	340 000	20.00	140 000	14.00	480 000

该项经济业务使原材料增加了480 000元，应借记"原材料"账户；使在途材料减少480 000元，应贷记"在途物资"账户。因此，该笔经济业务应作如下会计分录：

借：原材料——A材料　　　　　　　　　　　　　　340 000
　　　　——B材料　　　　　　　　　　　　　　140 000
　　贷：在途物资——A材料　　　　　　　　　　　　340 000
　　　　　　——B材料　　　　　　　　　　　　140 000

根据上述分析结果和收料单填制记账凭证，如表4-24所示。

表 4-24　　　　　　　　　　记　账　凭　证　　　　　　　记字第5号

20××年12月6日

摘　要	科　目		借方金额	贷方金额	√
	总账科目	明细科目	亿千百十万千百十元角分	亿千百十万千百十元角分	
A材料入库	原材料	A材料	3 4 0 0 0 0 0 0		
B材料入库	原材料	B材料	1 4 0 0 0 0 0 0		
	在途物资	A材料		3 4 0 0 0 0 0 0	
	在途物资	B材料		1 4 0 0 0 0 0 0	
合　　计			￥4 8 0 0 0 0 0 0	￥4 8 0 0 0 0 0 0	

附单据壹张

会计主管：　　记账：　　出纳：　　复核：　　制单：李萍

※小提示：如果[任务 4-4]中购入材料的款项尚未支付，应贷记"应付账款"账户，等支付货款时再作会计分录如下：

借：应付账款　　　　　　　　　　　　　　　　　　　541 725
　　贷：银行存款　　　　　　　　　　　　　　　　　　　541 725

如果[任务 4-4]中购入材料到达企业并验收入库，则会计分录如下：

借：原材料——A 材料　　　　　　　　　　　　　　　340 000
　　　　——B 材料　　　　　　　　　　　　　　　　140 000
　　应交税费——应交增值税（进项税额）　　　　　　　 61 752
　　贷：银行存款　　　　　　　　　　　　　　　　　　　541 752

结转入库材料的采购成本时，除了登记"原材料"账户，还要分别登记 A、B 两种材料的明细账，并且，既要登记入库材料的数量，又要登记金额。

财智未来

在大数据时代，核算供应过程业务迎来了新的机遇和挑战。供应过程是企业生产运营的重要环节，涉及原材料采购、库存管理等多个方面，通过大数据技术和人工智能技术，企业可以实现对供应过程的实时监控和分析，及时发现和解决潜在的问题和风险，帮助企业优化采购策略、降低库存成本、提高供应链效率。

通过与供应商信息系统的无缝对接，企业可以实时获取采购数据，包括采购价格、数量、交货期、供应商信用等信息。利用 Python 脚本，会计人员可以实现对采购订单、入库单、付款单等单据的自动化处理和初步分析；再利用大数据分析技术和人工智能技术，对这些采购数据以及企业自身的历史采购数据、销售数据进行深入挖掘和分析，能够优化采购计划和库存管理。

此外，大数据技术和人工智能技术还可以帮助企业优化供应链管理。通过对供应过程数据的分析和挖掘，企业可以了解供应商的性能、库存情况、物流效率等信息，从而制定更加合理的采购计划和库存管理策略。这对于提高企业的供应链效率和降低运营成本具有重要意义。

第四节　核算生产过程业务

一、生产过程业务的核算内容

生产过程是产品制造企业经营活动的主要过程。生产过程既是产品的制造过程，又是物化劳动和活劳动的耗费过程。一方面，劳动者借助于劳动资料对劳动对象进行加工制造产品，以满足社会需要；另一方面，为了制造产品，必然要发生各种耗费，如消耗各种材料,支付工人工资,支付厂房、机器设备等劳动资料所发生的折旧费等。企业在一定时期内发生的用货币表现的生产耗费,称为费用。将计入产品成本的费用按一定种类和数量的产品进行分配和归集,就形成了产品的生产成本。因此,在产品生产过程中,费用的发生、归集和分配,以及产品成本的形成,就构成了生产过程核算的主要内容。

二、计算产品的生产成本

(一)产品生产成本的构成

产品生产成本是指企业为生产一定种类和数量的产品而发生的各项生产费用的总和。生产费用按一定种类和数量的产品加以分配和归集,就是产品成本。

制造业企业发生的各种费用按其经济用途分类,可分为计入产品成本的生产费用和不计入产品成本的期间费用。不计入产品成本的期间费用包括销售费用、管理费用和财务费用。

计入产品成本的生产费用可以进一步划分为若干项目,在会计上称为产品成本项目。产品成本项目一般包括直接材料、直接人工和制造费用等。

1. 直接材料

直接材料是指直接用于产品生产、在生产经营过程中实际消耗的原材料和辅助材料等。

2. 直接人工

直接人工是指直接从事产品生产人员的全部货币性薪酬和非货币性福利。

3. 制造费用

制造费用是指各个生产车间为组织和管理生产所发生的各项费用,如车间管理人员的职工薪酬、车间固定资产的折旧费、租赁费,车间办公费、机物料消耗等。

因此,在制造企业,产品生产成本的计算公式如下:

$$产品生产成本 = 直接材料 + 直接人工 + 制造费用$$

制造业费用与产品生产成本的关系如图 4-5 所示。

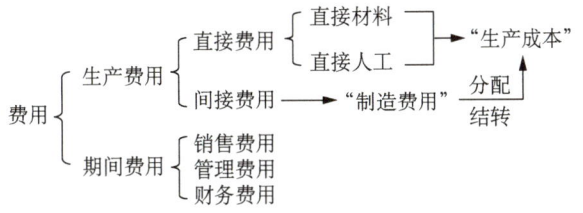

图 4-5 费用与产品生产成本的关系

(二)产品生产成本的计算

在计算产品生产成本时,一般将产品生产过程中发生的各项生产费用按产品名称或类别分别进行分配和归集,以分别计算各种产品的总成本和单位成本。直接材料和直接人工是直接用于产品生产的费用,因而一般可以直接计入各种产品的生产成本中;而制造费用在其发生时,一般难以分清应由哪种产品承担多少制造费用,应先归集,再按照一定的标准分配后计入各种产品成本中。制造费用分配有关计算公式如下:

$$制造费用分配率 = \frac{制造费用总额}{生产工人工资(或工时)总额}$$

某产品应分摊的制造费用 = 该产品生产工人工资(或工时) × 制造费用分配率

※**小提示**:如果企业只生产一种产品,制造费用无需分配,可直接计入该产品生产成本。

三、核算生产过程业务设置的账户

1. "其他应收款"账户

"其他应收款"账户用来核算企业除了应收账款、应收票据和预付账款、应收股利和应收利息的其他各种应收及暂付款项,主要包括应收的各种赔款、罚款、应收的出租包装物租金、存出保证金和应向职工收取的各种垫付款项。该账户为资产类账户,其借方登记其他应收款的增加;贷方登记其他应收款的收回;期末余额一般在借方,表示尚未收回的其他应收款项。该账户应按照单位或个人设置明细账,进行明细分类核算。

2. "生产成本"账户

"生产成本"账户用来归集和分配产品生产过程中所发生的各项费用,正确计算产品生产成本的账户。该账户是成本类账户,其借方登记应计入产品生产成本的各项费用,包括直接计入产品成本的直接材料和直接人工,以及分配计入产品生产成本的制造费用;贷方登记完工入库产品的生产成本;期末借方余额,表示企业尚未加工完成的各种在产品的成本。该账户应按产品品种设置明细账,进行明细分类核算。

3. "制造费用"账户

"制造费用"账户用来核算企业生产车间为生产产品和提供劳务而发生的各项间接费用,包括生产车间管理人员的工资等职工薪酬、生产车间计提的固定资产折旧费、办公费、水电费等。该账户是成本类账户,其借方登记实际发生的各项制造费用;贷方登记分配计入产品生产成本、转入"生产成本"账户借方的制造费用;期末结转后,该账户一般没有余额。该账户应按不同车间设置明细账,进行明细分类核算。

4. "应付职工薪酬"账户

职工薪酬是指企业因获得职工提供的服务而给予职工的各种形式的报酬。"应付职工薪酬"账户用来核算企业根据有关规定应付职工的各种薪酬,包括:①职工工资、奖金、津贴和补贴;②职工福利费;③各项保险待遇(医疗、养老、失业、工伤、生育保险费等社会保险以及企业为职工购买的各种商业保险)和住房公积金;④工会经费和职工教育经费等所有企业根据有关规定应付给职工的各种薪酬。该账户是负债类账户,其贷方登记应由本月负担,按其用途分配记入有关的成本费用账户,但尚未支付的职工薪酬;借方登记本月实际支付的职工薪酬;期末如有余额,一般在贷方,表示企业应付而尚未支付的职工薪酬。该账户可按"工资""职工福利""社会保险费""住房公积金""工会经费"等设置明细账,进行明细分类核算。

5."应付利息"账户

"应付利息"账户用来核算企业按照合同约定应支付的利息,包括吸收存款、分期付息到期还本的长期借款、企业债券等应支付的利息。该账户是负债类账户,其贷方登记按规定利率计算的应付利息数;借方登记实际支付的利息数;期末贷方余额,表示企业应付而尚未支付的利息。该账户可按存款人或债权人设置明细账,进行明细分类核算。

6."累计折旧"账户

"累计折旧"账户用来核算企业固定资产的累计折旧。在会计核算中,为了反映企业固定资产的增减变动及其结果,提供管理需要的有用会计信息,除了应设置和运用"固定资产"账户,还应设置和运用"累计折旧"账户。固定资产在其较长的使用期限内保持原有实物形态,而其价值却随着固定资产的损耗而逐渐减少。固定资产由于损耗而减少的价值就是固定资产的折旧。固定资产的折旧应该作为折旧费用计入产品的成本或期间费用,这样做不仅是为了使企业在将来有能力重置固定资产,更主要的是为了实现期间收入与费用的正确配比。基于固定资产的上述特点,为了使"固定资产"账户能按固定资产的原始价值反映期间增减变动和结存情况,并便于计算和反映固定资产的账面净值,就需要专门设置一个用来反映固定资产损耗价值(即折旧额)的账户,即"累计折旧"账户。该账户是资产类账户,每月计提的固定资产折旧,记入该账户的贷方,表示固定资产因损耗而减少的价值;对于固定资产因出售、报废等原因引起的价值减少,在注销固定资产的原始价值、贷记"固定资产"账户的同时,应借记"累计折旧"账户,注销其已提取的折旧额;期末贷方余额,表示现有固定资产已提取的累计折旧额。将"累计折旧"账户的贷方余额抵减"固定资产"账户的借方余额,即可求得固定资产的净值。该账户只进行总分类核算,不进行明细分类核算。

7."库存商品"账户

"库存商品"账户用来核算企业库存的各种商品的实际成本,包括库存产成品、存放在门市部准备出售的商品、发出展览的商品以及寄存在外的商品等。该账户是资产类账户,其借方登记已验收入库商品的实际成本;贷方登记发出商品的实际成本;期末借方余额,表示库存商品的实际成本。该账户应按商品的种类、品种和规格设置明细账,进行明细分类核算。

8."管理费用"账户

"管理费用"账户用来核算企业行政管理部门为组织和管理生产经营活动而发生的费用。管理费用包括企业在筹建期间内发生的开办费、董事会和行政管理部门在企业的经营管理中发生的或者应由企业统一负担的公司经费(包括行政管理部门职工工资及福利费、办公费和差旅费等)、工会经费、董事会费、聘请中介机构费、咨询费(含顾问费)、诉讼费、业务招待费、房产税、车船税、城镇土地使用税、印花税、技术转让费、矿产资源补偿费、研究费用、排污费等。该账户是损益类账户,其借方登记发生的各种费用;贷方登记期末转入"本年利润"账户的费用;期末结转后,账户无余额。该账户应按费用项目设置明细账,进行明细分类核算。

9. "财务费用"账户

"财务费用"账户用来核算企业为筹集生产经营资金而发生的各项费用,包括利息支出(减利息收入)、汇兑损益以及相关的手续费等。该账户是损益类账户,其借方登记发生的各项财务费用;贷方登记发生的应冲减财务费用的利息收入、汇兑收益和结转到"本年利润"账户的财务费用;期末结转后,该账户无余额。该账户按照费用项目设置明细账,进行明细分类核算。

生产过程的账务处理程序如图4-6所示。

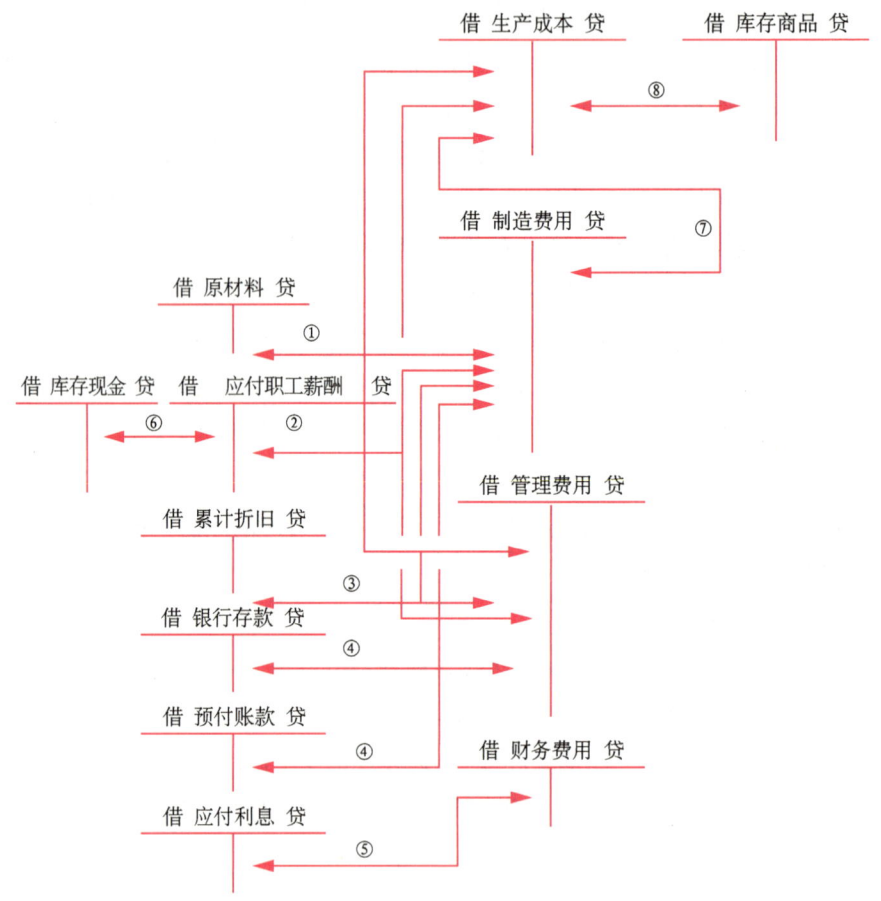

图4-6 生产过程的账务处理程序

说明:
① 领用材料;
② 结算职工薪酬;
③ 计提折旧;
④ 摊销或支付其他费用;
⑤ 计提利息;
⑥ 支付职工工资;
⑦ 结转制造费用;
⑧ 结转完工入库产品的生产成本。

请思考： 产品生产成本项目有哪些？

四、典型工作任务举例

【任务 4-6】 12 月 18 日，采购员马宏预借差旅费现金 5 000 元，借款单如表 4-25 所示。

表 4-25　　　　　　　　　　　　　借款单

借款日期：20××年 12 月 18 日　　　　　　　　　　第 01 号

单位或部门	供应科		借款人	马宏
借款金额	金额(大写)伍仟元整	￥5 000.00		
借款事由	差旅费			
领导审批	李桂红	财务主管	王和	借款人签章	马宏

该笔经济业务使其他应收款增加 5 000 元，应借记"其他应收款"账户；使库存现金减少 5 000 元，应贷记"库存现金"账户。该笔经济业务应作如下会计分录：

借：其他应收款——马宏　　　　　　　　　　　　　　　　　　5 000
　　贷：库存现金　　　　　　　　　　　　　　　　　　　　　　　5 000

财会人员根据借款单编制记账凭证，如表 4-26 所示。

表 4-26

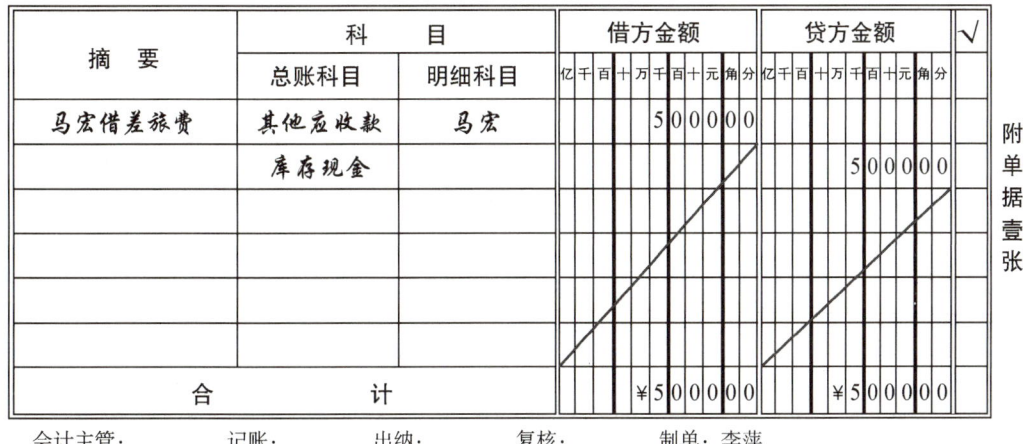

【任务 4-7】 12 月 22 日，曲琳购买办公用品 1 017 元，开出转账支票支付货款，相关凭证如表 4-27 至表 4-29 所示。

表 4-27

```
电子发票（增值税专用发票）    发票号码：25121030617412477067
                              开票日期：20XX-12-22
```

购买方信息	名称：远东有限责任公司 统一社会信用代码/纳税人识别号：912301036828392136		销售方信息	名称：志诚办公用品有限责任公司 统一社会信用代码/纳税人识别号：912301037813185753	
项目名称	规格型号	单位	数量	单价	金额	税率/征收率	税额
计算器		个	10	90.00	900.00	13%	117.00
合计					¥900.00		¥117.00

价税合计（大写）：壹仟零壹拾柒元整　　（小写）¥ 1017.00

备注：

开票人：XXX

表 4-28

支票存根

中国工商银行
转账支票存根
××××××××
××××××××

附加信息
_____
_____

出票日期 20××年 12月 22日

| 收款人：志诚办公用品有限责任公司 |
| 金　额：¥1 017.00 |
| 用　途：购买办公用品 |

单位主管：×××　　会计：×××

表 4-29

办公用品领用表

20××年 12月 22日

| 领用部门 | 品名 | 计量单位 | 数量 | 单价 | 金额 | | | | | | | | | | 备注 |
					亿	千	百	十	万	千	百	十	元	角	分	
生产部门	计算器	个	4	90							3	6	0	0	0	
厂部办公部门	计算器	个	6	90							5	4	0	0	0	
合计										¥	9	0	0	0	0	

该笔经济业务使制造费用和管理费用分别增加了 360 元和 540 元，上交增值税 117 元，应分别借记"制造费用""管理费用"和"应交税费"账户；使银行存款减少了 1 017 元，应贷记"银行存款"账户。因此，该笔经济业务应作如下会计分录：

借：制造费用——办公费	360
管理费用——办公费	540
应交税费——应交增值税（进项税额）	117
贷：银行存款	1 017

根据上述分析结果和发票、支票存根及办公用品领用表，编制记账凭证如表 4-30 所示。

表 4-30

记 账 凭 证
20××年12月22日
记字第 7 号

摘　要	科目		借方金额	贷方金额	√
	总账科目	明细科目	亿千百十万千百十元角分	亿千百十万千百十元角分	
购计算器	制造费用	办公费	3 6 0 0 0		
	管理费用	办公费	5 4 0 0 0		
	应交税费	应交增值税（进项税额）	1 1 7 0 0		
	银行存款			1 0 1 7 0 0	
	合　　计		￥1 0 1 7 0 0	￥1 0 1 7 0 0	

附单据壹张

会计主管：　　　记账：　　　出纳：　　　复核：　　　制单：李萍

【任务 4-8】12 月 31 日，分配结转本月发出材料实际成本。财会人员根据领料单（略）编制发料凭证汇总表，如表 4-31 所示。

表 4-31　　　　　　　　　　　发料凭证汇总表
20××年12月31日　　　　　　　　　　编号：

用途	A 材料			B 材料			合计
	数量(克)	单价(元)	金额(元)	数量(克)	单价(元)	金额(元)	
甲产品耗用	10 000	20.00	200 000	6 000	14.00	84 000	284 000
乙产品耗用	5 000	20.00	100 000	5 000	14.00	70 000	170 000
小计	15 000	20.00	300 000	11 000	14.00	154 000	454 000
车间一般耗用	160	20.00	3 200				3 200
管理部门耗用				100	14.00	1 400	1 400
合计	15 160	20.00	303 200	11 100	14.00	155 400	458 600

该笔经济业务使生产成本、制造费用和管理费用分别增加了 454 000 元、3 200 元和 1 400 元，应分别借记"生产成本""制造费用"和"管理费用"账户；使原材料减少了

458 600元,应贷记"原材料"账户。因此,该笔经济业务应作如下会计分录:

  借:生产成本——甲产品   284 000
      ——乙产品   170 000
    制造费用   3 200
    管理费用   1 400
    贷:原材料——A材料   303 200
        ——B材料   155 400

根据上述分析结果和领料单及发料凭证汇总表,编制记账凭证如表4-32所示。

表4-32

记账凭证 记字第8号
20××年12月31日

摘要	科目		借方金额	贷方金额	√
	总账科目	明细科目	亿千百十万千百十元角分	亿千百十万千百十元角分	
生产甲产品	生产成本	甲产品	2 8 4 0 0 0 0 0		
生产乙产品	生产成本	乙产品	1 7 0 0 0 0 0 0		
车间一般耗用	制造费用	物料消耗	3 2 0 0 0 0		
厂部耗用	管理费用	物料消耗	1 4 0 0 0 0		
	原材料	A材料		3 0 3 2 0 0 0 0	
	原材料	B材料		1 5 5 4 0 0 0 0	
合计			¥4 5 8 6 0 0 0 0	¥4 5 8 6 0 0 0 0	

附单据壹张

会计主管: 记账: 出纳: 复核: 制单:李萍

【任务4-9】 12月31日,分配结转本月工资费用,根据工资结算汇总表(略)编制工资费用分配汇总表,如表4-33所示。

表4-33   **工资费用分配汇总表**

20××年12月31日   单位:元

车间、部门		工资合计
车间生产工人	生产甲产品	114 000
	生产乙产品	91 200
	小计	205 200
车间管理人员		34 200
厂部管理人员		22 800
合计		262 200

  该笔经济业务使生产成本、制造费用和管理费用分别增加205 200元、34 200元和22 800元,应分别借记"生产成本""制造费用"和"管理费用"账户;使应付职工薪酬增加

262 200元,应贷记"应付职工薪酬"账户。因此,该经济业务应作如下会计分录:

借:生产成本——甲产品　　　　　　　　　　　　　114 000
　　　　　　——乙产品　　　　　　　　　　　　　 91 200
　　制造费用　　　　　　　　　　　　　　　　　　 34 200
　　管理费用　　　　　　　　　　　　　　　　　　 22 800
　　贷:应付职工薪酬——工资　　　　　　　　　　　262 200

根据上述分析结果和工资费用分配汇总表,填制记账凭证如表4-34所示。

※小提示:下月月初支付工资时,根据有关原始凭证编制如下会计分录:

借:应付职工薪酬——工资　　　　　　　　　　　　262 200
　　贷:银行存款(或库存现金)　　　　　　　　　　　262 200

表4-34

记 账 凭 证

20××年12月31日　　　　　　　　　　　　　记字第9号

摘　要	科　目		借方金额	贷方金额	√
	总账科目	明细科目	亿千百十万千百十元角分	亿千百十万千百十元角分	
生产甲产品工人工资	生产成本	甲产品	1 1 4 0 0 0 0 0		
生产乙产品工人工资	生产成本	乙产品	9 1 2 0 0 0 0		
车间管理人员工资	制造费用	工资	3 4 2 0 0 0 0		
厂部管理人员工资	管理费用	工资	2 2 8 0 0 0 0		
	应付职工薪酬	工资		2 6 2 2 0 0 0 0	
合　　　　计			¥2 6 2 2 0 0 0 0	¥2 6 2 2 0 0 0 0	

附单据壹张

会计主管:　　　记账:　　　出纳:　　　复核:　　　制单:李萍

【任务4-10】12月31日,计提本月固定资产折旧。财会人员编制固定资产折旧计算表,如表4-35所示。

表4-35　　　　　　　　　　　**固定资产折旧计算表**

20××年12月31日　　　　　　　　　　　　　　　单位:元

使用单位部门	上月固定资产折旧额	上月增加固定资产应计提折旧额	上月减少固定资产应计提折旧额	本月应计提的折旧额
生产车间	6 440	800	—	7 240
厂部	3 400	—	500	2 900
合计	9 840	800	500	10 140

固定资产折旧是指企业的固定资产在生产过程中由于使用、自然作用以及技术进步等,逐渐地损耗而转移到产品成本或当期费用中的那部分价值。固定资产折旧费是企业生产经营过程中发生的费用,将随着产品的销售和取得收入而得到补偿,该经济业务使制造费用和管理费用分别增加7 240元和2 900元,应分别借记"制造费用"和"管理费

用"两个账户;使固定资产价值减少 10 140 元,但为了反映固定资产的原始价值指标,以满足管理上的特定需要,对于因折旧而减少的固定资产价值,不直接记入"固定资产"账户的贷方,在核算上,专门设置了一个调整账户,用来反映固定资产因发生折旧而减少的价值,这个账户就是"累计折旧"账户。"累计折旧"的增加,就意味着固定资产价值的减少,所以,对因计提折旧而减少的固定资产价值,应贷记"累计折旧"账户。上述计提固定资产折旧的业务,应作如下会计分录:

借:制造费用——折旧费　　　　　　　　　　　　　　7 240
　　管理费用——折旧费　　　　　　　　　　　　　　2 900
　　贷:累计折旧　　　　　　　　　　　　　　　　　10 140

通过上述分析的结果和固定资产折旧计算表编制记账凭证,如表 4-36 所示。

表 4-36

记 账 凭 证
20××年12月31日
记字第 10 号

摘　要	科　目		借方金额	贷方金额	√
	总账科目	明细科目	亿千百十万千百十元角分	亿千百十万千百十元角分	
计提固定资产折旧	制造费用	折旧费	7 2 4 0 0 0		
	管理费用	折旧费	2 9 0 0 0 0		
	累计折旧			1 0 1 4 0 0 0	
合　　　　计			¥1 0 1 4 0 0 0	¥1 0 1 4 0 0 0	

附单据壹张

会计主管:　　　　记账:　　　　出纳:　　　　复核:　　　　制单:李萍

请思考:计提固定资产折旧时为什么不贷记"固定资产"账户?

【任务 4-11】12 月 31 日,计提当月利息,财会人员编制借款利息费用计算表,如表 4-37 所示。

表 4-37　　　　　　　　　　**借款利息费用计算表**
20××年 12 月 31 日　　　　　　　　　　　　金额单位:元

借款种类	借款金额	年利率	本月应计利息额
流动资金周转借款	300 000	8%	2 000
合计			2 000

银行借款利息属于财务费用,企业一般按季与银行结算,根据权责发生制,在季内

的每个月企业都要负担这笔利息费用,这样会使财务费用增加 2 000 元,应借记"财务费用"账户;使应付利息也增加 2 000 元,应贷记"应付利息"账户。因此,该笔经济业务应作如下会计分录:

借:财务费用——利息　　　　　　　　　　　　　　　　2 000
　　贷:应付利息　　　　　　　　　　　　　　　　　　　　　2 000

根据上述分析结果和借款利息费用计算表填制记账凭证,如表 4-38 所示。

表 4-38

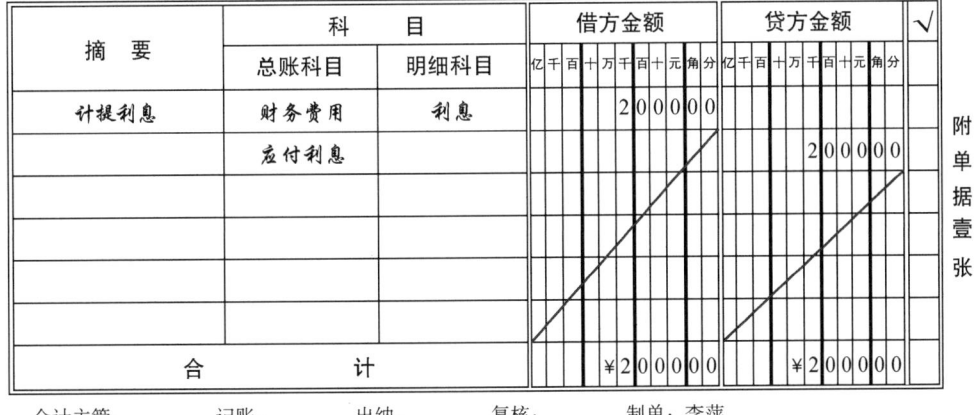

※小提示:下一年 1 月月末和 2 月月末都作相同的会计分录。

【任务 4-12】12 月 31 日,采购员马宏出差归来报销差旅费,交回剩余现金,差旅费报销单及收据如表 4-39 和表 4-40 所示。

表 4-39

差旅费报销单

单位:供应科　　　　　　　　　　20××年 12 月 31 日

原借款额	5 000.00
报销额	4 820.00
返现金	180.00
付现金	

姓名			马宏			出差事由			开会					
出发地			到达地			公出补助			车船飞机票	卧铺	宿费	市内车费	邮电费	其他	合计金额
月	日	时	地点	月	日	时	地点	天数	标准	金额								
12	20		A 市	12	20		B 市	2	80	160	2 100		400	40		20	2 720
12	22		B 市	12	22		A 市				2 100						2 100
合计									160	4 200		400	40		20	4 820
合计人民币(大写):肆仟捌佰贰拾元整														¥4 820.00	
备注															

附单据陆张

表 4-40

收 据
20××年12月31日　　　　　　　　No:

交款单位名称(或姓名)	马宏
摘　　　　要	返还差旅费预借款余款
人民币(大写)	壹佰捌拾元整　　　　　￥180.00
备　　　　注	原预借款5 000元，实际报销4 820元

单位盖章：

第二联　记账联

该项经济业务使管理费用增加4 820元，应借记"管理费用"账户；使库存现金增加180元，应借记"库存现金"账户；使其他应收款减少了5 000元，应贷记"其他应收款"账户。会计人员编制的会计分录如下：

借：管理费用——差旅费　　　　　　　　　　　　　　4 820
　　库存现金　　　　　　　　　　　　　　　　　　　　180
　　贷：其他应收款——马宏　　　　　　　　　　　　　　5 000

财会人员根据审核无误的差旅费报销单和收据填制记账凭证，如表4-41所示。

【任务4-13】12月31日，将本月发生的制造费用按本月发生的生产工人的工资比例分配计入甲、乙两种产品成本。制造费用明细分类账和制造费用分配表如表4-42和表4-43所示。

表 4-41

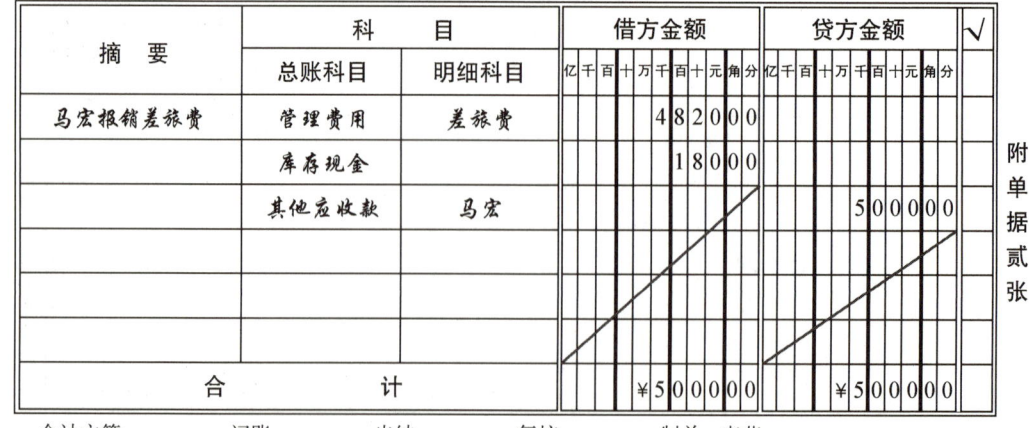

表 4-42 制造费用明细账

车间名称:基本生产车间　　　　　　20××年12月　　　　　　　　　　单位:元

20××年		凭证		摘要	借方					贷方	借或贷	余额
月	日		号数		办公费	物料消耗	工资	折旧费	合计			
12	22	记	7	车间用计算器	360				360		借	360
	31	记	8	耗用材料		3 200			3 200		借	3 560
	31	记	9	车间管理人员工资			34 200		34 200		借	37 760
	31	记	10	车间固定资产折旧				7 240	7 240		借	45 000
	31	记	13	分配转出制造费用						45 000	平	0
	31			本月合计	360	3 200	34 200	7 240	45 000	45 000	平	0

表 4-43 制造费用分配表

车间名称:基本生产车间　　　　　　20××年12月　　　　　　　金额单位:元

总账科目	明细科目	生产工人工资	分配率 (保留四位小数)	分配金额 (保留整数)
生产成本	甲产品	114 000	0.219 3	25 000
	乙产品	91 200	0.219 3	20 000
合计		205 200		45 000

注:制造费用分配率 = $\dfrac{45\,000}{114\,000+91\,200} \approx 0.219\,3$

甲产品应分摊的制造费用 = 114 000 × 0.219 3 ≈ 25 000(元)

乙产品应分摊的制造费用 = 45 000 - 25 000 = 20 000(元)

制造费用是指企业的生产部门或车间为组织和管理生产所发生的间接费用。制造费用是产品生产成本的组成部分,在生产两种以上产品的企业,平时发生的制造费用因无法分清各种产品应具体负担的数额,直接归集在"制造费用"账户的借方,期末时,先将本期"制造费用"账户借方所归集的制造费用总额,按照一定的标准(如生产工人工资比例、生产工人工时比例或机器工时比例),采用一定的分配方法,在各种产品之间进行分配,计算出某种产品应负担的制造费用;再从"制造费用"账户的贷方转入"生产成本"账户的借方。表 4-43 "制造费用分配表"表明,本月共发生制造费用总额为 45 000 元,经分配后,甲产品应负担 25 000 元,乙产品应负担 20 000 元。这笔经济业务使生产成本增加 45 000 元,应借记"生产成本"账户;使制造费用减少 45 000 元,应贷记"制造费用"账户。因此,该笔经济业务应作如下会计分录:

借:生产成本——甲产品　　　　　　　　　　　　　　　25 000
　　　　　　——乙产品　　　　　　　　　　　　　　　20 000
　　贷:制造费用　　　　　　　　　　　　　　　　　　　　　　45 000

根据上述分析结果和制造费用分配表,填制记账凭证如表 4-44 所示。

表 4-44

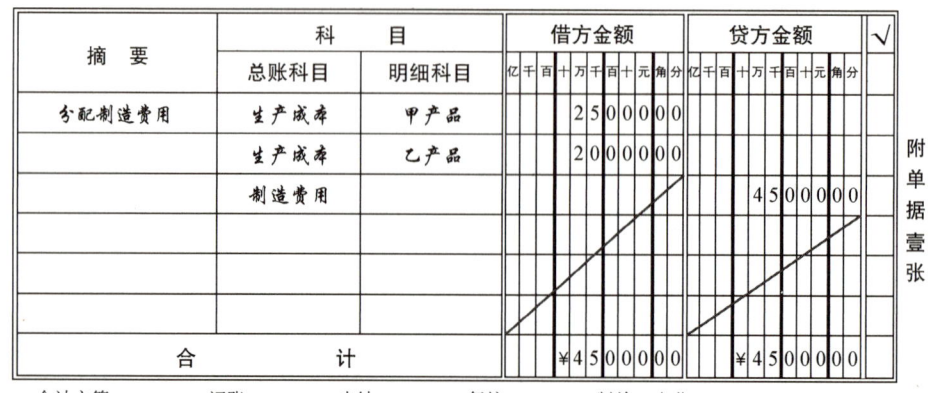

【任务 4-14】12 月 31 日,本月甲产品 2 000 件全部完工,并已验收入库,计算并结转甲产品的生产成本。乙产品没有完工。

生产成本是指企业为生产一定种类和数量的产品所发生的各项生产费用的总和。生产成本一般包括直接材料、直接人工和制造费用。企业日常为生产产品而发生的生产费用分别按上述成本项目归集在"生产成本明细账"中。月末,根据"生产成本明细账"归集的生产费用,结合有关统计资料,按照一定的成本计算方法,将某种产品归集的生产费用在完工产品和在产品之间进行分配,计算出完工产品的总成本和单位成本,填制生产成本明细账、完工产品成本汇总表和库存商品入库单,如表 4-45 至表 4-48 所示。

表 4-45　　　　　　　　　　　生产成本明细账　　　　　　　　完工产量:2 000 件

产品名称:甲产品　　　　　　　　　20××年 12 月　　　　　　　　金额单位:元

20××年		凭证号数	摘要	借方				贷方	借或贷	余额
月	日			直接材料	直接人工	制造费用	合计			
12	31	记 8	生产用材料	284 000			284 000		借	284 000
	31	记 9	分配工资		114 000		114 000		借	398 000
	31	记 13	分配制造费用			25 000	25 000		借	423 000
	31	记 14	甲产品完工					423 000	平	0
	31		本月合计	284 000	114 000	25 000	423 000	423 000	平	0

表 4-46　　　　　　　　　　　生产成本明细账

产品名称:乙产品　　　　　　　　　20××年 12 月　　　　　　　　　　　单位:元

20××年		凭证号数	摘要	借方				贷方	借或贷	余额
月	日			直接材料	直接人工	制造费用	合计			
12	31	记 8	生产用材料	170 000			170 000		借	170 000
	31	记 9	分配工资		91 200		91 200		借	261 200
	31	记 13	分配制造费用			20 000	20 000		借	281 200
	31		本月合计	170 000	91 200	20 000	281 200		借	281 200

表 4-47　　　　　　　　　完工产品成本汇总表

20××年12月31日　　　　　　　　　　　金额单位：元

成本项目	甲产品(产量：2 000件)	
	总成本	单位成本
直接材料	284 000	142.00
直接人工	114 000	57.00
制造费用	25 000	12.50
合计	423 000	211.50

表 4-48　　　　　　　　　　库存商品入库单

交库部门：生产车间　　　20××年12月31日　　　产成品库：2号库

类别	名称及规格	计量单位	实收数量	单位成本(元)	总成本(元)
甲产品	12001	件	2 000	211.50	423 000

该经济业务使库存商品增加 423 000 元，应借记"库存商品"账户；使生产成本减少了 423 000 元，应贷记"生产成本"账户。会计人员根据"完工产品成本汇总表"及"库存商品入库单"编制如下会计分录：

　　借：库存商品——甲产品　　　　　　　　　　　　　　　　　423 000
　　　　贷：生产成本——甲产品　　　　　　　　　　　　　　　　423 000

根据上述分析结果和完工产品成本汇总表、库存商品入库单，填制记账凭证如表 4-49 所示。

表 4-49

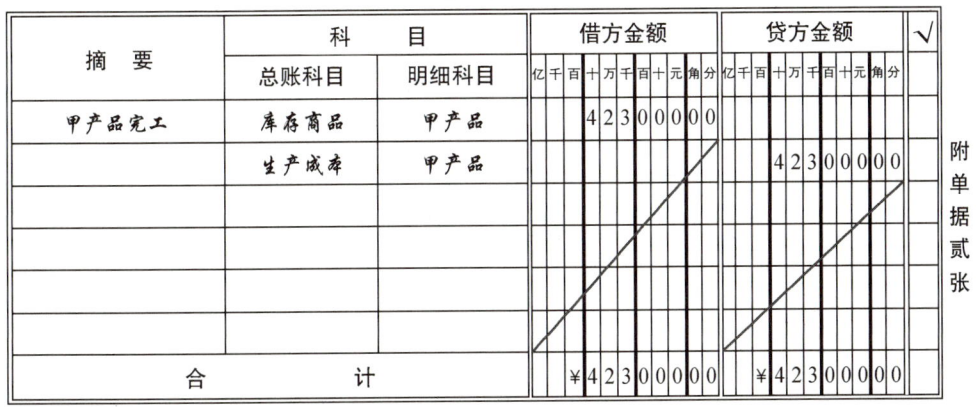

> **财智未来**
>
> 在大数据时代,核算生产过程业务变得更加智能化和精细化。生产过程是企业价值创造的核心环节,也是成本控制的关键领域,通过大数据技术和人工智能技术,企业可以实时监控和分析生产过程中的各种数据,如原材料消耗、人工成本、设备利用率等,从而更加准确地计算生产成本和制造费用。利用 Python 脚本,会计人员可以实现对生产数据的自动化处理和分析。例如,通过编写 Python 脚本,会计人员可以自动化地计算生产成本、分配制造费用、编制生产成本报表等,从而提高工作效率和准确性。
>
> 同时,使用决策树算法对生产数据进行建模和预测,决策树算法能够根据生产过程中的各种因素,如原材料价格波动、设备故障率、人工效率等,构建决策模型,预测产品的生产成本。通过实时监测生产过程中的数据变化,模型预测到成本可能超支时,会及时发出预警信号,提醒企业管理层采取相应措施进行调整,如优化生产工艺、调整原材料采购策略、加强设备维护等,从而有效控制生产成本,提高生产效率和企业的经济效益。
>
> 此外,大数据技术和人工智能技术还可以帮助企业优化生产过程。通过对生产数据的分析和挖掘,企业可以了解生产过程中的瓶颈和问题,从而制订更加合理的生产计划和成本控制策略。这对于提高企业的生产效率和降低生产成本具有重要意义。

第五节　核算销售过程业务

一、销售过程业务的核算内容

销售过程是企业生产经营活动的最后阶段。在这个阶段,制造企业要将生产过程中生产的产品销售出去,收回货币资金,以保证企业再生产活动的顺利进行。

企业的销售过程,就是将已验收入库的合格产品,按照销售合同规定的条件送交订货单位或组织发运,并按照销售价格和结算制度规定,办理结算手续,及时收取价款取得销售产品收入的过程。在销售过程中,企业取得了销售产品收入;会发生一些销售费用,如销售产品的运输费、装卸费、包装费和广告费等;还应根据国家有关税法的规定,计算交纳企业销售活动应负担的税金及附加。企业销售产品取得的收入,扣除因销售产品而发生的实际成本、企业销售活动应负担的税金及附加,即为企业的主营业务利润,这是企业营业利润的主要构成部分。除此以外,企业还可能发生一些其他经济业务,取得其他业务收入和发生其他业务成本。

销售过程业务核算的主要内容包括:确定和记录产品销售收入、销售成本、销售费用;计算企业销售活动应负担的税金及附加,以及主营业务利润或亏损情况;反映企业与购货单位所发生的货物结算业务,考核销售计划的执行情况;监督税金及附加的及时交纳等。

二、核算销售过程业务设置的账户

1. "主营业务收入"账户

"主营业务收入"账户用来核算企业在销售商品、提供劳务及让渡资产使用权等日常活动中所发生的收入。该账户是损益类账户,其贷方登记企业销售商品(包括产成品,自制半成品等)或让渡资产使用权所实现的收入;借方登记发生的销售退回和期末转入"本年利润"账户的收入;期末将本账户的余额结转后,该账户无余额。"主营业务收入"账户应按主营业务的种类设置明细账,进行明细分类核算。

2. "主营业务成本"账户

"主营业务成本"账户用来核算企业因销售商品、提供劳务或让渡资产使用权等日常活动而发生的实际成本。该账户是损益类账户,其借方登记结转已售商品、提供的各种劳务等的实际成本;贷方登记当月发生销售退回的商品成本和期末转入"本年利润"账户的当期销售成本;期末结转后,该账户无余额。该账户应按照主营业务的种类设置明细账,进行明细分类核算。

3. "销售费用"账户

"销售费用"账户用来核算企业在销售商品过程中发生的费用,包括运输费、装卸费、包装费、保险费、展览费和广告费,以及为销售本企业商品而专设的销售机构(含销售网点、售后服务网点等)的职工工资及福利费、业务费等费用。该账户是损益类账户,其借方登记发生的各种销售费用;贷方登记转入"本年利润"账户的销售费用;期末结转后,该账户无余额。该账户应按照费用项目设置明细账,进行明细分类核算。

4. "税金及附加"账户

"税金及附加"账户用来核算企业日常活动应负担的税费,包括消费税、城市维护建设税、资源税、教育费附加、房产税、车船税和印花税等。该账户是损益类账户,其借方登记按照规定计算应负担的税金及附加;贷方登记期末转入"本年利润"账户的税金及附加;期末结转后,该账户无余额。

5. "应收账款"账户

"应收账款"账户用来核算企业因销售商品、提供劳务等,应向购货单位或接受劳务单位收取的款项。该账户是资产类账户,其借方登记销售商品或提供劳务发生的应收款项以及代购货单位垫付的包装费、运杂费等;贷方登记实际收回的应收款项;期末借方余额,表示应收但尚未收回的款项。该账户应按照购货单位或接受劳务单位设置明细账,进行明细分类核算。

6. "其他业务收入"账户

"其他业务收入"账户用来核算企业确认的除了主营业务活动的其他经营活动实现

的收入,包括出租固定资产、出租无形资产、出租包装物和商品、销售材料等实现的收入。该账户是损益类账户,其贷方登记企业获得的其他业务收入;借方登记期末结转到"本年利润"账户的已实现的其他业务收入;期末结转以后,该账户无余额。该账户应按其他业务的收入种类设置明细账,进行明细分类核算。

7. "其他业务成本"账户

"其他业务成本"账户用来核算企业确认的除了主营业务活动的其他经营活动所发生的支出,包括销售材料的成本、出租固定资产的折旧额、出租无形资产的摊销额、出租包装物的成本或摊销额等。该账户是损益类账户,其借方登记其他业务所发生的各项成本、支出;贷方登记期末结转到"本年利润"账户的数额;期末结转以后,该账户无余额。该账户应按其他业务的种类设置明细账,进行明细分类核算。

销售过程的账务处理程序如图 4-7 所示。

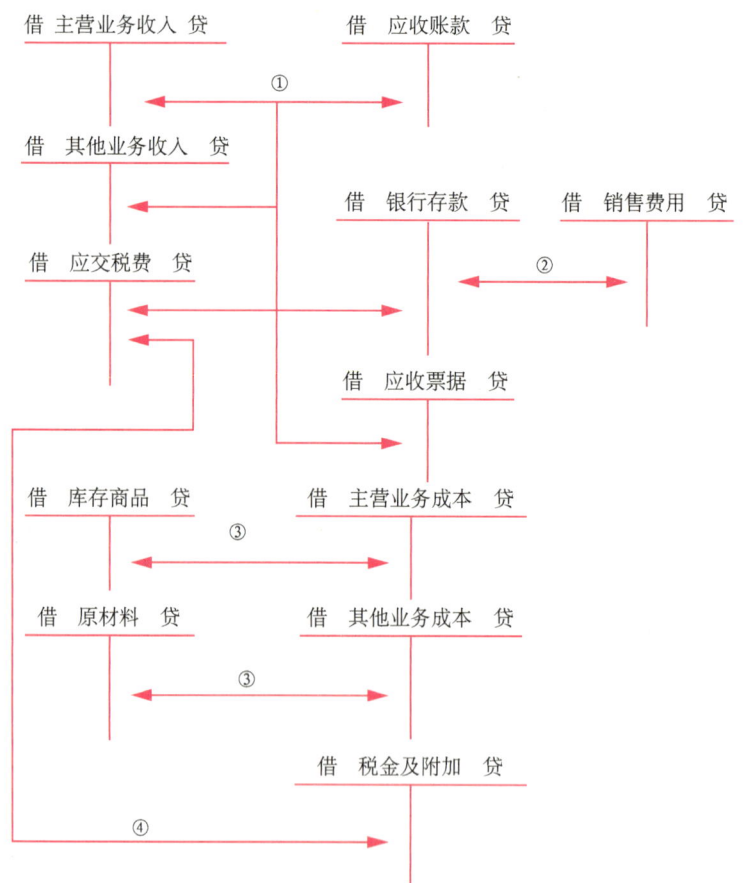

图 4-7 销售过程的账务处理程序

说明:
① 销售产品、材料结算货款及增值税额;
② 支付产品销售费用;
③ 结转已售产品的生产成本和结转已销材料的成本;
④ 结转应交纳的税金及附加。

请思考：生产成本、库存商品及主营业务成本之间是什么关系？

三、典型工作任务举例

【任务 4-15】12 月 31 日，远东有限责任公司出售甲产品 1 700 件，单位售价 300 元，货款 510 000 元，增值税税率 13%，增值税额 66 300 元，价税合计 576 300 元，开出增值税专用发票，产品已经发出，收到购货方开来的转账支票送存银行，增值税专用发票及银行进账单如表 4-50 和表 4-51 所示。

表 4-50

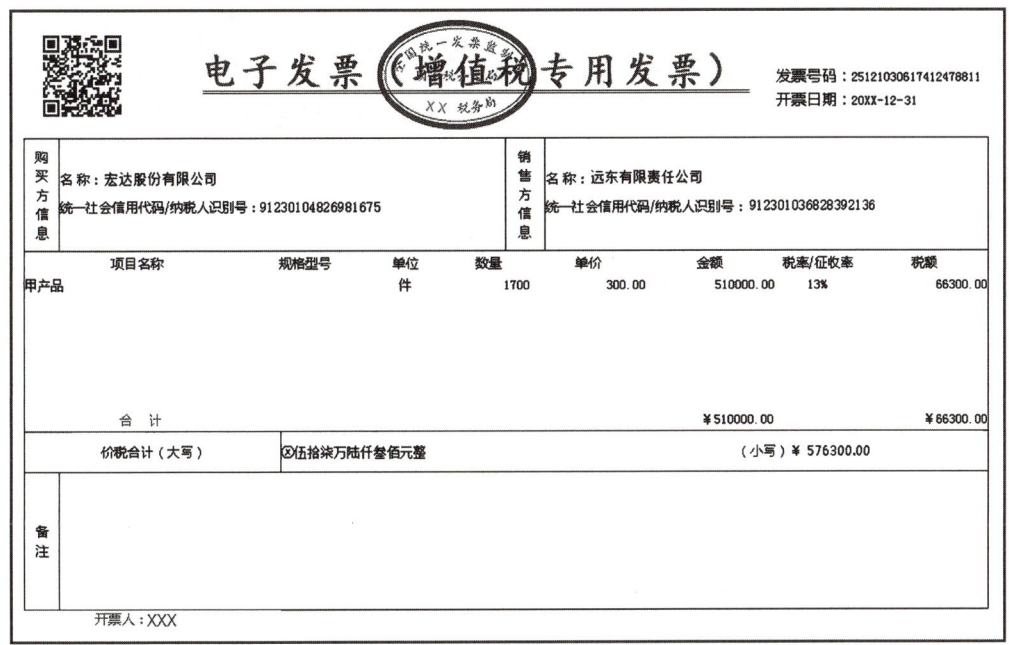

表 4-51

该笔经济业务使银行存款增加了 576 300 元,应借记"银行存款"账户;实现产品销售收入 510 000 元,使主营业务收入增加,应贷记"主营业务收入"账户;同时,使应交税费——应交增值税(销项税额)增加 66 300 元,应贷记"应交税费——应交增值税(销项税额)"账户。因此,该笔经济业务应作如下会计分录:

借:银行存款　　　　　　　　　　　　　　　　　　　　576 300
　　贷:主营业务收入——甲产品　　　　　　　　　　　　510 000
　　　　应交税费——应交增值税(销项税额)　　　　　　　66 300

根据上述分析结果、增值税专用发票第一联和进账单,填制记账凭证如表 4-52 所示。

表 4-52

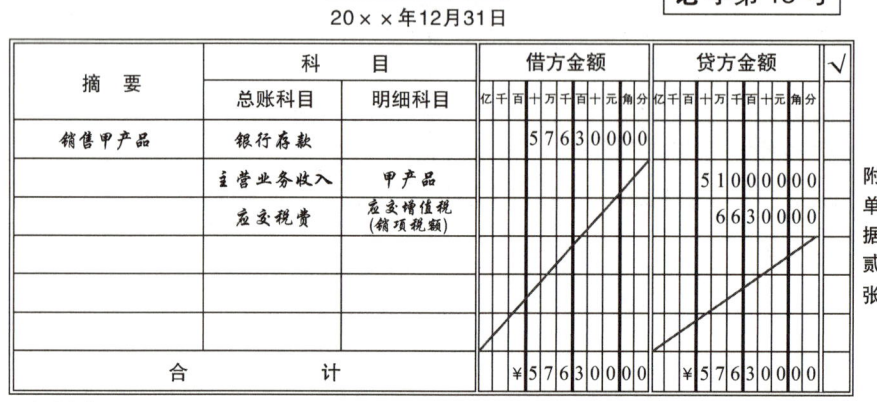

【任务 4-16】12 月 31 日,出售不需用的 A 材料 500 千克,开出增值税专用发票一张,售价 10 000 元,增值税额 1 300 元,款项已收妥并存入银行,原始凭证如表 4-53 和表 4-54 所示。

表 4-53

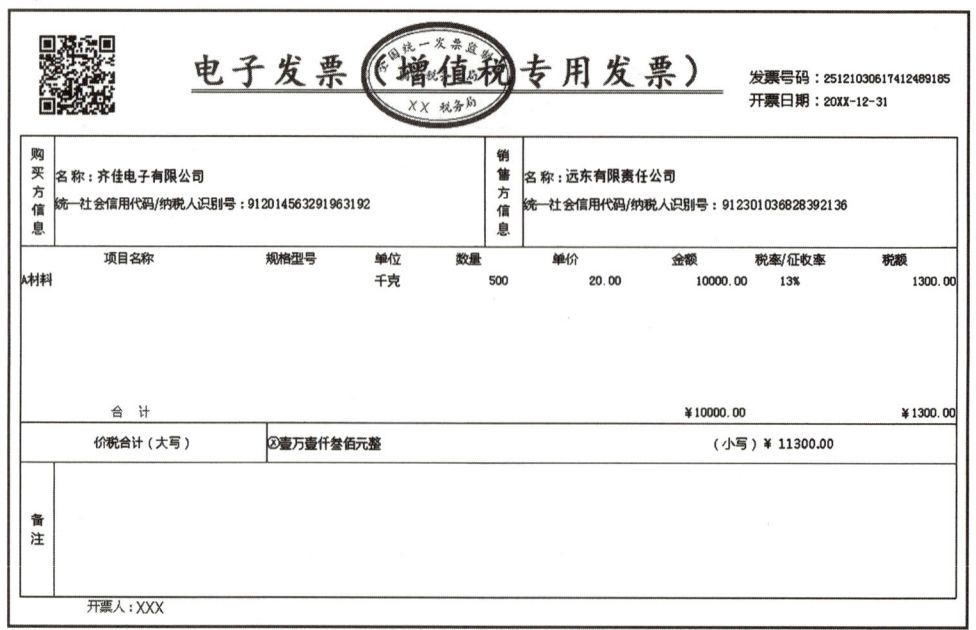

表 4-54

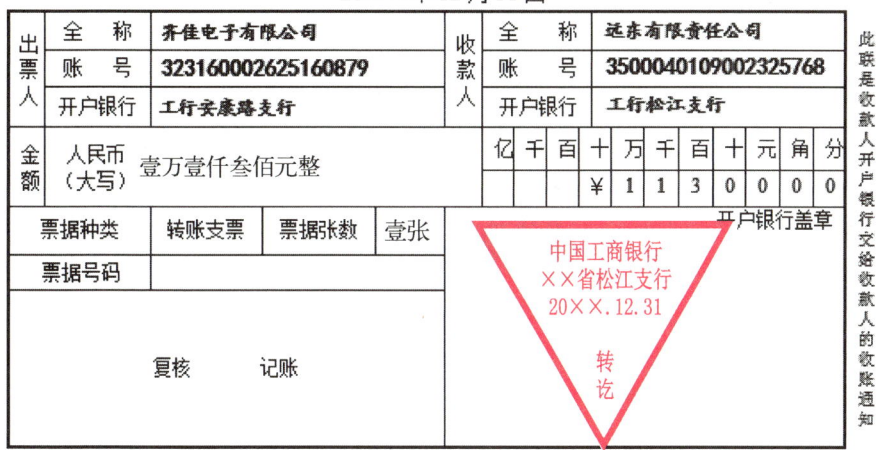

该笔经济业务使银行存款增加了 11 300 元,应借记"银行存款"账户;使其他业务收入增加了 10 000 元,应贷记"其他业务收入"账户;使"应交税费——应交增值税(销项税额)"增加了 1 300 元,应贷记"应交税费——应交增值税(销项税额)"账户。因此,该经济业务应作如下会计分录:

借:银行存款　　　　　　　　　　　　　　　　　　　　　　　　11 300
　　贷:其他业务收入——A 材料　　　　　　　　　　　　　　　　　10 000
　　　　应交税费——应交增值税(销项税额)　　　　　　　　　　　　1 300

根据上述分析结果、增值税专用发票和进账单,填制记账凭证如表 4-55 所示。

表 4-55

记账凭证
20××年12月31日　　　　　　　记字第 16 号

摘要	科目		借方金额	贷方金额	√
	总账科目	明细科目	亿千百十万千百十元角分	亿千百十万千百十元角分	
销售A材料	银行存款		1 1 3 0 0 0 0		
	其他业务收入	A材料		1 0 0 0 0 0 0	
	应交税费	应交增值税(销项税额)		1 3 0 0 0 0	
合计			¥1 1 3 0 0 0 0	¥1 1 3 0 0 0 0	

附单据贰张

会计主管:　　记账:　　出纳:　　复核:　　制单:李萍

【任务 4-17】12 月 31 日,开出转账支票一张,支付电视台广告费 9 540 元,取得增值税专用发票及转账支票存根如表 4-56 和表 4-57 所示。

该笔经济业务使销售费用增加了 9 000 元,应借记"销售费用"账户;支付增值税 540 元,应借记应交税费——应交增值税(进项税额);银行存款减少了 9 540 元,应贷记"银行存款"账户。因此,该笔经济业务应作如下会计分录:

表 4-56

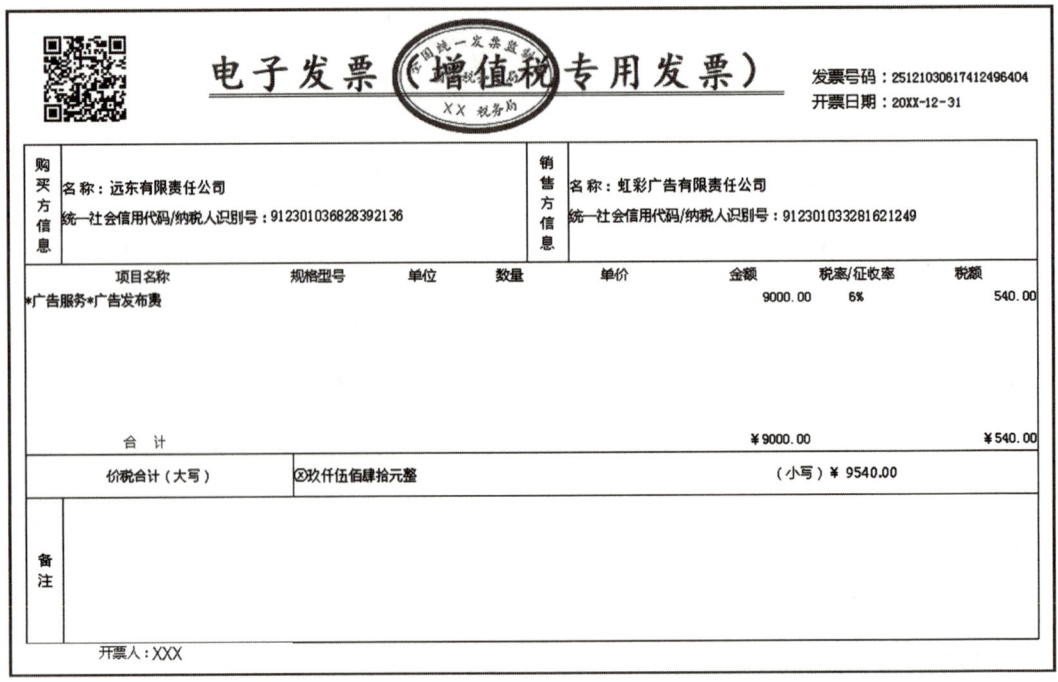

表 4-57

借：销售费用——广告费　　　　　　　　　　　　　　　9 000
　　应交税费——应交增值税（进项税额）　　　　　　　540
　　贷：银行存款　　　　　　　　　　　　　　　　　　　　9 540

根据上述分析结果、广告业专用发票和转账支票存根，填制记账凭证如表4-58所示。

表4-58

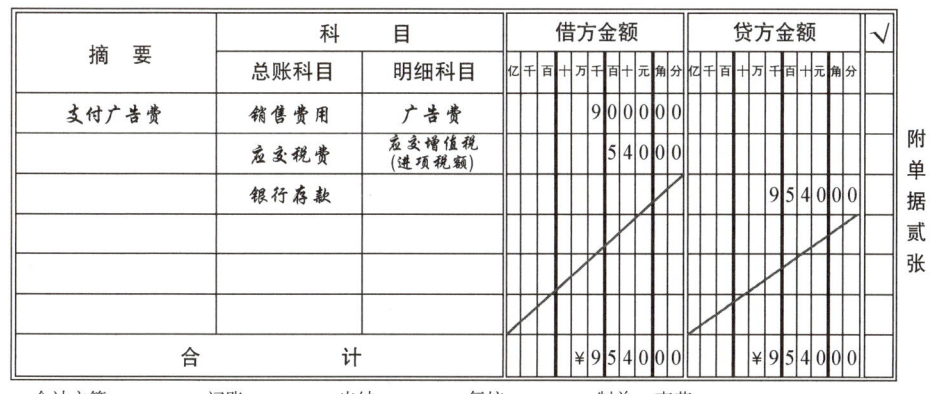

【任务4-18】12月31日，计算应交城市维护建设税和教育费附加。财会人员根据"应交税费"账户中"应交增值税"和"应交消费税"两个明细账户的本期应交税费合计数，按税收有关规定，计算应交城市维护建设税和教育费附加。其中，该企业所在城市维护建设税的税率为7%，教育费附加的征收率为3%。其计算公式如下：

应交城市维护建设税＝（应交增值税＋应交消费税）×7%

应交教育费附加＝（应交增值税＋应交消费税）×3%

本企业应交增值税的销项税额为67 600元，进项税额合计为62 409元，贷方余额为5 191元，为应交未交增值税，下月交纳，其他明细账没有发生额。

根据上述计算公式填制城市维护建设税和教育费附加计算表，如表4-59所示。

表4-59　　　　　　　**城市维护建设税和教育费附加计算表**

20××年12月31日　　　　　　　　　　　　　金额单位：元

项目	城市维护建设税			教育费附加		
	计税额	提取比例	提取额	计税额	提取比例	提取额
增值税	5 191	7%	363.37	5 191	3%	155.73
消费税	—	7%	—	—	3%	—
合计	5 191	7%	363.37	5 191	3%	155.73

该笔经济业务使税金及附加增加了519.10元，应借记"税金及附加"账户；使应交税费中的城市维护建设税和教育费附加分别增加了363.37元和155.73元，应贷记"应交

税费——城市维护建设税""应交税费——教育费附加"账户。因此,该笔经济业务应作如下会计分录:

  借:税金及附加   519.10
    贷:应交税费——应交城市维护建设税   363.37
      ——应交教育费附加   155.73

根据上述分析结果、城市维护建设税和教育费附加计算表,填制记账凭证如表4-60所示。

表4-60

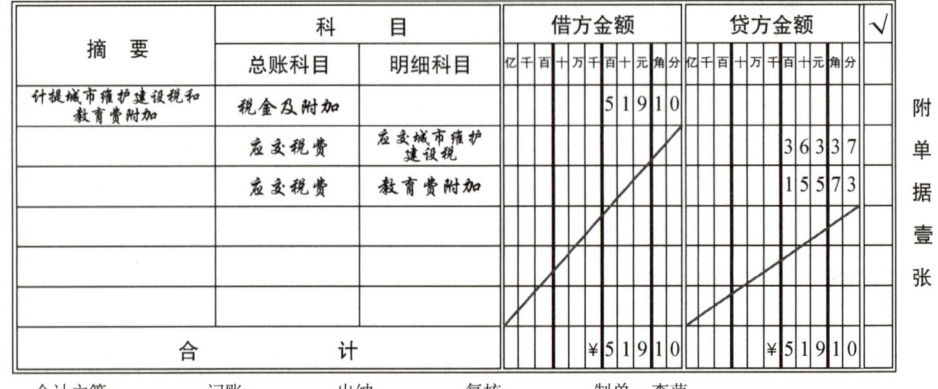

【任务4-19】12月31日,计算并结转本月已销售甲产品的销售成本。根据产品出库单编制主营业务成本计算单,如表4-61和表4-62所示。

表4-61   产品出库单   凭证编号:
用途:销售   20××年12月31日   产成品库:2号库

类别	编号	名称及规模	计量单位	数量	单位成本	总成本	附加:
		甲产品	件	1 700	211.50	359 550.00	
		合计		1 700	211.50	359 550.00	

记账: 保管: 检验: 制单:杨玉

表4-62   主营业务成本计算单
           20××年12月31日   金额单位:元

产品名称	销售数量(件)	单位生产成本	销售成本总额
甲产品	1 700	211.50	359 550.00
合计			359 550.00

该笔经济业务使主营业务成本增加 359 550 元,应借记"主营业务成本"账户;使库存商品减少 359 550 元,应贷记"库存商品"账户。因此,该笔经济业务应作如下会计分录:

借:主营业务成本——甲产品　　　　　　　　　　　　　　　　359 550
　　贷:库存商品——甲产品　　　　　　　　　　　　　　　　　　359 550

按照上述分析结果、产品出库单和主营业务成本计算单,填制记账凭证如表 4-63 所示。

表 4-63

摘要	科目		借方金额	贷方金额	√
	总账科目	明细科目	亿千百十万千百十元角分	亿千百十万千百十元角分	
结转已销产品成本	主营业务成本	甲产品	3 5 9 5 5 0 0 0		
	库存商品	甲产品		3 5 9 5 5 0 0 0	
合　　　计			¥3 5 9 5 5 0 0 0	¥3 5 9 5 5 0 0 0	

记账凭证　20××年12月31日　记字第 19 号

附单据贰张

会计主管:　　记账:　　出纳:　　复核:　　制单:李萍

【任务 4-20】 12 月 31 日,结转本月已销售 A 材料的实际成本。材料出库单如表 4-64 所示。

表 4-64　　　　　　　　　材料出库单　　　　　　　　　凭证编号:
用途:销售　　　　　　　　20××年 12 月 31 日　　　　　材料库:1 号库

类别	编号	名称及规格	计量单位	数量	单价	金额	附加
		A 材料	千克	500	20.00	10 000.00	
		合计		500	20.00	10 000.00	

第二联　记账联

该笔经济业务使其他业务成本增加了 10 000 元,应借记"其他业务成本"账户;使原材料减少了 10 000 元,应贷记"原材料"账户。因此,该经济业务应作如下会计分录:

借:其他业务成本　　　　　　　　　　　　　　　　　　　　　10 000
　　贷:原材料——A 材料　　　　　　　　　　　　　　　　　　　10 000

根据上述分析结果和材料出库单,编制记账凭证如表 4-65 所示。

表 4-65

记 账 凭 证
20××年12月31日

记字第 20 号

摘要	科目		借方金额	贷方金额	√
	总账科目	明细科目	亿千百十万千百十元角分	亿千百十万千百十元角分	
结转已销材料成本	其他业务成本	A材料	1000000		
	原材料	A材料		1000000	
合　　　计			¥1000000	¥1000000	

附单据壹张

会计主管：　　　记账：　　　出纳：　　　复核：　　　制单：李萍

财智未来

在大数据时代，核算销售过程业务变得更加智能化和高效化。销售过程是企业实现收入和利润的关键环节，通过大数据技术和人工智能技术，企业可以实时监控和分析销售过程中的各种数据，如销售数量、销售价格、客户反馈等，从而更加准确地核算销售收入和销售成本。利用 Python 脚本，会计人员可以实现对销售数据的自动化处理和分析。例如，通过编写 Python 脚本，会计人员可以自动化地处理销售数据，包括销售额、销售量、客户信息，自动计算销售收入、销售成本、销售毛利等指标，编制销售报表，提高工作效率和准确性。利用大数据技术和人工智能技术可以进一步帮助企业优化销售策略。通过对销售数据的分析和挖掘，企业可以了解客户的需求和偏好，构建销售预测模型，预测未来销售趋势，从而制订更加合理的销售计划和市场营销策略。这对于提高企业的销售额和市场占有率具有重要意义。

第六节　核算财务成果业务

一、财务成果业务的核算内容

企业的财务成果又称利润，是指企业在一定会计期间的经营成果。利润包括收入减去费用后的净额、直接计入当前利润的利得和损失等。未计入当前利润的利得和损失扣除所得税影响后的净额记入"其他综合收益"项目。净利润与"其他综合收益"的合计金额就是综合收益总额。利得是指由企业非日常活动所形成的、会导致所有者权益增加的、与所有者投入资本无关的经济利益的流入。损失是指由企业非日常活动所发生的、会导致所有者权益减少的、与向所有者分配利润无关的经济利益的流出。企业要正确计算一定会计期间的利润。与利润相关的主要计算公式如下。

(一) 营业利润

营业利润＝营业收入－营业成本－税金及附加－销售费用－管理费用－财务费用＋其他收益＋投资收益(或减去投资损失)＋公允价值变动收益(或减去公允价值变动损失)－资产减值损失－信用减值损失＋资产处置收益(或减去资产处置损失)

其中：营业收入＝主营业务收入＋其他业务收入

营业成本＝主营业务成本＋其他业务成本

(二) 利润总额

利润总额＝营业利润＋营业外收入－营业外支出

(三) 净利润

净利润＝利润总额－所得税费用

企业对实现的净利润,要按照国家有关规定进行分配,如提取盈余公积金、向投资者分配利润、弥补亏损等。

因此,确定企业实现的净利润和对净利润进行分配,构成了企业财务成果业务核算的主要任务。

二、核算财务成果业务设置的账户

1. "本年利润"账户

"本年利润"账户用来核算企业实现的净利润(或发生的净亏损)。该账户是所有者权益类账户,其贷方登记期末从"主营业务收入""其他业务收入""营业外收入"以及"投资收益"(投资净收益)等账户转入的数额;借方登记期末从"主营业务成本""税金及附加""其他业务成本""销售费用""管理费用""财务费用""营业外支出""所得税费用"以及"投资收益"(投资净损失)等账户转入的数额。年度终了,应将本年收入和支出相抵后结出本年实现的净利润,转入"利润分配"账户,贷记"利润分配——未分配利润"账户；如为净亏损,作相反的会计分录；结转后,该账户无余额。

2. "投资收益"账户

"投资收益"账户用来核算企业对外投资取得的收益或发生的损失。该账户是损益类账户,其贷方登记取得的投资收益或期末投资净损失的转出数；借方登记发生的投资损失和期末投资净收益的转出数；无论发生的是投资收益还是投资损失,都要结转到"本年利润"账户,期末结转后,该账户无余额。该账户应按照投资的种类设置明细账,进行明细分类核算。

3. "营业外收入"账户

"营业外收入"账户用来核算企业发生的与企业生产经营无直接关系的各项收入,主要包括非流动资产处置收入、非货币性资产交换收入、债务重组收入、政府补助、盘盈收入和捐赠收入等。该账户是损益类账户,其贷方登记企业发生的各项非营业收入;借方登记期末转入"本年利润"账户的营业外收入数;期末结转后,该账户无余额。该账户应按照收入项目设置明细账,进行明细分类核算。

4. "营业外支出"账户

"营业外支出"账户用来核算企业发生的与企业生产经营无直接关系的各项支出,包括非流动资产处置损失、非货币性资产交换损失、债务重组损失、公益性捐赠支出、非常损失和盘亏损失等。该账户是损益类账户,其借方登记企业发生的各项支出数;贷方登记期末转入"本年利润"账户的营业外支出数;期末结转后,该账户无余额。该账户应按照支出项目设置明细账,进行明细分类核算。

5. "所得税费用"账户

"所得税费用"账户用来核算企业确认的应从当期利润总额中扣除的所得税费用。该账户是损益类账户,其借方登记企业按税法规定的按应纳税所得额计算的应纳所得税额;贷方登记企业会计期末转入"本年利润"账户的所得税额;结转后,该账户无余额。该账户按"当期所得税费用"和"递延所得税费用"设置明细账,进行明细核算。

6. "利润分配"账户

"利润分配"账户用来核算企业利润的分配(或亏损的弥补)和历年分配(或弥补)后的积存余额。该账户是所有者权益类账户,其借方登记按规定实际分配的利润数,或年终时从"本年利润"账户的贷方转来的全年亏损总额;贷方登记年终时从"本年利润"账户借方转来的全年实现的净利润总额;年终贷方余额表示历年积存的未分配利润,如为借方余额,则表示历年积存的未弥补亏损。该账户应当分别"提取法定盈余公积""提取任意盈余公积""盈余公积补亏"和"未分配利润"等设置明细账,进行明细核算。

7. "应付股利(或利润)"账户

"应付股利"账户用来核算企业根据股东大会或类似机构审议确定分配的现金股利或利润。该账户是负债类账户,其贷方登记根据通过的股利或利润分配方案,应支付的现金股利或利润;借方登记实际支付数;期末贷方余额,表示企业应付未付的现金股利或利润。该账户应按投资者设置明细账,进行明细分类核算。

8. "盈余公积"账户

"盈余公积"账户用来核算企业从净利润中提取的盈余公积。该账户是所有者权益类账户,其贷方登记从净利润中提取的盈余公积;借方登记盈余公积的使用,如转增资本、弥补亏损等;期末贷方余额,表示企业结余的盈余公积。该账户应当分别"法定盈余公积""任意盈余公积"设置明细账,进行明细分类核算。

财务成果形成的账务处理程序如图 4-8 所示。

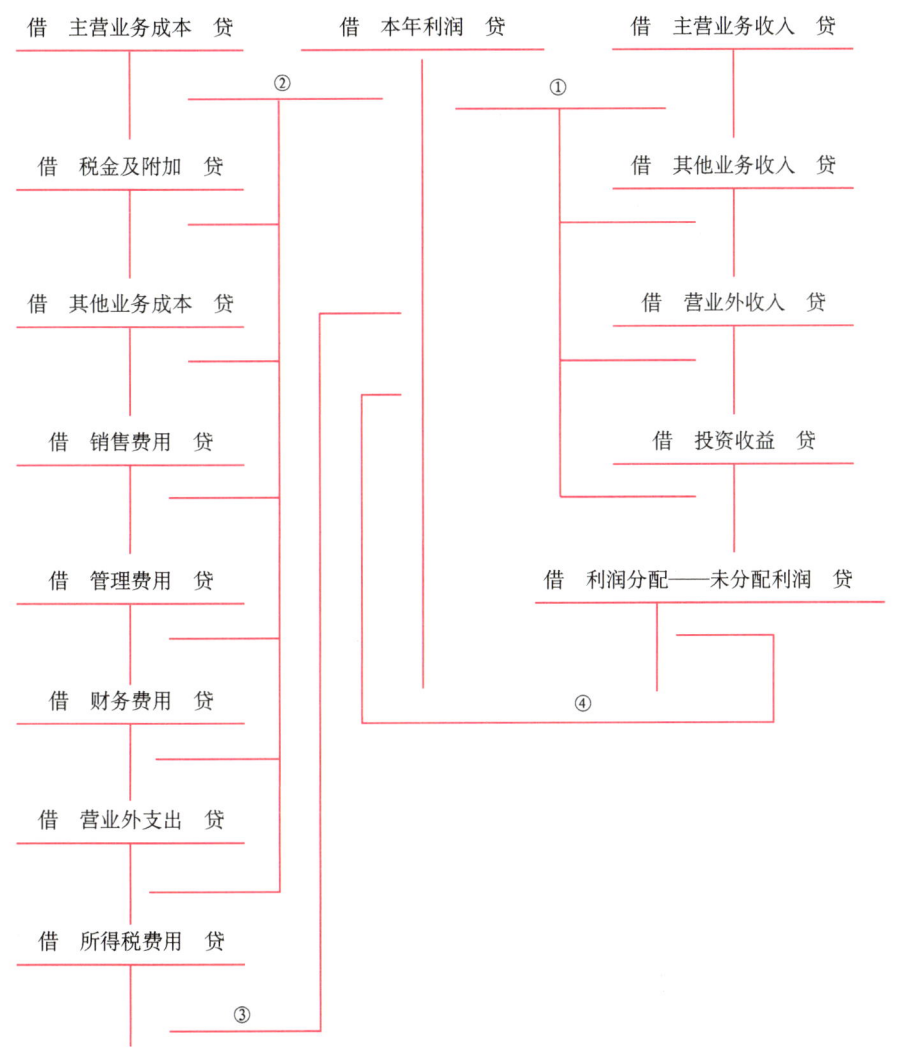

图 4-8　财务成果形成的账务处理程序

说明：
① 期末结转本期各项收入；
② 期末结转本期各项成本费用；
③ 结转所得税费用；
④ 结转本期实现的净利润。

请思考：增加和减少利润的渠道有哪些？利润分配的去向有哪些？

财务成果分配的账务处理程序如图 4-9 所示。

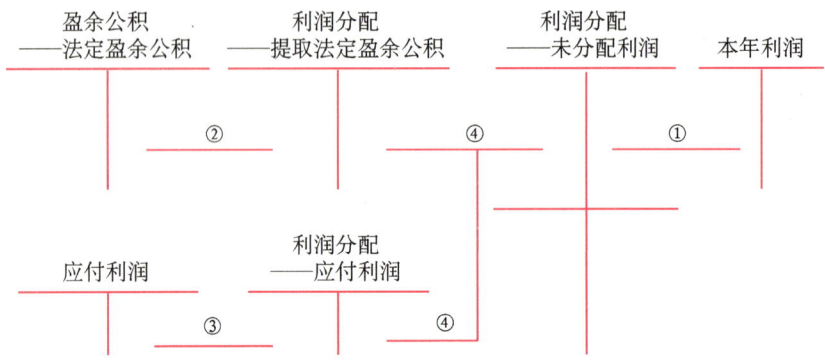

图 4-9　财务成果分配的账务处理程序

说明：
① 将本年利润转入"利润分配——未分配利润"账户；
② 提取法定盈余公积；
③ 向投资者分配利润；
④ 将提取法定盈余公积和应付利润转至"未分配利润"账户。

三、典型工作任务举例

【任务 4-21】 12 月 31 日，收到现金 3 000 元，该款系对职工王伟的罚款。填制现金收据，如表 4-66 所示。

表 4-66

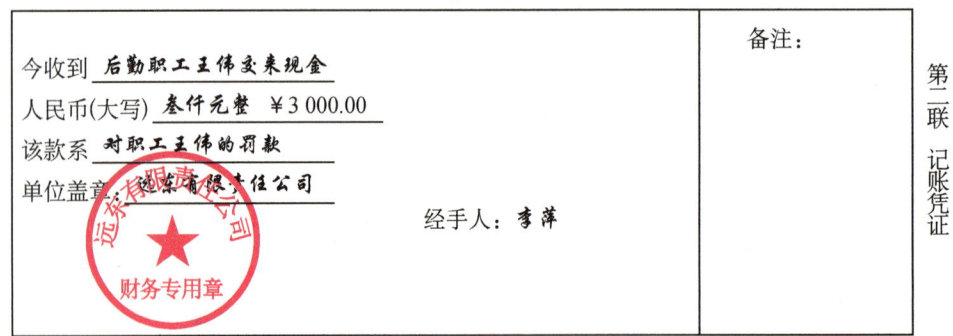

该笔经济业务使库存现金增加了 3 000 元，应借记"库存现金"账户；使营业外收入增加了 3 000 元，应贷记"营业外收入"账户。因此，该笔经济业务应作如下会计分录：

借：库存现金　　　　　　　　　　　　　　　　　　　　3 000
　　贷：营业外收入　　　　　　　　　　　　　　　　　　3 000

根据上述分析结果和现金收据，编制记账凭证如表 4-67 所示。

表 4-67

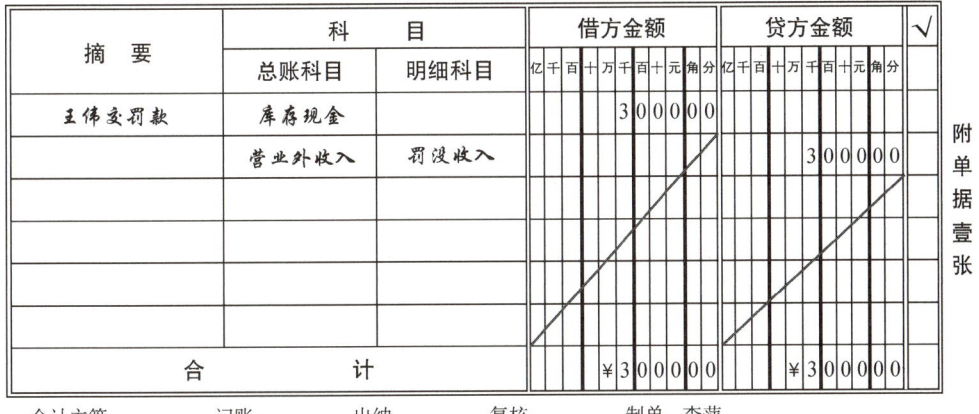

【任务 4-22】12 月 31 日,开出转账支票一张,捐赠给贫困山区小学 4 000 元。转账支票存根如表 4-68 所示。收到行政事业性收费专用收款收据,如表 4-69 所示。

表 4-68

支票存根

中国工商银行
转账支票存根
××××××××
×××××××

附加信息
_____
_____

出票日期 20××年 12 月 31 日

收款人:××县××小学

金　额:¥4 000.00

用　途:捐赠

单位主管:×××　会计:×××

表 4-69

行政事业性收费专用收款收据

20××年 12 月 31 日　　　(　)费字第 16 号

交款单位	远东有限责任公司		收费许可证	字第 21 号
收费项目	希望工程捐款			
计费标准				
收费金额	人民币(大写) 肆仟元整			
			(小写)￥4 000.00	
收款单位	××县××小学	收款人	刘芳	交款人	李萍

该笔经济业务使营业外支出增加了4 000元,应借记"营业外支出"账户;使银行存款减少了4 000元,应贷记"银行存款"账户。因此,该笔经济业务应作如下会计分录:

借:营业外支出——希望工程捐款　　　　　　　　　　　　　4 000
　　贷:银行存款　　　　　　　　　　　　　　　　　　　　　4 000

根据上述分析结果、支票存根和收据,编制记账凭证如表4-70所示。

表 4-70

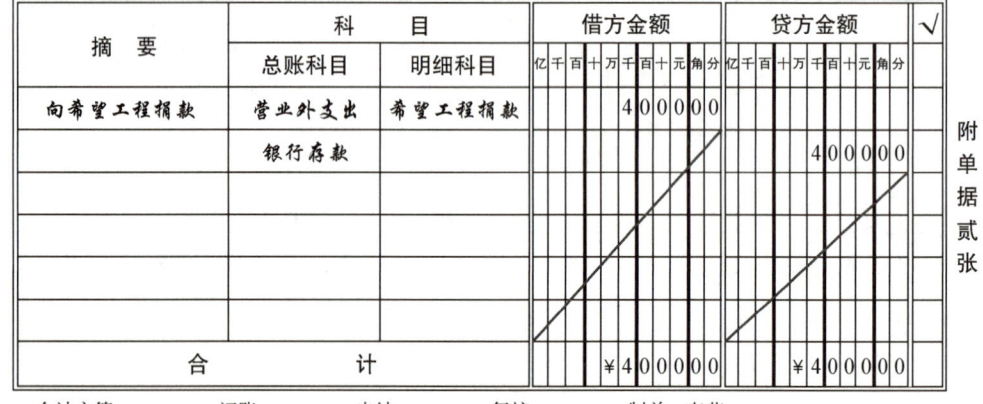

【任务4-23】将本月发生的管理费用登记入账,如表4-71所示(其他账簿的登记此处略)。12月31日,期末结账前,各收支类账户的余额如表4-72所示。

表 4-71　　　　　　　　　　　　管理费用明细账　　　　　　　　　　　　单位:元

20××年		凭证		摘要	借方						贷方	借或贷	余额
月	日	字	号数		办公费	物料消耗	工资	折旧费	差旅费	合计			
12	22	记	7	管理用计算器	540					540		借	540
	31	记	8	耗用材料		1 400				1 400		借	1 940
	31	记	9	管理人员工资			22 800			22 800		借	27 640
	31	记	10	固定资产折旧				2 900		2 900		借	27 640
	31	记	12	马宏报销差旅费					4 820	4 820		借	32 460

表 4-72　　　　　　　　　损益类账户本月累计发生额汇总表

20××年12月31日　　　　　　　　　　　　　　　　　　　　　单位:元

账户名称	借方金额	账户名称	贷方金额
主营业务成本	359 550.00	主营业务收入	510 000.00
税金及附加	519.10	其他业务收入	10 000.00

(续表)

账户名称	借方金额	账户名称	贷方金额
其他业务成本	10 000.00	营业外收入	3 000.00
营业外支出	4 000.00		
管理费用	32 460.00		
财务费用	2 000.00		
销售费用	9 000.00		
合计	417 529.10	合计	523 000.00

期末，企业的盈亏是通过"本年利润"账户借方发生额和贷方发生额的差额计算来完成的，损益类账户分为收入、费用两类不同性质账户，所以会计人员应在期末将收入类账户的贷方发生额通过借方转至"本年利润"账户的贷方；将费用类账户的借方发生额通过贷方转至"本年利润"账户的借方，这样，企业本月发生的全部收入和全部费用都汇集在"本年利润"账户，将"本年利润"账户贷方发生额和借方发生额对比，其差额即为本月实现的利润或亏损。该笔经济业务应编制如下会计分录：

借：主营业务收入 510 000
　　其他业务收入 10 000
　　营业外收入 3 000
　　贷：本年利润 523 000
同时：
借：本年利润 417 529.10
　　贷：主营业务成本 359 550.00
　　　　税金及附加 519.10
　　　　其他业务成本 10 000.00
　　　　营业外支出 4 000.00
　　　　管理费用 32 460.00
　　　　财务费用 2 000.00
　　　　销售费用 9 000.00

营业利润 = (510 000 + 10 000) − (359 550 + 10 000) − 519.10 − 32 460 − 2 000 − 9 000
　　　　 = 106 470.90(元)

12月份利润总额 = 106 470.90 + 3 000 − 4 000 = 105 470.90(元)

根据上述分析结果，编制记账凭证如表4-73至表4-75所示。

表 4-73

记账凭证
20××年12月31日　　记字第 23 $\frac{1}{3}$ 号

摘要	科目		借方金额	贷方金额	√
	总账科目	明细科目	亿千百十万千百十元角分	亿千百十万千百十元角分	
结转至本年利润	主营业务收入	甲产品	5 1 0 0 0 0 0 0		
	其他业务收入	A材料	1 0 0 0 0 0 0		
	营业外收入	罚没收入	3 0 0 0 0 0		
	本年利润			5 2 3 0 0 0 0 0	
合　　计			¥ 5 2 3 0 0 0 0 0	¥ 5 2 3 0 0 0 0 0	

会计主管：　记账：　出纳：　复核：　制单：李萍

附单据壹张

表 4-74

记账凭证
20××年12月31日　　记字第 23 $\frac{2}{3}$ 号

摘要	科目		借方金额	贷方金额	√
	总账科目	明细科目	亿千百十万千百十元角分	亿千百十万千百十元角分	
结转至本年利润	本年利润		3 7 4 0 6 9 1 0		
	主营业务成本	甲产品		3 5 9 5 5 0 0 0	
	税金及附加	应交城市维护建设税		3 6 3 3 7	
	税金及附加	教育费附加		1 5 5 7 3	
	其他业务成本	A材料		1 0 0 0 0 0 0	
	营业外支出	捐赠		4 0 0 0 0 0	
合　　计			¥ 3 7 4 0 6 9 1 0	¥ 3 7 4 0 6 9 1 0	

会计主管：　记账：　出纳：　复核：　制单：李萍

附单据　张

表 4-75

记账凭证
20××年12月31日　　记字第 23 $\frac{3}{3}$ 号

摘要	科目		借方金额	贷方金额	√
	总账科目	明细科目	亿千百十万千百十元角分	亿千百十万千百十元角分	
结转至本年利润	本年利润		4 3 4 6 0 0 0		
	管理费用			3 2 4 6 0 0 0	
	财务费用			2 0 0 0 0 0	
	销售费用			9 0 0 0 0 0	
合　　计			¥ 4 3 4 6 0 0 0	¥ 4 3 4 6 0 0 0	

会计主管：　记账：　出纳：　复核：　制单：李萍

附单据　张

【任务 4-24】 12月31日，按本月实现利润的25%计算本月应交所得税（不考虑所得税前调整项目）。

财会人员根据"本年利润"账户实现的利润总额，按税收有关规定，计算本期应交所得税。应交所得税计算表，如表4-76所示。其计算公式如下：

$$企业应纳所得税额 = 应纳税所得额 \times 适用税率$$
$$= 105\,470.90 \times 25\% = 26\,367.73(元)$$

表 4-76　　　　　　　　　　应交所得税计算表
　　　　　　　　　　　　　　20××年12月31日　　　　　　　　　金额单位：元

应税项目	应纳税所得额	所得税税率	应纳所得税额
税前会计利润	105 470.90	25%	26 367.73
合计			26 367.73

该笔经济业务使所得税费用增加了26 367.73元，应借记"所得税费用"账户；使"应交税费——应交所得税"增加了26 367.73元，应贷记"应交税费——应交所得税"账户。因此，该经济业务应作如下会计分录：

借：所得税费用　　　　　　　　　　　　　　　　　　　26 367.73
　　贷：应交税费——应交所得税　　　　　　　　　　　　26 367.73

根据上述分析结果和应交所得税计算表，编制记账凭证如表4-77所示。

表 4-77

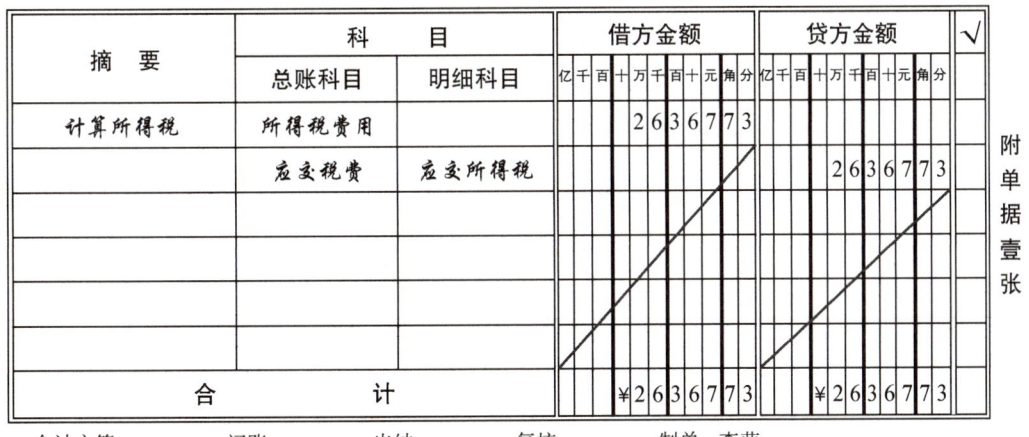

【任务 4-25】 12月31日，会计人员根据"所得税费用"账户余额编制内部转账单如表4-78所示。将"所得税费用"账户余额转入"本年利润"账户。

表 4-78　　　　　　　　　　　　　内部转账单
20××年12月31日　　　　　　　　　　　　　单位:元

摘要	金额
将所得税费用转入"本年利润"账户	26 367.73
合计	26 367.73

该笔经济业务使本年利润减少了 26 367.73 元,应借记"本年利润"账户;使所得税费用减少 26 367.73 元,应贷记"所得税费用"账户。因此,该笔经济业务应作如下会计分录:

借:本年利润　　　　　　　　　　　　　　　　　　　　26 367.73
　　贷:所得税费用　　　　　　　　　　　　　　　　　　26 367.73

根据上述分析结果编制记账凭证如表 4-79 所示。

表 4-79

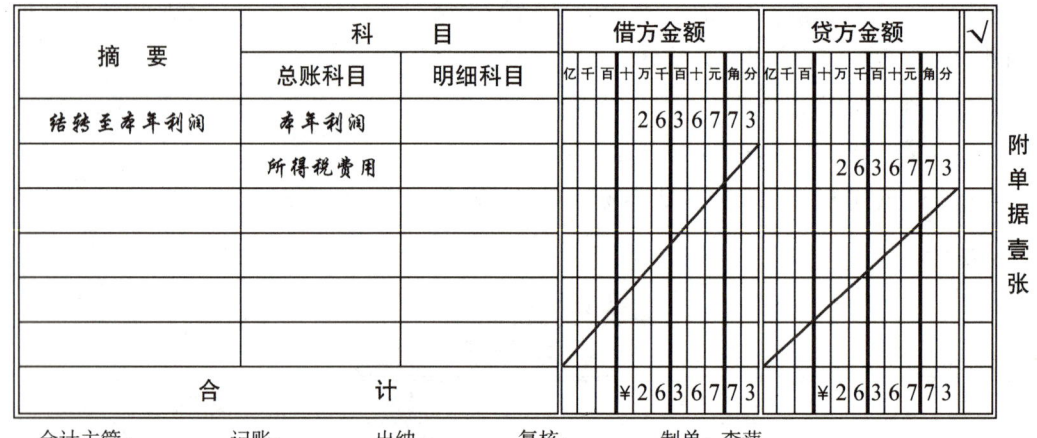

【任务 4-26】12 月 31 日,将本年实现的净利润 879 103.17 元转至"利润分配——未分配利润"账户。其中:1～11 月份实现净利润 800 000 元,12 月份实现净利润 79 103.17 元(105 470.90－26 367.73),如表 4-80 所示。

表 4-80　　　　　　　　　　　　　本年净利润表　　　　　　　　　　　　　单位:元

项目	金额
1～11 月	800 000.00
12 月	79 103.17
合计	879 103.17

年末,"本年利润"账户应无余额,将"本年利润"账户的贷方余额从借方转出,借记

"本年利润"账户,转至"利润分配——未分配利润"账户的贷方,贷记"利润分配"账户,该笔经济业务应作如下会计分录:

借:本年利润　　　　　　　　　　　　　　　　　　　　　　879 103.17
　　贷:利润分配——未分配利润　　　　　　　　　　　　　879 103.17

根据上述分析结果和本年净利润表,编制记账凭证如表4-81所示。

表4-81

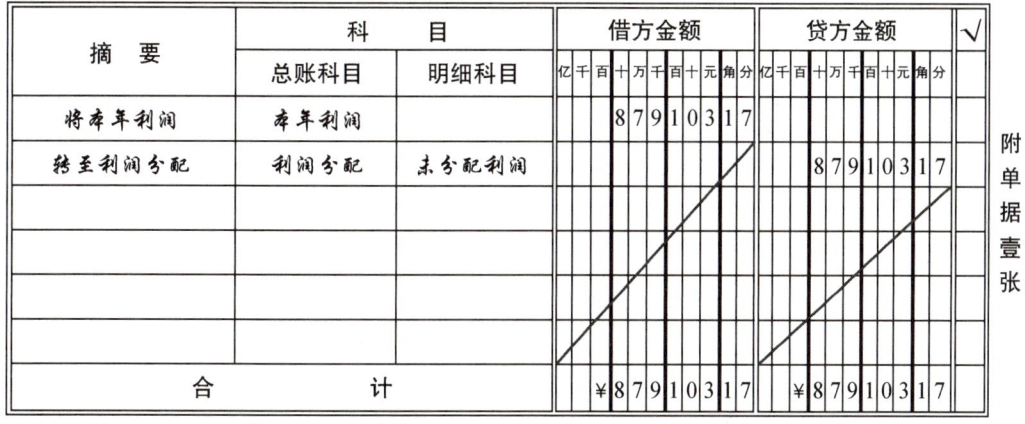

【任务4-27】12月31日,按本年实现净利润的10%计提法定盈余公积金87 910.32元,其计算如表4-82所示。

表4-82　　　　　　　　　　利润分配计算表(1)

20××年12月31日　　　　　　　　　　　　　　金额单位:元

项目	全年实现净利润	提取比例	提取金额
提取法定盈余公积	879 103.17	10%	87 910.32
合计			87 910.32

该笔经济业务使利润分配增加了87 899.09元,应借记"利润分配"账户;使盈余公积增加了87 910.32元,应贷记"盈余公积"账户。因此,该笔经济业务应作如下会计分录:

借:利润分配——提取法定盈余公积　　　　　　　　　　87 910.32
　　贷:盈余公积——法定盈余公积　　　　　　　　　　　87 910.32

根据上述分析结果和利润分配计算表(1),编制记账凭证如表4-83所示。

【任务4-28】12月31日,按有关规定及厂部会议决定,经大会批准,按本年净利润的40%向投资者分配利润351 641.27元,如表4-84所示。

表 4-83

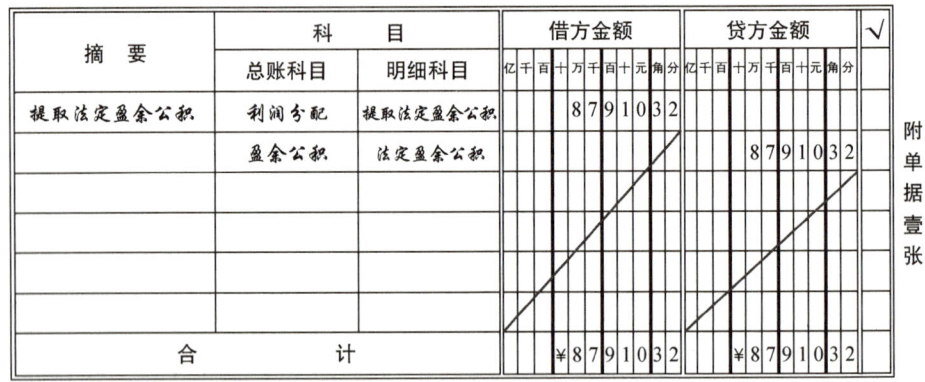

表 4-84 利润分配计算表(2)

20××年12月31日 单位:元

项目	全年实现净利润	提取比例	提取金额
向投资者分配利润	878 103.17	40%	351 641.27
合计			351 641.27

该笔经济业务使利润分配增加了 351 596.36 元,应借记"利润分配——应付利润"账户;使应付利润增加了 351 596.36,贷记"应付利润"账户。因此,该笔经济业务应作如下会计分录:

借:利润分配——应付利润　　　　　　　　　　　　　　　351 641.27
　　贷:应付利润　　　　　　　　　　　　　　　　　　　　351 641.27

根据上述分析结果和利润分配计算表(2),编制记账凭证如表 4-85 所示。

表 4-85

记 账 凭 证   记字第 28 号
20××年12月31日

摘要	科目		借方金额	贷方金额	√
	总账科目	明细科目	亿千百十万千百十元角分	亿千百十万千百十元角分	
向投资者分配利润	利润分配	应付利润	3 5 1 6 4 1 2 7		
	应付利润			3 5 1 6 4 1 2 7	
合　计			¥3 5 1 6 4 1 2 7	¥3 5 1 6 4 1 2 7	

会计主管:　　记账:　　出纳:　　复核:　　制单:李萍

【任务 4-29】12 月 31 日,结转"利润分配"账户所属的明细账户。利润分配明细表,如表 4-86 所示。

表 4-86　　　　　　　　　　　　利润分配明细表　　　　　　　　　　　　单位:元

项目	金额
提取法定盈余公积	87 910.32
应付利润	351 641.27

该笔经济业务将"利润分配——提取法定盈余公积""利润分配——应付利润"账户的借方余额从贷方转至"利润分配——未分配利润"账户的借方。使"利润分配——未分配利润"减少了 439 551.59 元,应借记"利润分配——未分配利润"账户;使"利润分配——提取法定盈余公积""利润分配——应付利润"减少了 87 910.32 元和 351 641.27 元,应贷记"利润分配——提取法定盈余公积""利润分配——应付利润"账户;结转后,除了"利润分配——未分配利润"账户,"利润分配"其他各个明细账户均无余额。"利润分配——未分配利润"账户如为贷方余额,反映企业未分配利润;如为借方余额,即为未弥补亏损。该笔经济业务应作如下会计分录:

　　借:利润分配——未分配利润　　　　　　　　　　　439 551.59
　　　　贷:利润分配——提取法定盈余公积　　　　　　　　87 910.32
　　　　　　——应付利润　　　　　　　　　　　　　　　351 641.27

根据上述分析结果,编制记账凭证如表 4-87 所示。

表 4-87

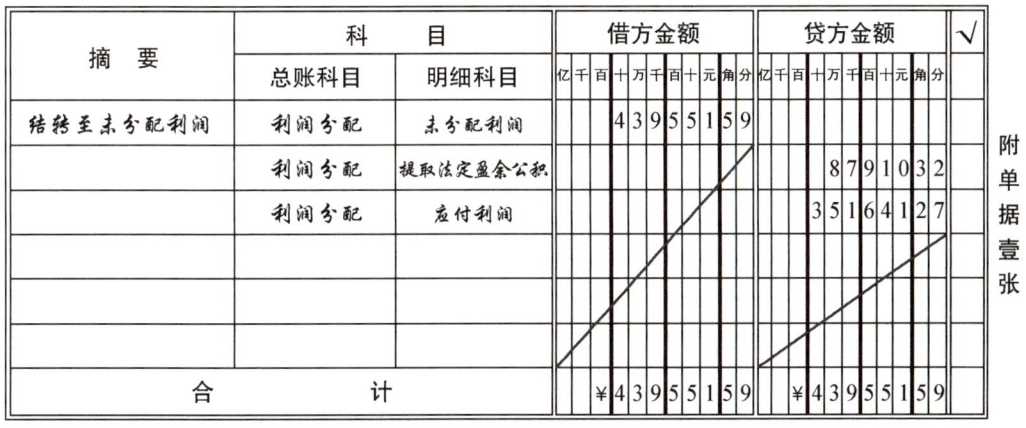

财智未来

财务成果是企业经营活动的最终体现,也是投资者、债权人等利益相关者关注的重要指标。在大数据时代,企业可以运用更深入、更全面的手段和方法对财务成果进行核算和分析,能够帮助企业了解盈利能力、偿债能力、运营效率等,从而为经营决策提供有力支持。

利用Python拥有丰富的财务分析库,可以方便地计算各种财务指标,如净资产收益率(ROE),它反映了股东权益的收益水平,用以衡量公司运用自有资本的效率;资产负债率则体现了企业的偿债能力,反映了企业总资产中有多少是通过负债筹集的。同时,借助Python数据可视化工具,能够将计算得到的财务指标以直观、生动的方式展示出来,帮助企业管理层、投资者、债权人等利益相关者全面了解企业的财务状况和经营成果,为决策提供直观、准确的数据依据。

利用大数据技术企业能够整合内外部数据,包括企业内部的财务数据、业务数据、生产数据,以及外部的市场数据、行业数据、宏观经济数据等。通过对这些海量数据的综合分析,能够更准确地评估企业的盈利能力、偿债能力、营运能力等关键财务指标。

同时,人工智能技术还可以帮助企业进行财务预测和决策分析。通过对历史财务数据的分析和挖掘,企业可以了解企业的盈利能力、风险状况和发展趋势,从而为企业的未来决策提供有力支持。这对于提高企业的财务管理水平和风险防范能力具有重要意义。

技能自测题

参考答案

一、单项选择题

1. 会计凭证是( )的依据。
   A. 编制报表　　　　　　　　B. 业务活动
   C. 登记账簿　　　　　　　　D. 原始凭证
2. 下列各项中,具有法律效力的是( )。
   A. 原始凭证　　　　　　　　B. 记账凭证
   C. 账簿　　　　　　　　　　D. 会计报表
3. 下列各项中,不能计入产品成本的是( )。
   A. 制造费用　　　　　　　　B. 管理费用
   C. 直接人工　　　　　　　　D. 直接材料
4. 固定资产因损耗而减少的价值,应记入( )账户的贷方。
   A."累计折旧"　　　　　　　B."制造费用"
   C."管理费用"　　　　　　　D."固定资产"
5. 短期借款的利息,应记入( )账户。
   A."制造费用"　　　　　　　B."管理费用"
   C."销售费用"　　　　　　　D."财务费用"

二、多项选择题

1. 会计凭证按其填制的程序和用途不同,分为( )。
   A. 一次凭证　　　　　　　　B. 累计凭证
   C. 原始凭证　　　　　　　　D. 记账凭证
2. 原始凭证按其取得来源的不同,分为( )。
   A. 自制原始凭证　　　　　　B. 外来原始凭证
   C. 一次凭证　　　　　　　　D. 累计凭证
3. 记账凭证按记录的经济内容与货币资金是否有关,分为( )。
   A. 原始凭证　　　　　　　　B. 收款凭证
   C. 付款凭证　　　　　　　　D. 转账凭证
4. 构成一般纳税人材料采购成本的有( )。
   A. 买价　　　　　　　　　　B. 采购员差旅费
   C. 采购费用　　　　　　　　D. 增值税进项税额

5. 下列各项中,属于期间费用的有( )。
   A. 制造费用　　　　　　　　　B. 管理费用
   C. 财务费用　　　　　　　　　D. 销售费用

三、判断题

( ) 1. 企业每项经济业务的发生都必须从外部取得原始凭证。
( ) 2. 企业财务部门人员工资应计入产品成本。
( ) 3. 用来核算企业实现的净利润或发生的净亏损的账户是"本年利润"账户。
( ) 4. "所得税费用"账户用来核算企业所负担的所得税,其期末余额在借方,属于资产类账户。
( ) 5. 年终"利润分配"账户结转后,只剩一个"未分配利润"明细账户。

四、工作任务实训

(一) 实训目的

练习企业经营过程综合业务的会计处理。

(二) 资料

佳吉有限责任公司20××年12月有关账户期初余额如表4-88所示。

表4-88　　　　　**佳吉有限责任公司总分类账账户期初余额**

20××年12月1日　　　　　　　　　　　　　　　　　单位:元

资产	金额	负债和所有者权益	金额
库存现金	4 000.00	短期借款	22 000.00
银行存款	60 000.00	应付账款	27 000.00
应收账款	16 500.00	长期借款	41 500.00
原材料	30 000.00	实收资本	540 000.00
固定资产	800 000.00	未分配利润	206 879.30
		本年利润	73 120.70
合计	910 500.00	合计	910 500.00

佳吉有限责任公司20××年12月份发生的业务如下:

1. 2日,收到飞达投资公司投资款2 000 000元,已存入银行。

2. 2日,收到飞达投资公司按投资协议投入的新设备一台,价值200 000元,专利技术一项,作价100 000元。

3. 4日,向银行申请取得短期流动资金贷款200 000元,已存入银行。

4. 6日,购进甲材料2 000千克,单价6元,乙材料4 000千克,单价4元,增值税税率为13%。两种材料运费为600元,增值税税率为9%,增值税额为54元(运费按重量比例进行分配),款项已由银行存款支付,材料尚未到达企业。

5. 8 日，甲、乙两种材料均已到达并验收入库，计算甲、乙材料采购成本。

6. 9 日，车间生产 A 产品领用甲材料 20 000 元，生产 B 产品领用乙材料 15 000 元，车间管理部门一般耗用甲材料 1 600 元，厂部管理部门耗用乙材料 900 元。

7. 18 日，采购员刘宁预借差旅费现金 4 000 元。

8. 31 日，结算本月应付职工工资 70 000 元，其中，生产 A 产品的工人工资为 40 000 元，生产 B 产品的工人工资为 20 000 元，车间管理人员工资为 4 500 元，厂部管理人员工资为 5 500 元。

9. 31 日，按规定计提本月固定资产折旧 3 270 元，其中，生产车间固定资产折旧额为 1 270 元，管理部门固定资产折旧额为 2 000 元。

10. 31 日，计提当月应负担的银行借款利息 1 500 元。

11. 31 日，以银行存款 1 900 元支付水电费，其中，车间管理部门耗用水电费 1 000 元，厂部管理部门耗用水电费 900 元（注：此处增值税略）。

12. 31 日，采购员刘宁出差归来报销差旅费 3 800 元，交回剩余现金。

13. 31 日，将本月发生的制造费用按生产 A、B 产品的工人工资比例进行分配，计入 A、B 两种产品生产成本。

14. 31 日，本月 A 产品 400 件已全部完工，并已验收入库，计算并结转 A 产品的生产成本。

15. 31 日，出售 A 产品 300 件，单位售价 280 元，货款 84 000 元，增值税税率 13%，增值税额 10 920 元，价税合计 94 920 元，开出增值税专用发票，产品已经发出，收到购货方开来的转账支票送存银行。

16. 31 日，出售不需用的甲材料 200 千克，开出增值税专用发票一张，售价 5 000 元，增值税额 650 元，款项已存入银行。

17. 31 日，开出转账支票一张 5 300 元，支付电视台广告费 5000 元及增值税 300 元（广告费增值税税率为 6%）。

18. 31 日，计算本月应负担的应交城市维护建设税和教育费附加 757.60 元，其中，城市维护建设税 530.32 元，教育费附加 227.28 元。

19. 31 日，本月已销售 A 产品的单位生产成本为 179 元，结转已售 300 件 A 产品销售成本。

20. 31 日，结转本月已销售甲材料的实际成本 4 000 元。

21. 31 日，收到现金 1 000 元，该款系对职工王明的罚款。

22. 31 日，开出转账支票一张，捐赠给希望工程 2 000 元。

23. 31 日，结转各收支类账户的余额。

24. 31 日，按本月实现利润的 25% 计算本月应交纳的所得税。

25. 31 日，将"所得税费用"账户余额转入"本年利润"账户。

26. 31 日，将本年实现的净利润结转至"利润分配——未分配利润"账户。其中，1～

11月份实现净利润73 120.70元。

27. 31日,按本年实现净利润的10%计提法定盈余公积。

28. 31日,按本年净利润的30%向投资者分配利润。

29. 31日,结转"利润分配"账户所属的各明细账户。

(三) 要求

1. 对1~3笔筹集资金业务,编制会计分录,填制记账凭证。

2. 对4~6笔供应过程业务,计算材料采购成本,编制会计分录,填制记账凭证。

3. 对7~14笔生产过程业务,计算产品生产成本,编制会计分录,填制记账凭证。

4. 对15~20笔销售过程业务,编制会计分录,填制记账凭证。

5. 对21~29笔财务成果业务,核算利润的形成和分配业务,编制会计分录,填制记账凭证(记账凭证见附录)。

课证融合练习题
——历年初级会计职称真题

参考答案

一、单项选择题

1. 下列各项中,属于通用原始凭证的是( )。(2024年·2分)
   A. 差旅费报销单　　　　　　B. 固定资产折旧计算表
   C. 员工出差的火车票　　　　D. 产品入库单

2. 下列关于原始凭证的相关表述中,正确的是( )。(2022年·2分)
   A. 原始凭证按照来源可分为一次凭证、累计凭证和汇总凭证
   B. 原始凭证是记录经济业务发生或完成情况的书面证明
   C. 原始凭证按照填制程序和用途可分为自制凭证和外来凭证
   D. 原始凭证必须填写应借应贷的会计科目

3. 下列各项中,属于记账凭证基本内容的是( )。(2023年·2分)
   A. 数量、单价和金额　　　　B. 应借应贷会计科目
   C. 接受凭证单位名称　　　　D. 凭证的名称

4. 下列关于会计档案销毁的说法中,不正确的是( )。(2022年·2分)
   A. 单位应当定期对已到保管期限的会计档案进行鉴定,并形成会计档案鉴定意见书
   B. 经鉴定,仍需继续保存的会计档案,应当重新划定保管期限
   C. 对保管期满,确无保存价值的会计档案,可以销毁
   D. 会计档案鉴定工作应当由单位档案管理机构单独进行,其他机构或人员不能参与

5. 2022年7月1日,甲企业(增值税一般纳税人)向乙企业赊销一批商品,开具的增值税专用发票上注明的价款为180万元,增值税税额为23.4万元;代垫运输费2万元,增值税税额为0.18万元。全部款项尚未收到,乙企业收到商品并验收入库,符合收入确认条件。则甲企业应收账款的入账金额为( )万元。(2023年·2分)
   A. 205.4　　B. 203.58　　C. 205.58　　D. 182

6. 甲公司为增值税一般纳税人,向乙公司销售一批商品,开具的增值税专用发票上注明的价款为500万元,增值税税额为65万元,符合收入确认的条件,同时甲公司以银行存款代乙公司垫付运费5万元(不考虑增值税)。上述全部款项尚未收到。不考虑其他因素,甲公司应收账款的入账金额为( )万元。(2024年·2分)
   A. 570　　B. 565　　C. 500　　D. 505

7. 某公司12月发生如下经济业务:销售商品一批,所售商品的成本是10万元;销售原

材料一批,所售材料的成本是 2 万元;报废固定资产净损失 3 万元。不考虑其他因素,该公司 12 月月末利润表"营业成本"项目的金额为(　　)万元。(2024 年·2 分)

A. 2　　　　　B. 10　　　　　C. 12　　　　　D. 15

8. 下列各项中,应记入企业"管理费用"科目的是(　　)。(2022 年改编·2 分)

A. 董事会费
B. 专设销售机构的人员工资
C. 销售产品保险费
D. 银行存款利息

9. 企业预提短期借款利息应借记(　　)科目。(2024 年·2 分)

A. "管理费用"
B. "财务费用"
C. "应付利息"
D. "销售费用"

10. 2023 年 1 月 1 日,甲公司"利润分配——未分配利润"科目贷方余额为 15 万元。当年实现净利润 150 万元,甲公司按净利润的 10%提取法定盈余公积。不考虑其他因素,甲公司 2023 年年末未分配利润为(　　)万元。(2024 年·2 分)

A. 100　　　　　B. 50　　　　　C. 200　　　　　D. 150

二、多项选择题

1. 下列各项中,属于自制原始凭证的有(　　)。(2024 年·2 分)

A. 领料单
B. 购买材料取得的增值税专用发票
C. 填写的借款单
D. 报销的飞机票

2. 下列各项中,属于专用原始凭证的有(　　)。(2022 年·2 分)

A. 工资计算表
B. 仓库盘点表
C. 火车票
D. 增值税专用发票

3. 下列各项中,属于原始凭证审核内容的有(　　)。(2022 年·2 分)

A. 基本要素是否齐全
B. 金额是否正确
C. 公章和填制人员的签章是否齐全
D. 业务内容是否真实

4. 下列各项业务中,企业应编制付款凭证的有(　　)。(2024 年·2 分)

A. 现金购买办公用品
B. 收到投资款并存入银行账户
C. 用银行存款偿还短期借款
D. 将盘亏原材料的净损失计入当期损益

5. 下列各项中,属于外来原始凭证的有(　　)。(2024 年·2 分)

A. 火车票
B. 领料单
C. 餐饮费发票
D. 差旅费报销单

6. 下列各项中,企业应通过"财务费用"科目核算的有( )。(2022年·2分)
   A. 短期借款的利息费用　　　　B. 支付银行承兑汇票的手续费
   C. 外币应收账款产生的汇兑损益　　D. 财务部门发生的办公费用

三、判断题

( ) 1. 原始凭证不得外借,其他单位如因特殊原因需要借用原始凭证,经本单位会计机构负责人、会计主管人员批准,可以复制借出。(2023年·1分)

( ) 2. 企业生产车间生产人员的薪酬应计入生产成本。(2022年改编·1分)

( ) 3. "短期借款"科目贷方登记短期借款预提的利息。(2023年·1分)

( ) 4. 销售机构使用的设备折旧费计入管理费用。(2022年·1分)

( ) 5. 制造业企业车间管理部门发生的办公费,应作为管理费用核算。(2022年·1分)

自我评价表

项 目		评价打分	查缺补漏
知识目标	1. 认知各类会计凭证；	☆☆☆☆☆	
	2. 填制和审核会计凭证。	☆☆☆☆☆	
技能目标	1. 正确填制和审核会计凭证；	☆☆☆☆☆	
	2. 正确地计算产品成本。	☆☆☆☆☆	
素养目标	1. 养成自主学习习惯；	☆☆☆☆☆	
	2. 遵守企业会计准则和相关法规。	☆☆☆☆☆	

第五章

会计账簿、账务处理程序和财产清查

学习导图

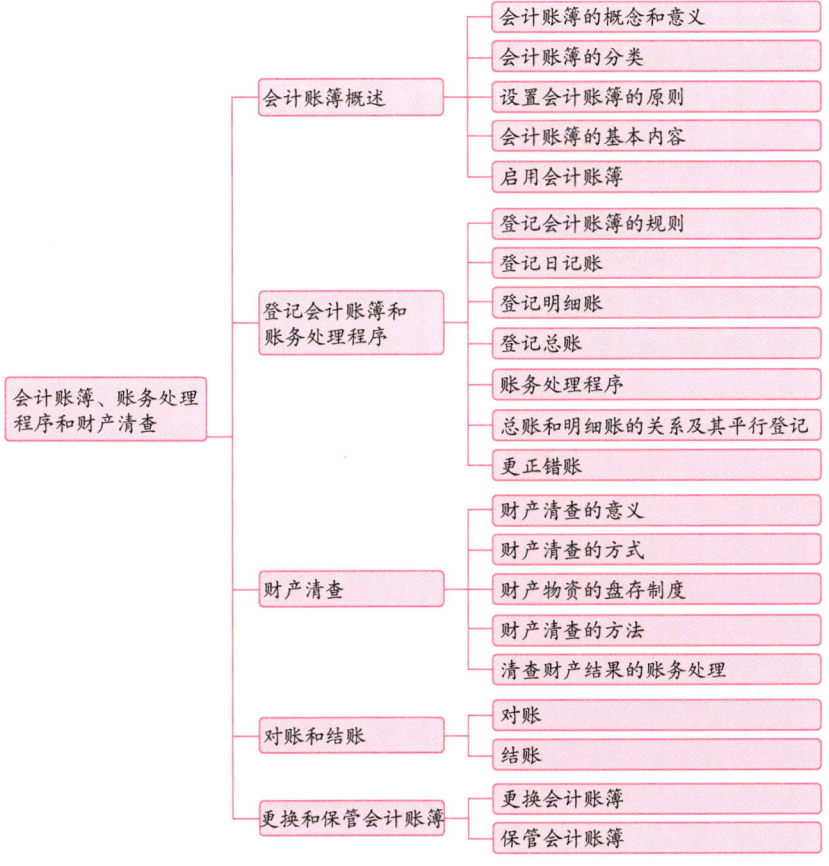

学习目标

知识目标	技能目标	素养目标
1. 设置和登记各类会计账簿； 2. 更正错账、清查财产、对账和结账。	1. 能正确地设置和登记各类会计账簿； 2. 能更正错账和进行财产清查。	1. 养成自主学习习惯； 2. 形成遵守职业规范、严肃、认真的工作习惯。

课程思政目标

树立正确的价值观和明确的学习目标,养成严谨治学的学风,按照记账规则登记会计账簿,遵守会计法规和制度规定。

第一节　会计账簿概述

一、会计账簿的概念和意义

(一) 会计账簿的概念

会计账簿简称账簿,是指由一定格式的账页组成的,以经过审核的会计凭证为依据,全面、系统、连续地记录各项经济业务的簿籍。在会计实务中,将会计科目填入某个账页后,该账页就是记录、核算该会计科目所规定的核算内容的账户。

(二) 会计账簿的意义

会计账簿和会计凭证都是记录经济业务的会计资料,但两者记录的方式不同。会计凭证对经济业务的记录是零散的,不能全面、连续、系统地反映和监督经济业务的内容;会计账簿对经济业务的记录是分类、序时、全面、连续的,能够把分散在会计凭证中的大量核算资料加以集中,为经营管理提供系统、完整的核算资料。

在整个会计核算体系中,账簿是一个中间环节,对于会计凭证和会计报表来说,账簿起承前启后的作用。会计凭证记载的经济业务,需要通过账簿来加以归类整理,使之系统化和条理化;会计报表所提供的各项指标,需要依靠账簿记录通过一定方法的核算后才能提供。因此,科学地设置和正确地登记账簿,对充分发挥会计的作用具有重要的意义。

(1) 通过设置和登记账簿,可以系统地归纳和积累会计核算资料,为改善经营管理、合理使用资金提供资料。通过账簿的序时核算和分类核算,把企业经营活动情况,收入的构成和支出情况,财产物资的购置、使用、保管情况,系统、全面地反映出来,用来监督计划、预算的执行情况和资金的合理有效使用,促使企业改善经营管理。

(2) 通过设置和登记账簿,可以为计算财务成果与编制会计报表提供依据。根据账簿记录的费用成本、收入和成果资料,可以计算一定时期的财务成果及分配情况,检查费用、成本、利润计划的完成情况。经核对无误的账簿资料及其加工的数据,为编制会计报表提供总括和具体的资料,是编制会计报表的主要依据。

(3) 通过设置和登记账簿,利用账簿提供的核算资料,可以为开展财务分析和会计检查提供依据。通过对账簿提供的各项资料及时进行检查、分析,可以了解企业贯彻有关方针、政策、制度的情况,可以考核各项计划的完成情况。另外,对资金使用是否合理,费用开支是否严格按标准执行,利润的形成与分配是否符合规定,经济效益是否提高等进行分析,作出评价,从而找出差距,提出改进的措施和建议,以提高企业的经济效益。

思政点睛

> 会计人员必须要有法制观念。遵纪守法,不做假账是会计人员从事会计工作起码的工作职责和职业操守,会计人员不要受不良影响触犯法律底线,应在行使会计工作权限时担负起相应的法律责任,要遵守会计信息质量要求,如实客观地设置和登记会计账簿,以保证会计账簿提供的资料真实可靠和有效,据此为企业改善经营管理、计算财务成果、编制会计报表、开展财务分析和会计检查提供真实有效的资料。

会计核算中应用的账簿很多,不同的账簿,其用途、形式、内容和登记方法各不相同。为了更好地了解和使用各种账簿,需要对账簿进行必要的分类。账簿的分类一般有以下三种方法。

二、会计账簿的分类

(一)账簿按用途分类

账簿按用途分类,分为序时账簿、分类账簿和备查账簿。

1. 序时账簿

序时账簿又称日记账,是指按照经济业务发生时间的先后顺序,逐日逐笔登记的账簿。在我国的企业、行政和事业单位,现金日记账和银行存款日记账是应用比较广泛的日记账。

2. 分类账簿

分类账簿又称分类账,是指按照分类账户设置登记的账簿。分类账簿是会计账簿的主体,也是编制财务报表的主要依据。分类账簿按其反映经济业务的详细程度,可分为总分类账簿和明细分类账簿两种:

(1)总分类账簿简称总账,是指根据总分类账户开设的,总括地反映某类经济活动的账簿。总分类账簿主要为编制财务报表提供直接数据资料。总账通常采用三栏式。

(2)明细分类账簿简称明细账,是指根据明细分类账户开设的,用来提供明细核算资料的账簿。明细分类账是对总账的补充和具体化,并受总分类账的控制和统驭。明细账通常采用三栏式和数量金额式。

3. 备查账簿

备查账簿又称辅助登记簿或补充登记簿,是指对某些在序时账簿和分类账簿中未能记载或记载不全的经济业务进行补充登记的账簿。常用的备查账簿有"租入固定资产登记簿""代管商品物资登记簿"等。备查账簿只是对其他账簿记录的一种补充,与其他账簿之间不存在严密的依存和勾稽关系,可根据企业的实际需要进行设置,没有固定的格式。

(二)账簿按外形特征分类

账簿按外形特征分类,分为订本式账簿、活页式账簿和卡片式账簿。

1. 订本式账簿

订本式账簿简称订本账,是在启用前将编有顺序页码的一定数量账页装订成册的账簿。订本账的优点是可以避免账页散失和防止抽换账页;缺点是不能准确为各账户预留账页。订本账主要适用于重要的现金日记账、银行存款日记账和具有统驭性的总账。

2. 活页式账簿

活页式账簿简称活页账,是将一定数量的账页置于活页夹内,可根据记账内容的变化随时增加或减少部分账页的账簿。活页账的优点是记账时可以根据实际需要,随时将空白账页装入账簿,或抽去不需要的账页,便于分工记账;缺点是如果管理不善,容易造成账页散失或故意抽换账页。活页账一般适用于明细账。

3. 卡片式账簿

卡片式账簿简称卡片账,是将一定数量的卡片式账页存放于专设的卡片箱中,根据需要随时增添账页的账簿。在我国,企业一般只对固定资产的核算采用卡片账形式,也有少数企业在材料核算中使用材料卡片。

(三)账簿按账页格式分类

账簿按账页格式分类,分为三栏式账簿、多栏式账簿和数量金额式账簿。

1. 三栏式账簿

三栏式账簿是设有借方、贷方和余额三个金额栏目的账簿。三栏式账簿又分为设置对方科目和不设置对方科目两种。三栏式账簿只提供价值核算信息,不需要提供数量核算信息,如总账、现金日记账、银行存款日记账和债权债务明细账等。

2. 多栏式账簿

多栏式账簿是在账簿的借方和贷方的某一方或借贷两方下面分设若干栏目,详细反映借贷方金额的组成情况的账簿。这种格式适用于核算项目较多,且管理上要求提供各核算项目详细信息的账簿,收入、成本和费用明细账一般采用多栏式账簿。

3. 数量金额式账簿

数量金额式账簿是在账簿的借方、贷方和余额三个栏目内,分别设置数量、单价和金额三个小栏目,用来反映财产物资的实物数量和价值量的账簿。原材料和库存商品一般采用数量金额式账簿。

三、设置会计账簿的原则

为便于记账、查账、充分发挥账簿的作用,账簿的设置应科学、合理、组织严密、层次

分明,并能清晰地反映账户之间的对应关系。账簿的设置应遵循以下原则:

(1) 满足需要。账簿应全面地反映企业的财务收支情况,其设置应适应本单位的规模和特点,以符合企业管理的需要。

(2) 组织严密。账簿组织应当严密,既要避免重复设账,又要避免遗漏或盲目简化;各种账簿既要明确分工,又要相互衔接;有关账簿之间还要有统治关系(从属关系)或平等的制约关系。只有这样,才能保证账簿记录全面、系统,才能为经营管理和编制会计报表提供所需要的正确指标数据。

(3) 精简灵便。账簿设置应在保证账簿记录系统完整的前提下,力求精简,以节省人力、物力,提高会计工作效率;账簿中账页的格式应简单明了,账本册数不宜过多,账页不宜过大,以便日常使用和保管。

(4) 切合实际。账簿设置要从实际出发,要有利于会计分工和加强会计岗位责任,要便于企业领导和上级主管部门查阅和检查工作,要考虑单位规模大小和业务繁简,以及会计机构设置和会计人员配备来设置会计账簿。

四、会计账簿的基本内容

账簿格式多种多样,各种账簿所记录的经济业务不同,但它们一般都具备下列基本内容。

1. 封面

封面主要标明账簿名称,如总分类账和现金日记账等。

2. 扉页

扉页主要包括账户目录和账簿使用登记表,一般将账户目录列于账簿最前面,将账簿使用登记表列于账户目录后面(活页账、卡片账装订成册后,应填列账簿使用登记表)。账簿使用登记表主要列明会计账簿的使用信息,内容包括使用单位、账簿名称、账簿页数、启用日期、责任者、经管人姓名及交接日期、备注等。账户目录及账簿使用登记表的格式如表 5-1 和表 5-2 所示。

表 5-1　　　　　　　　　　　　账户目录

页数	科目	页数	科目	页数	科目	页数	科目

表 5-2　　　　　　　　　　　　账簿使用登记表

使用单位				
账簿名称				
账簿页数	本账簿共计　　页		本账簿共计　　号	
启用日期	自　　年　　月　　日　至　　年　　月　　日			
责任者	主管	会计	记账	审核
经管人姓名及交接日期	经管	年　　月　　日		
	交出	年　　月　　日		
	接管	年　　月　　日		
	交出	年　　月　　日		
	接管	年　　月　　日		
	交出	年　　月　　日		
	接管	年　　月　　日		
	交出	年　　月　　日		
备注				

3. 账页

账簿是由若干张账页组成的,账页的格式虽然因记录的经济业务的内容不同而有所不同,但不同格式的账页应具备的基本内容却是相同的。账页的基本内容应包括:

(1) 账户的名称(总账科目、二级科目或三级明细科目)。

(2) 登账日期栏。

(3) 凭证种类和号数栏。

(4) 摘要栏(记录经济业务内容的简要说明)。

(5) 金额栏(记录账户的增减变动情况)。

(6) 总页次和分户页次。

五、启用会计账簿

启用会计账簿时,应按以下规定进行:

(1) 在账簿封面上写明单位名称和账簿名称。

(2) 填写账户目录和账簿使用登记表,并加盖单位公章和相关人员名章。

> **财智未来**
>
> 随着大数据分析技术和人工智能技术的迅速发展,会计账簿的形式和管理方式正在经历深刻的变革。在传统模式中,纸质账簿的记录和存储存在诸多不便,如占用空间大、容易损坏、检索耗时费力等。然而,如今电子账簿凭借其显著优势逐渐成为主流。电子账簿以数字化形式存储会计信息,占用的物理空间极小,仅需存储在硬盘、云端等存储设备中,极大地节省了存储空间。
>
> 同时,利用 Python 及其丰富的库,可以轻松实现数据输入的自动化、数据清洗以及初步分析。借助大数据框架,能够有效存储和处理大规模数据集,使财务人员能够更快速地获取关键财务指标,并据此作出决策。尤其是对于重复性任务,如每月月末的账簿更新,Python 脚本可以显著减少手动操作的时间和错误率。
>
> 此外,Python 还可以用于开发定制化的报告生成工具,将复杂的财务数据分析结果以直观的方式展示出来,方便管理层理解并据此制定策略。通过大数据分析技术和人工智能技术,能够对海量的会计数据进行实时监控与深度分析,从而帮助识别潜在的风险和机会。

第二节 登记会计账簿和账务处理程序

一、登记会计账簿的规则

登记会计账簿的规则如下:

(1) 登记账簿时,应将会计凭证日期、编号、业务内容摘要、金额和其他有关资料逐项记入账内。做到数字准确,摘要清楚,登记及时。

(2) 账簿登记完毕,应在记账凭证的"过账"栏内注明账簿的页数或作出"√"符号,表示已登记入账,以免重登、漏登,也便于查阅、核对,并在记账凭证上签名或盖章。

(3) 账簿中书写的文字和数字上面要留适当空距,不要写满格,一般应占格宽的1/2。一旦发生登账错误,空距可以用来更正错账。

(4) 为了使账簿记录清楚,防止涂改,记账时必须用蓝、黑墨水书写。不得使用圆珠笔(符合使用圆珠笔的除外)或铅笔书写。红色墨水只能在结账划线、改错和冲账时使用。

(5) 各种账簿必须按事先编写的页码,逐页、逐行顺序连续登记,不得隔页、跳行,如不慎发生这种情况,应在空页或空行处用红色墨水对角划线注销,并注明"作废"字样,同时由经手人员盖章。对各种账簿的账页不得任意抽换和撕毁,以防舞弊。

（6）凡需要结出余额的账户，结出余额后，应在"借或贷"栏内写明"借"或"贷"等字样。没有余额的账户，应在"借或贷"栏内写"平"字，并在余额栏内用"0"表示。现金日记账和银行存款日记账必须逐日结出余额。

（7）每一账页登记完毕，应在账页的最末一行加计本页发生额及余额，并在摘要栏内注明"过次页"，同时，在新账页的第一行记入前一页最末一行加计的发生额及余额，并在摘要栏内注明"承前页"，以便对账和结账。

（8）账簿记录发生错误时，不得刮、擦、挖补，随意涂改或用褪色药水更改字迹，应根据错误的情况，按规定的方法进行更正。

二、登记日记账

1. 登记现金日记账

现金日记账是由出纳人员根据审核无误的现金收付款凭证逐日逐笔登记的，并做到"日清月结"；每日终了，出纳员应将当日账面结存数与库存现金数核对相符。当企业从银行提取现金时，收入的现金数根据银行存款付款凭证登记。现金日记账应采用订本式账簿，账簿的格式有三栏式和多栏式两种。三栏式现金日记账的格式和登记如表5-3所示（表5-3是根据第四章的业务登记的）。

表5-3

现金日记账

3

20××年		凭证号数	摘要	借方 亿千百十万千百十元角分	贷方 亿千百十万千百十元角分	核对号	借或贷	余额 亿千百十万千百十元角分
月	日							
12	1		期初余额				借	1 2 0 0 0 0
12	18	记6	马宏借差旅费		5 0 0 0 0		借	7 0 0 0 0
12	31	记12	马宏报销交回现金	1 8 0 0 0			借	7 1 8 0 0
12	31	记21	王伟交罚款	3 0 0 0 0			借	1 0 1 8 0 0
12	31		本月合计	3 1 8 0 0 0	5 0 0 0 0		借	1 0 1 8 0 0

2. 登记银行存款日记账

银行存款日记账是由出纳人员根据审核无误的银行存款收付款凭证逐笔按顺序登记的。当企业把现金存入银行时，收入的存款，应根据现金付款凭证登记。银行存款日记账采用订本式账簿，账簿的格式有三栏式和多栏式两种。其格式和登记方法与现金日记账基本相同。三栏式的银行存款日记账的格式和登记如表5-4所示（表5-4是根据第四章的业务来登记的）。

表 5-4

银行存款日记账

4

20××年		凭证号数	摘要	结算号码	借方 亿千百十万千百十元角分	贷方 亿千百十万千百十元角分	核对符号	借或贷	余额 亿千百十万千百十元角分
月	日								
12	1		期初余额					借	2 0 0 0 0 0 0
12	1	记1	收到投资款	621	1 0 0 0 0 0 0 0 0			借	1 0 2 0 0 0 0 0 0
12	1	记3	向银行借款	622	3 0 0 0 0 0 0 0			借	1 3 2 0 0 0 0 0 0
12	3	记4	购材料	751		5 4 1 7 5 2 0 0		借	7 7 8 2 4 8 0 0
12	22	记7	购计算器	752		1 0 1 7 0 0		借	7 7 7 2 3 1 0 0
12	31	记15	销售甲产品	623	5 7 6 3 0 0 0 0			借	1 3 5 3 5 3 1 0 0
12	31	记16	销售A材料	624	1 1 3 0 0 0 0			借	1 3 6 4 8 3 1 0 0
12	31	记17	支付广告费	755		9 5 4 0 0 0		借	1 3 5 5 2 9 1 0 0
12	31	记22	向希望工程捐款	756		4 0 0 0 0 0		借	1 3 5 1 2 9 1 0 0
12	31		本月合计		1 8 8 7 6 0 0 0 0	5 5 6 3 0 9 0 0		借	1 3 5 1 2 9 1 0 0

三、登记明细账

1. 登记三栏式明细账

三栏式明细分类账的账页，只设有借方、贷方和余额三个金额栏，不设置数量栏。这种格式适用于只需要进行金额核算而不需要进行数量核算的明细账，如"应收账款""应付账款""预收账款""预付账款"等债权债务结算账户的明细分类核算。三栏式明细分类账的格式如表 5-5 所示。

表 5-5

明细分类账

明细科目名称　　　　　　　　　　总页＿＿＿＿　分页＿＿＿＿
　　　　　　　　　　　　　　　　　户名＿＿＿＿

年		凭证号数	摘要	借方 百十万千百十元角分	贷方 百十万千百十元角分	借或贷	余额 百十万千百十元角分	√
月	日							

2. 登记数量金额式明细账

数量金额式明细分类账的账页,在借方、贷方和余额栏目中均设有数量、单价和金额栏。这种格式适用于既要进行金额核算,又要进行数量核算的明细账,如"原材料""库存商品"等账户的明细分类核算。数量金额式明细分类账的格式如表 5-6 所示。

表 5-6

明细分类账

编号	总页次
页次	

货物名称_____ 单位_____   存放地点_____

年		凭证号数	摘要	借方			贷方			余额		
月	日			数量	单价	金额(十万仟百十元角分)	数量	单价	金额(十万仟百十元角分)	数量	单价	金额(十万仟百十元角分)

3. 登记多栏式明细账

多栏式明细分类账与以上两种明细分类账不同。它不是按照有关的明细科目分设账页,而是在一张账页内按有关明细科目或项目分设若干专栏,以便在同一张账页上集中反映各类明细科目或项目的核算资料。与明细分类账登记经济业务不同,多栏式明细分类账的账页又分为借方多栏、贷方多栏和借贷方均多栏三种格式。这种格式通常适用于成本、费用类、收入类和经营成果类账户的明细分类核算。

多栏式明细分类账的账页格式,如表 5-7 和表 5-8 所示。

表 5-7

生产成本账

总账科目_____
产品名称_____
规格型号_____
计量单位_____

第___页
连续第___页

年		凭证号数	摘要	合计	成本项目			
月	日				直接材料	直接人工	制造费用	
				千百十万千百十元角分	百十万千百十元角分	百十万千百十元角分	百十万千百十元角分	百十万千百十元角分

表 5-8

应交税费（应交增值税）明细账

第　　　页
连续第　　　页

年		凭证号数	摘要	借方			贷方			借或贷	余额
月	日			合计	进项税额	已交税金	合计	销项税额	进项税额转出		

对明细分类账的登记，会计人员应根据企业业务量的大小和经营管理上的需要而定，可以根据原始凭证、汇总原始凭证及记账凭证逐笔登记，也可以根据这些凭证逐日或定期汇总登记。

四、登记总账

总分类账可以直接根据各种记账凭证逐笔进行登记，也可以把各种记账凭证先按一定方式进行汇总，再据以登记账簿。总分类账到底根据什么登记，究竟采用哪一种形式，取决于企业所采用的账务处理程序。总分类账一般采用借、贷、余三栏式的订本式账簿，总分类账格式如表 5-9 所示。

表 5-9

总　　账

会计科目 _____

年		凭证号数	摘要	借方	贷方	核对号	借或贷	余额
月	日							

五、账务处理程序

（一）账务处理程序概述

1）账务处理程序的概念

账务处理程序又称会计核算程序，是指对会计数据的记录、归类、汇总、呈报的步骤和方法。即从原始凭证的整理、汇总,记账凭证的填制、汇总,日记账、明细分类账、总分类账的登记,到会计报表的编制的步骤和方法。科学地组织账务处理程序,对提高会计核算的质量和会计工作的效率,充分发挥会计职能,具有重要意义。

2) 账务处理程序的意义

一个单位的性质、规模和业务繁简程度决定其适用的账务处理程序。不同的账务处理程序,对会计凭证、登记总分类账的依据及方法的要求也不同。为此,各单位必须从各自的实际情况出发,科学地组织本单位账务处理程序,以保证会计核算工作高效、高质,充分发挥会计核算与监督职能;并为会计参与企业经营决策打下良好基础,更好地发挥会计的管理职能。

(二) 设计账务处理程序的要求

确定合理、适用的账务处理程序,一般应符合以下三项要求:

(1) 应与本单位的性质、规模和业务的繁简等相适应,以保证会计核算的顺利进行。

(2) 应及时提供准确、系统和全面的会计核算资料,以满足本单位、主管部门及国家管理经济的需要。

(3) 在保证核算资料及时、准确的基础上,力求提高会计核算的效率,节省核算费用。

(三) 账务处理程序种类及一般程序

根据上述要求,结合我国会计工作的实际情况,各单位常用的账务处理程序有记账凭证账务处理程序、科目汇总表账务处理程序和汇总记账凭证账务处理程序、多栏式日记账账务处理程序和日记总账账务处理程序。这些账务处理程序有很多相同点,但也有区别。上述各种账务处理程序的相同点如下:

(1) 根据原始凭证或汇总原始凭证,填制各种记账凭证。

(2) 根据原始凭证、汇总原始凭证和记账凭证,登记各种明细分类账。

(3) 根据现金和银行存款的收付款凭证,分别登记现金日记账和银行存款日记账。

(4) 根据记账凭证或先将记账凭证按一定方式进行汇总后,据以登记总分类账。

(5) 月终,将现金日记账、银行存款日记账的余额,以及各种明细分类账的余额合计数,分别与总分类账中有关科目的余额核对相符。

(6) 月终,根据已核对、准确无误的总分类账和明细分类账的记录,编制会计报表。

各种账务处理程序之间的区别主要是登记总分类账的依据和方法不同。

本学习情境主要介绍记账凭证和科目汇总表账务处理程序。

(四) 记账凭证账务处理程序

1. 记账凭证账务处理程序的特点

记账凭证账务处理程序是指对发生的经济业务事项,根据原始凭证或汇总原始凭证先编制记账凭证,再据以逐笔登记总分类账,并定期编制会计报表的一种账务处理程序。

其特点是直接根据记账凭证逐笔登记总分类账。记账凭证账务处理程序是最基本的账务处理程序,其他各种账务处理程序都是在此基础上发展而来的。记账凭证账务处理程序示例如表 5-10 和表 5-11 所示。

表 5-10

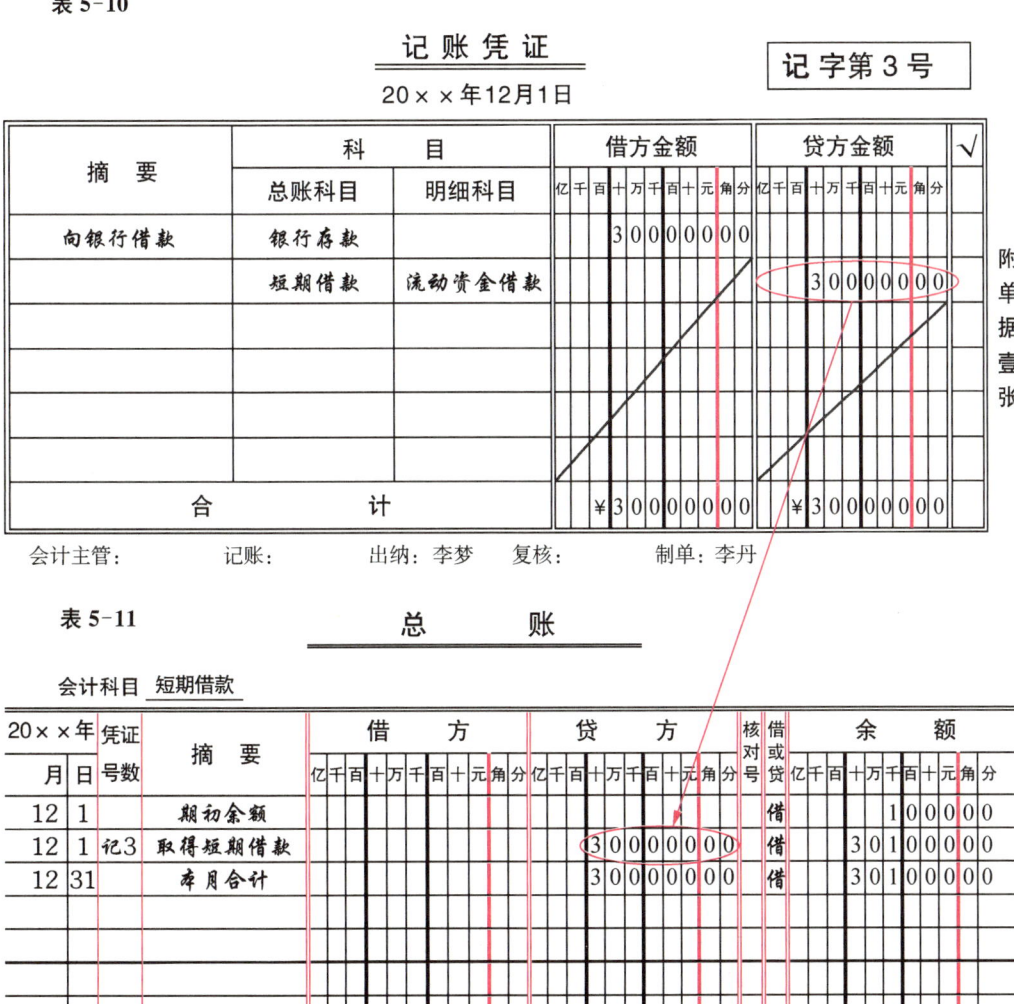

表 5-11

请思考:记账凭证账务处理程序的特点是什么?

2. 记账凭证账务处理程序下记账凭证和账簿的设置

1) 记账凭证的设置

在记账凭证账务处理程序下,记账凭证可采用收款凭证、付款凭证和转账凭证,也可采用通用记账凭证。

2) 会计账簿的设置

在记账凭证账务处理程序下,应设置现金日记账、银行存款日记账、明细分类账和总分类账。现金日记账、银行存款日记账和总分类账均可采用三栏式；明细分类账可根据需要采用三栏式、数量金额式或多栏式。

3. 记账凭证账务处理程序的核算步骤

（1）根据原始凭证编制汇总原始凭证。

（2）根据原始凭证或汇总原始凭证，填制记账凭证。

（3）根据收款凭证和付款凭证及所附原始凭证，逐笔登记现金日记账和银行存款日记账。

（4）根据原始凭证、汇总原始凭证及记账凭证，登记各种明细分类账。

（5）根据记账凭证逐笔登记总分类账。

（6）期末，现金日记账、银行存款日记账以及各种明细分类账的余额合计数与有关总分类账的余额核对相符。

（7）期末，根据核对无误的总分类账和明细分类账的有关资料，编制会计报表。

记账凭证账务处理程序如图5-1所示。

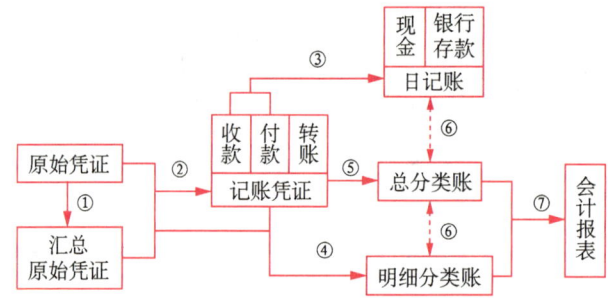

图 5-1 记账凭证账务处理程序图

说明：
——→ 表示填制凭证、登记账簿或编制会计报表；
←---→ 表示核对。

4. 记账凭证账务处理程序的优点、缺点及适用范围

1）记账凭证账务处理程序的优点

记账凭证账务处理程序的优点是方法简单，易于理解，能够反映账户之间的对应关系，总账能详细地反映每项经济业务的发生情况，便于分析和检查。

2）记账凭证账务处理程序的缺点

记账凭证账务处理程序的缺点是根据记账凭证逐笔登记总账，登记总账的工作量比较大。

3）记账凭证账务处理程序的适用范围

记账凭证账务处理程序一般只适用于经营规模较小、业务量不大、凭证数量不多的单位。

5. 典型工作任务举例

【任务5-1】根据第四章远东有限责任公司20××年12月份发生的经济业务登记

总账(为节省篇幅,本期没有发生额的账户此处不开设),所登记的总账如表 5-12 至表 5-42 所示。

表 5-12

总 账

会计科目 库存现金

20××年		凭证号数	摘要	借方 亿千百十万千百十元角分	贷方 亿千百十万千百十元角分	核对号	借或贷	余额 亿千百十万千百十元角分
月	日							
12	1		期初余额				借	1 2 0 0 0 0 0
12	18	记6	马宏借差旅费		5 0 0 0 0 0		借	7 0 0 0 0 0
12	31	记12	马宏报销	1 8 0 0 0			借	7 1 8 0 0 0
12	31	记21	王伟交罚款	3 0 0 0 0 0			借	1 0 1 8 0 0 0
12	31		本月合计	3 1 8 0 0 0	5 0 0 0 0 0		借	1 0 1 8 0 0 0

表 5-13

总 账

会计科目 银行存款   4

20××年		凭证号数	摘要	结算号码	借方 亿千百十万千百十元角分	贷方 亿千百十万千百十元角分	核对号	借或贷	余额 亿千百十万千百十元角分
月	日								
12	1		期初余额					借	2 0 0 0 0 0 0
12	1	记1	收到投资款	621	1 0 0 0 0 0 0 0 0			借	1 0 2 0 0 0 0 0 0
12	1	记3	向银行借款	622	3 0 0 0 0 0 0 0			借	1 3 2 0 0 0 0 0 0
12	3	记4	购材料	751		5 4 1 7 5 2 0 0		借	7 7 8 2 4 8 0 0
12	22	记7	购计算器	752		1 0 1 7 0 0		借	7 7 7 2 3 1 0 0
12	31	记15	销售甲产品	623	5 7 6 3 0 0 0 0			借	1 3 5 3 5 3 1 0 0
12	31	记16	销售A材料	624	1 1 3 0 0 0 0			借	1 3 6 4 8 3 1 0 0
12	31	记17	支付广告费	755		9 5 4 0 0 0		借	1 3 5 5 2 9 1 0 0
12	31	记22	向希望工程捐款	756		4 0 0 0 0 0		借	1 3 5 1 2 9 1 0 0
12	31		本月合计		1 8 8 7 6 0 0 0 0	5 5 6 3 0 9 0 0		借	1 3 5 1 2 9 1 0 0

表 5-14

总 账

会计科目 其他应收款

20××年		凭证号数	摘要	借方 亿千百十万千百十元角分	贷方 亿千百十万千百十元角分	核对号	借或贷	余额 亿千百十万千百十元角分
月	日							
12	18	记6	马宏借差旅费	5 0 0 0 0 0			借	5 0 0 0 0 0
12	31	记12	马宏报销差旅费		5 0 0 0 0 0		平	0
12	31		本月合计	5 0 0 0 0 0	5 0 0 0 0 0		平	0

表 5-15

总　　账

会计科目 在途物资

20××年		凭证号数	摘要	借方 亿千百十万千百十元角分	贷方 亿千百十万千百十元角分	核对号	借或贷	余额 亿千百十万千百十元角分
月	日							
12	3	记4	购材料	4800000			借	4800000
12	6	记5	材料验收入库		4800000		平	0
12	31		本月合计	4800000	4800000		平	0

表 5-16

总　　账

会计科目 原材料

20××年		凭证号数	摘要	借方 亿千百十万千百十元角分	贷方 亿千百十万千百十元角分	核对号	借或贷	余额 亿千百十万千百十元角分
月	日							
12	1		期初余额				借	2500000
12	6	记5	材料验收入库	4800000			借	5050000
12	8	记8	生产等用料		4586000		借	464000
12		记20	销售A材料		100000		借	364000
12	31		本月合计	4800000	4686000		借	364000

表 5-17

总　　账

会计科目 库存商品

20××年		凭证号数	摘要	借方 亿千百十万千百十元角分	贷方 亿千百十万千百十元角分	核对号	借或贷	余额 亿千百十万千百十元角分
月	日							
12	31	记14	甲产品完工	4230000			借	4230000
12	31	记19	结转已销产品成本		3595500		借	634500
12	31		本月合计	4230000	3595500		借	634500

表 5-18

总　账

会计科目 制造费用

20××年		凭证号数	摘要	借方	贷方	核对号	借或贷	余额
月	日							
12	22	记7	购计算器	360 00			借	360 00
12	31	记8	耗用材料	320 00			借	3560 00
12	31	记9	车间管理人员工资	3420 00			借	3776 00
12	31	记10	车间固定资产折旧	724 00			借	4500 00
12	31	记13	分配制造费用		4500 00		平	0
12	31		本月合计	4500 00	4500 00		平	0

表 5-19

总　账

会计科目 生产成本

20××年		凭证号数	摘要	借方	贷方	核对号	借或贷	余额
月	日							
12	31	记8	生产产品用料	45400 00			借	45400 00
12	31	记9	分配工资	20520 00			借	65920 00
12	31	记13	分配制造费用	4500 00			借	70420 00
12	31	记14	甲产品完工入库		42300 00		借	28120 00
12	31		本月合计	70420 00	42300 00		借	28120 00

表 5-20

总　账

会计科目 固定资产

20××年		凭证号数	摘要	借方	贷方	核对号	借或贷	余额
月	日							
12	1		期初余额				借	920000 00
12	1	记2	滨州公司投资	120000 00			借	1040000 00
12	31		本月合计	120000 00			借	1040000 00

表 5-21

总　账

会计科目 累计折旧

20××年		凭证号数	摘要	借方	贷方	核对号	借或贷	余额
月	日							
12	31	记10	计提固定资产折旧		1014 00		贷	1014 00
12	31		本月合计		1014 00		贷	1014 00

表 5-22

总　账

会计科目：无形资产

20××年		凭证号数	摘要	借方	贷方	核对号	借或贷	余额
月	日			亿千百十万千百十元角分	亿千百十万千百十元角分			亿千百十万千百十元角分
12	1	记2	滨州公司投资	800000000			借	800000000
12	31		本月合计	800000000			借	800000000

表 5-23

总　账

会计科目：短期借款

20××年		凭证号数	摘要	借方	贷方	核对号	借或贷	余额
月	日			亿千百十万千百十元角分	亿千百十万千百十元角分			亿千百十万千百十元角分
12	1		期初余额				贷	100000
12	1	记3	取得短期借款		3000000000		贷	3010000000
12	31		本月合计		3000000000		贷	3010000000

表 5-24

总　账

会计科目：应付职工薪酬

20××年		凭证号数	摘要	借方	贷方	核对号	借或贷	余额
月	日			亿千百十万千百十元角分	亿千百十万千百十元角分			亿千百十万千百十元角分
12	31	记9	分配工资		26220000		贷	26220000
12	31		本月合计		26220000		贷	26220000

表 5-25

总　账

会计科目：应交税费

20××年		凭证号数	摘要	借方	贷方	核对号	借或贷	余额
月	日			亿千百十万千百十元角分	亿千百十万千百十元角分			亿千百十万千百十元角分
12	3	记4	购料进项税额	6175200			借	6175200
12	22	记7	购计算器	11700			借	6186900
12	31	记17	支付广告费	54000			借	6240900
12	31	记15	销售产品		6630000		贷	389100
12	31	记16	销售材料		130000		贷	519100
12	31	记18	城市维护建设税及教育费附加		51910		贷	571010
12	31	记24	应交所得税		2636773		贷	3207783
12	31		本月合计	6240900	9448683		贷	3207780

表 5-26

总 账

会计科目 应付利息

20××年		凭证号数	摘要	借方 亿千百十万千百十元角分	贷方 亿千百十万千百十元角分	核对号	借或贷	余额 亿千百十万千百十元角分
月	日							
12	31	记11	计提利息		2 0 0 0 0 0		贷	2 0 0 0 0 0
12	31		本月合计		2 0 0 0 0 0		贷	2 0 0 0 0 0

表 5-27

总 账

会计科目 应付利润

20××年		凭证号数	摘要	借方 亿千百十万千百十元角分	贷方 亿千百十万千百十元角分	核对号	借或贷	余额 亿千百十万千百十元角分
月	日							
12	31	记28	向股东分配利润		3 5 1 6 4 1 2 7		贷	3 5 1 6 4 1 2 7
12	31		本月合计		3 5 1 6 4 1 2 7		贷	3 5 1 6 4 1 2 7

表 5-28

总 账

会计科目 实收资本

20××年		凭证号数	摘要	借方 亿千百十万千百十元角分	贷方 亿千百十万千百十元角分	核对号	借或贷	余额 亿千百十万千百十元角分
月	日							
12	1		期初余额				贷	1 4 0 5 0 0 0 0
12	1	记1	收到投资款		1 0 0 0 0 0 0 0 0		贷	1 1 4 0 5 0 0 0 0
12	1	记2	滨州公司投资		2 0 0 0 0 0 0 0		贷	1 3 4 0 5 0 0 0 0
12	31		本月合计		1 2 0 0 0 0 0 0 0		贷	1 3 4 0 5 0 0 0 0

表 5-29

总 账

会计科目 盈余公积

20××年		凭证号数	摘要	借方 亿千百十万千百十元角分	贷方 亿千百十万千百十元角分	核对号	借或贷	余额 亿千百十万千百十元角分
月	日							
12	31	记27	提取法定盈余公积		8 7 9 1 0 3 2		贷	8 7 9 1 0 3 2
12	31		本月合计		8 7 9 1 0 3 2		贷	8 7 9 1 0 3 2

表 5-30

总　账

会计科目　本年利润

20××年		凭证号数	摘要	借方 亿千百十万千百十元角分	贷方 亿千百十万千百十元角分	核对号	借或贷	余额 亿千百十万千百十元角分
月	日							
12	1		期初余额				贷	8000000 0
12	31	记23 1/3	结转损益类账户		5230000 0		贷	13230000 0
12	31	记23 2/3	结转损益类账户	3740691 0			贷	9489300 0
12	31	记23 3/3	结转损益类账户	434600 0			贷	9054709 0
12	31	记25	结转损益类账户	263677 3			贷	8791031 7
12	31	记26	结转至利润分配	8791031 7			平	0
12	31		本月合计	13230000 0	5230000 0		平	0

表 5-31

总　账

会计科目　利润分配

20××年		凭证号数	摘要	借方 亿千百十万千百十元角分	贷方 亿千百十万千百十元角分	核对号	借或贷	余额 亿千百十万千百十元角分
月	日							
12	31	记26	结转本年利润		8789909 0		贷	8789909 0
12	31	记27	提取法定盈余公积	878990 9			贷	7910918 1
12	31	记28	向股东分配利润	3515963 6			贷	4394954 5
12	31	记29	结转至未分配利润	4394954 5	4394954 5		贷	4394954 5
12	31		本月合计	8789909 0	13184863 5		贷	4394954 5

表 5-32

总　账

会计科目　主营业务收入

20××年		凭证号数	摘要	借方 亿千百十万千百十元角分	贷方 亿千百十万千百十元角分	核对号	借或贷	余额 亿千百十万千百十元角分
月	日							
12	31	记15	销售甲产品		5100000 0		贷	5100000 0
12	31	记23 1/3	结转至本年利润	5100000 0			平	0
12	31		本月合计	5100000 0	5100000 0		平	0

表 5-33

总　账

会计科目　主营业务成本

20××年		凭证号数	摘要	借方	贷方	核对号	借或贷	余额
月	日			亿千百十万千百十元角分	亿千百十万千百十元角分			亿千百十万千百十元角分
12	31	记19	结转已销产品成本	359550 00			借	359550 00
12	31	记23 2/3	结转至本年利润		359550 00		平	0
12	31		本月合计	359550 00	359550 00		平	0

表 5-34

总　账

会计科目　税金及附加

20××年		凭证号数	摘要	借方	贷方	核对号	借或贷	余额
月	日			亿千百十万千百十元角分	亿千百十万千百十元角分			亿千百十万千百十元角分
12	31	记18	计提税金及附加	5191 0			借	5191 0
12	31	记23 2/3	结转至本年利润		5191 0		平	0
12	31		本月合计	5191 0	5191 0		平	0

表 5-35

总　账

会计科目　其他业务收入

20××年		凭证号数	摘要	借方	贷方	核对号	借或贷	余额
月	日			亿千百十万千百十元角分	亿千百十万千百十元角分			亿千百十万千百十元角分
12	31	记16	销售材料		10000 00		贷	10000 00
12	31	记23 2/3	结转至本年利润	10000 00			平	0
12	31		本月合计	10000 00	10000 00		平	0

表 5-36

总　账

会计科目　其他业务成本

20××年		凭证号数	摘要	借方	贷方	核对号	借或贷	余额
月	日			亿千百十万千百十元角分	亿千百十万千百十元角分			亿千百十万千百十元角分
12	31	记20	结转销售材料成本	10000 00			借	10000 00
12	31	记23 2/3	结转至本年利润		10000 00		平	0
12	31		本月合计	10000 00	10000 00		平	0

表 5-37

总 账

会计科目 销售费用

20××年		凭证号数	摘要	借方 亿千百十万千百十元角分	贷方 亿千百十万千百十元角分	核对号	借或贷	余额 亿千百十万千百十元角分
月	日							
12	31	记17	支付广告费	9 0 0 0 0 0			借	9 0 0 0 0 0
12	31	记23 2/3	结转至本年利润		9 0 0 0 0 0		平	0
12	31		本月合计	9 0 0 0 0 0	9 0 0 0 0 0		平	0

表 5-38

总 账

会计科目 管理费用

20××年		凭证号数	摘要	借方 亿千百十万千百十元角分	贷方 亿千百十万千百十元角分	核对号	借或贷	余额 亿千百十万千百十元角分
月	日							
12	22	记7	购计算器	5 4 0 0 0			借	5 4 0 0 0
12	31	记8	物料消耗	1 4 0 0 0 0			借	1 9 4 0 0 0
12	31	记9	管理人员工资	2 2 8 0 0 0 0			借	2 4 7 4 0 0 0
12	31	记10	折旧费	2 9 0 0 0 0			借	2 7 6 4 0 0 0
12	31	记12	马宏出差旅费	4 8 2 0 0 0			借	3 2 4 6 0 0 0
12	31	记23 3/3	结转至本年利润		3 2 4 6 0 0 0		平	0
12	31		本月合计	3 2 4 6 0 0 0	3 2 4 6 0 0 0		平	0

表 5-39

总 账

会计科目 财务费用

20××年		凭证号数	摘要	借方 亿千百十万千百十元角分	贷方 亿千百十万千百十元角分	核对号	借或贷	余额 亿千百十万千百十元角分
月	日							
12	31	记11	计提利息	2 0 0 0 0 0			借	2 0 0 0 0 0
12	31	记23 2/3	结转至本年利润		2 0 0 0 0 0		平	0
12	31		本月合计	2 0 0 0 0 0	2 0 0 0 0 0		平	0

表 5-40

总 账

会计科目 营业外收入

20××年		凭证号数	摘要	借方 亿千百十万千百十元角分	贷方 亿千百十万千百十元角分	核对号	借或贷	余额 亿千百十万千百十元角分
月	日							
12	31	记21	王伟交罚款		3 0 0 0 0 0		贷	3 0 0 0 0 0
12	31	记23 2/3	结转至本年利润	3 0 0 0 0 0			平	0
12	31		本月合计	3 0 0 0 0 0	3 0 0 0 0 0		平	0

表 5-41

总　　账

会计科目　营业外支出

20××年		凭证号数	摘　要	借方 亿千百十万千百十元角分	贷方 亿千百十万千百十元角分	核对号	借或贷	余额 亿千百十万千百十元角分
月	日							
12	31	记22	向希望工程捐款	4 0 0 0 0 0			借	4 0 0 0 0 0
12	31	记23²⁄₃	结转至本年利润		4 0 0 0 0 0		平	0
12	31		本月合计	4 0 0 0 0 0	4 0 0 0 0 0		平	0

表 5-42

总　　账

会计科目　所得税费用

20××年		凭证号数	摘　要	借方 亿千百十万千百十元角分	贷方 亿千百十万千百十元角分	核对号	借或贷	余额 亿千百十万千百十元角分
月	日							
12	31	记24	计算应交税费	2 6 3 6 7 7 3			借	2 6 3 6 7 7 3
12	31	记25	结转至本年利润		2 6 3 6 7 7 3		平	0
12	31		本月合计	2 6 3 6 7 7 3	2 6 3 6 7 7 3		平	0

(五) 科目汇总表账务处理程序

1. 科目汇总表账务处理程序的特点

科目汇总表账务处理程序又称记账凭证汇总表账务处理程序,是根据各种记账凭证先按会计科目定期编制科目汇总表,再根据科目汇总表登记总分类账,并定期编制会计报表的一种账务处理程序。科目汇总表账务处理程序是在记账凭证账务处理程序的基础上发展起来的。其特点是,先根据记账凭证定期编制科目汇总表,再根据科目汇总表登记总分类账。科目汇总表账务处理程序示例如表 5-43 和表 5-44 所示。

请思考: 科目汇总表账务处理程序的特点是什么?

2. 科目汇总表账务处理程序下记账凭证和账簿的设置

1) 记账凭证的设置

在科目汇总表账务处理程序下,记账凭证可采用收款凭证、付款凭证和转账凭证;也可采用通用记账凭证,同时应设置科目汇总表。

2) 会计账簿的设置

在科目汇总表账务处理程序下,应设置现金日记账、银行存款日记账、明细分类账和

表 5-43

科 目 汇 总 表
20××年12月31日

会计科目	本期发生额		总账页数	记账凭证起讫号数
	借方金额	贷方金额		
库存现金				
银行存款				
……				
短期借款		300 000	略	略
……				
合计				

表 5-44

总　　账

会计科目　短期借款

20××年		凭证号数	摘要	借方	贷方	核对号	借或贷	余额
月	日			亿千百十万千百十元角分	亿千百十万千百十元角分			亿千百十万千百十元角分
12	1		期初余额				贷	1 0 0 0 0 0
12	1	科汇	本月发生		3 0 0 0 0 0 0 0		贷	3 0 1 0 0 0 0 0
12	31		本月合计		3 0 0 0 0 0 0 0		贷	3 0 1 0 0 0 0 0

总分类账。现金日记账、银行存款日记账和总分类账均可采用三栏式；明细分类账可根据需要采用三栏式、数量金额式或多栏式。

3. 科目汇总表账务处理程序的核算步骤

(1) 根据原始凭证编制汇总原始凭证。

(2) 根据原始凭证或汇总原始凭证，填制记账凭证。

(3) 根据收款凭证和付款凭证及所附原始凭证，逐笔登记现金日记账和银行存款日记账。

(4) 根据原始凭证、汇总原始凭证及记账凭证，登记各种明细分类账。

(5) 根据记账凭证编制科目汇总表。

(6) 根据科目汇总表登记总分类账。

(7) 期末，将现金日记账、银行存款日记账以及各种明细分类账的余额合计数与有关总分类账的余额核对相符。

(8) 期末，根据核对无误的总分类账和明细分类账的有关资料，编制会计报表。

科目汇总表账务处理程序如图 5-2 所示。

4. 科目汇总表的编制

科目汇总表是根据一定时期内的全部记账凭证，按科目进行归类编制的。在科目汇总表中，应分别计算出每一个总账科目的借方发生额合计数、贷方发生额合计数。由于借贷记账法的记账规则是"有借必有贷，借贷必相等"，因此，在编制的科目汇总表内，全

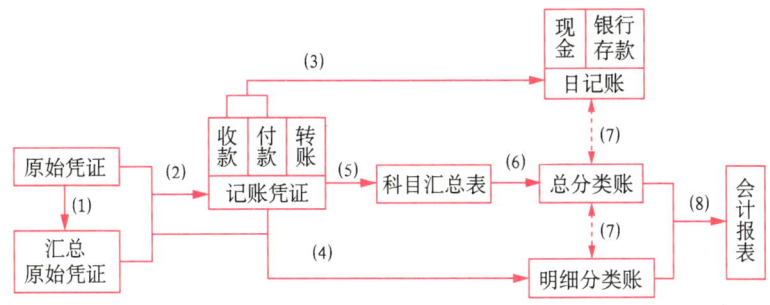

图 5-2 科目汇总表账务处理程序图

图示说明：
⟶ 表示填制凭证、编制科目汇总表、登记账簿或编制会计报表；
⟵---- 表示核对。

部总账科目的借方发生额合计数与贷方发生额合计数相等。根据科目汇总表登记总分类账时，只需将该表中汇总起来的各科目的本期借方、贷方发生额的合计数分次或月末一次记入相应总分类账的借方或贷方即可。科目汇总表格式如表 5-45 所示。

表 5-45

科目汇总表

年 月 日至 日

会计科目	本期发生额		总账页数	记账凭证起讫号数
	借方金额	贷方金额		

5. 科目汇总表账务处理程序的优点、缺点和适用范围

1）科目汇总表账务处理程序的优点

科目汇总表账务处理程序通过定期汇总可以分次或月终一次根据汇总数登记总账，从而简化登记总账的工作。而且，科目汇总表还能起到试算平衡的作用，有利于检查记账工作的准确性。

2）科目汇总表账务处理程序的缺点

科目汇总表是按总账科目汇总编制的，只能作为登记总账和试算平衡的依据，不能反映各科目的对应关系，不便于分析和检查经济业务的来龙去脉，不便于查对账目。

3）科目汇总表账务处理程序的适用范围

科目汇总表账务处理程序适用范围比较广，一般经营规模较大、业务量大、凭证数量较多的单位都可采用。

6. 典型工作任务举例

【任务 5-2】 根据远东有限责任公司 20××年 12 月份发生的经济业务(参见第四章)编制科目汇总表如表 5-46 所示。根据科目汇总表登记总账,如表 5-47 至表 5-49 所示(注:此处为节省篇幅,只登记现金、银行存款和实收资本总账,其他账户的登记略)。

表 5-46　　　　　　　　　　　　　　　科目汇总表

20××年 12 月　　　　　　　　　　　单位:元

会计科目	本月发生额	
	借方	贷方
库存现金	3 180.00	5 000.00
银行存款	1 887 600.00	556 309.00
其他应收款	5 000.00	5 000.00
在途物资	480 000.00	480 000.00
原材料	480 000.00	468 600.00
库存商品	423 000.00	359 550.00
生产成本	704 200.00	423 000.00
制造费用	45 000.00	45 000.00
固定资产	120 000.00	
累计折旧		10 140.00
无形资产	80 000.00	
短期借款		300 000.00
应付职工薪酬		262 200.00
应交税费	62 409.00	94 486.83
应付利息		2 000.00
应付利润		351 641.27
实收资本		1 200 000.00
盈余公积		87 910.32
本年利润	1 323 000.00	523 000.00
利润分配	879 103.18	1 318 654.76
主营业务收入	510 000.00	510 000.00
主营业务成本	359 550.00	359 550.00
税金及附加	519.10	519.10
其他业务收入	10 000.00	10 000.00
其他业务成本	10 000.00	10 000.00
销售费用	9 000.00	9 000.00
管理费用	32 460.00	32 460.00

(续表)

会计科目	本月发生额	
	借方	贷方
财务费用	2 000.00	2 000.00
营业外收入	3 000.00	3 000.00
营业外支出	4 000.00	4 000.00
所得税费用	26 367.73	26 367.73
合计	7 459 389.01	7 459 389.01

表 5-47

总 账

会计科目 库存现金

20××年		凭证号数	摘要	借方 亿千百十万千百十元角分	贷方 亿千百十万千百十元角分	核对号	借或贷	余额 亿千百十万千百十元角分
月	日							
12	1		期初余额				借	1 200 000
12	31	科汇	本月发生	3 180 00	5 000 00		借	1 018 000
12	31		本月合计	3 180 00	5 000 00		借	1 018 000

表 5-48

总 账

会计科目 银行存款

20××年		凭证号数	摘要	借方 亿千百十万千百十元角分	贷方 亿千百十万千百十元角分	核对号	借或贷	余额 亿千百十万千百十元角分
月	日							
12	1		期初余额				借	20 000 00
12	31	科汇	本月发生	18 876 000 00	5 563 090 0		借	13 512 910 0
12	31		本月合计	18 876 000 00	5 563 090 0		借	13 512 910 0

表 5-49

总 账

会计科目 实收资本

20××年		凭证号数	摘要	借方 亿千百十万千百十元角分	贷方 亿千百十万千百十元角分	核对号	借或贷	余额 亿千百十万千百十元角分
月	日							
12	1		期初余额				贷	1 405 000 00
12	31	科汇	本月发生		1 200 000 00		贷	1 340 500 00
12	31		本月合计		1 200 000 00		贷	1 340 500 00

六、总账和明细账的关系及其平行登记

如前所述,总分类账和明细分类账都是分类账簿,但登记总分类账是对全部经济业务进行总括分类核算,登记明细分类账是对某一总账科目按其所属明细科目进行的明细分类核算。可见,总分类账是明细分类账的总括记录,明细分类账则是总分类账的补充说明。根据这种关系,总分类账和明细分类账的登记,必须采用平行登记的方法。所谓平行登记,是指经济业务发生后,根据同一会计凭证,在登记有关总分类账户的同时,登记该总分类账所属各有关明细分类账户。

为了保证总分类账户资料与明细分类账户资料的一致性,需要采用平行登记法来登记总账账户和相关明细账户,平行登记法的要点如下所述。

1. 依据相同

一笔经济业务登记总分类账户与登记其所属的明细分类账户的记账凭证及其所附原始凭证是相同的。

2. 时间相同

一笔经济业务在登记到总分类账户的同时,要在该总账账户所属的明细分类账户中进行登记。登记总账与其所属明细账的时间相同。

3. 方向相同

如果在总分类账户的借方登记,也应在相应的明细分类账户的借方登记,如果在总分类账户的贷方登记,也应在相应的明细分类账户的贷方登记,登记到总分类账户的借贷方向应与登记到明细分类账户的借贷方向相同。

4. 金额相等

一笔经济业务发生后,登记总分类账户的金额应与登记其所属明细分类账户的金额相等,如果涉及多个明细分类账户,则各明细分类账户的金额合计数应等于总分类账户的金额。

【任务 5-3】某企业以银行存款 60 000 元购入原材料,其中甲材料 40 000 元,乙材料 20 000 元。在进行会计处理时,其总分类账户和明细分类账户的关系,如图 5-3 所示。

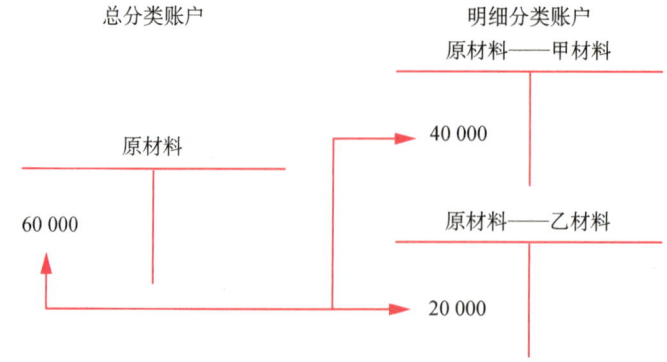

图 5-3 总分类账户与明细分类账户关系图

七、更正错账

登记账簿以后,如果发现账簿记录有错误,应按规定的方法进行更正,不得随意乱改,更正错账有下面三个方法。

1. 划线更正法

划线更正法又称红线更正法,这种方法适用于结账前或结账过程中,发现账簿记录有错误,而记账凭证无错,即纯属文字或数字过账时的笔误及账簿数字计算错误等情况。

更正方法是:首先,将错误的文字或数字(整个数字)划一条红线予以注销,但必须使原有字迹仍可辨认,以备查考;其次,在划线上方空白处用蓝字将正确的文字或数字填写上,并由更正人员在更正处盖章,以明确责任。采用划线更正法进行错误更正时应注意:对于文字差错,可以只划去错误的部分,不必将与错字相关联的其他文字划去;但对于数字差错,应将错误的数额全部划去,不得只更正错误数额中的个别数字。如将 9 600 错写成 6 900,应将 6 900 整个数字全部用红线划去,再在红线上面空白处用蓝字写上 9 600,予以更正。

【任务 5-4】 20××年 11 月 30 日,飞达公司审核人员在结账前发现"应付利息"总账中误将 6 900 元写成 9 600 元,应采用划线更正法进行更正,更正方法如表 5-50 所示。

表 5-50

总　　账

会计科目　应付利息

20××年		凭证号数	摘要	借方	贷方	核对号	借或贷	余额
月	日			亿千百十万千百十元角分	亿千百十万千百十元角分			亿千百十万千百十元角分
11	1		期初余额				贷	6 9 0 0 0 0
11	30	记36	计提本月短期借款利息		6 9 0 0 0 0 ~~9 6 0 0 0 0~~ 张薇		贷	1 3 8 0 0 0 0

2. 红字更正法

红字更正法又称红字冲销法,即以红字记录表明对原记录的冲减。红字更正法适用于以下两种情况。

1) 情况一

在记账以后,发现记账凭证中的应借、应贷会计科目或记账方向有错误,并且已经登记入账的情况下,应采用此法进行更正。

更正的方法是:首先,用红字金额填制一张与原错误记账凭证内容完全相同的记账凭证,在"摘要"栏中写明"冲销×月×日第×号凭证",并据以用红字金额登记入账,以冲销原有错误的账簿记录;其次,用蓝字填制一张正确的记账凭证,在"摘要"栏中写明"更正×月×日第×号凭证",并据以用蓝字登记入账。

【任务 5-5】 20××年 11 月 9 日,飞达公司采购员赵飞预借差旅费 6 000 元,在编制记账凭证时,借方科目误写为"应收账款"(表5-51),并已登记入账(表5-52和表5-53)。更正时先用红字金额编制一张与原错误记录完全相同的记账凭证,并登记入账,如表5-54至表5-56所示,再编制一张正确的记账凭证并登记入账,如表5-57至表5-59所示。

表 5-51

记 账 凭 证

20××年11月9日　　　　　　记字第 6 号

摘 要	科 目		借方金额	贷方金额	√
	总账科目	明细科目	亿千百十万千百十元角分	亿千百十万千百十元角分	
赵飞预借差旅费	应收账款	赵飞	6000 00		
	库存现金			6000 00	
合　　　　计			¥6000 00	¥6000 00	

附单据壹张

会计主管:　　　记账:　　　出纳:　　　复核:　　　制单:黄娟

表 5-52

总　　账

会计科目 应收账款

20××年		凭证号数	摘 要	借 方 亿千百十万千百十元角分	贷 方 亿千百十万千百十元角分	核对号	借或贷	余 额 亿千百十万千百十元角分
月	日							
11	9	记6	赵飞借差旅费	6000 00			借	6000 00

表 5-53

总　　账

会计科目 库存现金

20××年		凭证号数	摘 要	借 方 亿千百十万千百十元角分	贷 方 亿千百十万千百十元角分	核对号	借或贷	余 额 亿千百十万千百十元角分
月	日							
11	1		期初余额				借	22000 00
11	2	记3	购办公用品		400 00		借	21600 00
11	9	记6	赵飞预借差旅费		6000 00		借	15600 00

表 5-54

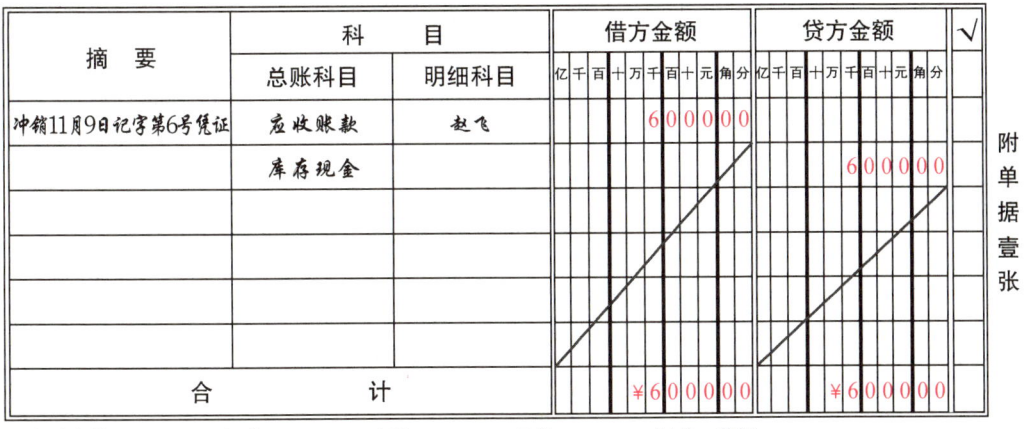

记账凭证　　　　记字第 7 号
20××年11月9日

摘要	科目		借方金额	贷方金额	√
	总账科目	明细科目	亿千百十万千百十元角分	亿千百十万千百十元角分	
冲销11月9日记字第6号凭证	应收账款	赵飞	6 0 0 0 0 0		
	库存现金			6 0 0 0 0 0	
合　　　计			¥6 0 0 0 0 0	¥6 0 0 0 0 0	

附单据壹张

会计主管：　　记账：　　出纳：　　复核：　　制单：黄娟

表 5-55

总　账

会计科目 应收账款

20××年		凭证号数	摘要	借方	贷方	核对或贷	借或贷	余额
月	日			亿千百十万千百十元角分	亿千百十万千百十元角分			亿千百十万千百十元角分
11	9	记6	赵飞借差旅费	6 0 0 0 0 0			借	6 0 0 0 0 0
11	9	记7	冲销11月9日6号凭证		6 0 0 0 0 0		平	0

表 5-56

总　账

会计科目 库存现金

20××年		凭证号数	摘要	借方	贷方	核对或贷	借或贷	余额
月	日			亿千百十万千百十元角分	亿千百十万千百十元角分			亿千百十万千百十元角分
11	1		期初余额				借	2 2 0 0 0 0 0
11	2	记3	购办公用品		4 0 0 0 0		借	2 1 6 0 0 0 0
11	9	记6	赵飞预借差旅费		6 0 0 0 0 0		借	1 5 6 0 0 0 0
11	9	记7	冲销11月9日记字第6号凭证		6 0 0 0 0 0		借	2 1 6 0 0 0 0

表 5-57

记 账 凭 证
20××年11月9日

记字 第 8号

摘要	科目		借方金额	贷方金额	√
	总账科目	明细科目	亿千百十万千百十元角分	亿千百十万千百十元角分	
更正11月9日记字第6号凭证	其他应收款	赵飞	6000 00		
	库存现金			6000 00	
合 计			¥6000 00	¥6000 00	

附单据壹张

会计主管：　　　记账：　　　出纳：　　　复核：　　　制单：黄娟

表 5-58

总 账

会计科目 其他应收款

20××年		凭证号数	摘 要	借 方	贷 方	核对号	借或贷	余 额
月	日			亿千百十万千百十元角分	亿千百十万千百十元角分			亿千百十万千百十元角分
11	1		期初余额				借	8000 00
11	9	记8	更正11月9日记字第6号凭证	6000 00			借	14000 00

表 5-59

总 账

会计科目 库存现金

20××年		凭证号数	摘 要	借 方	贷 方	核对号	借或贷	余 额
月	日			亿千百十万千百十元角分	亿千百十万千百十元角分			亿千百十万千百十元角分
11	1		期初余额				借	22000 00
11	2	记3	购办公用品		400 00		借	21600 00
11	9	记6	赵飞预借差旅费		6000 00		借	15600 00
11	9	记7	冲销11月9日记字第6号凭证		6000 00		借	21600 00
11	9	记8	更正11月9日记字第6号凭证		6000 00		借	15600 00

2) 情况二

在记账以后，如发现记账凭证中应借、应贷的会计科目、记账方向都没有错误，只是所记金额大于应记的正确金额，应采用红字更正法。

更正的方法是：将多记的金额用红字填制一张与原错误记账凭证记载的借贷方向、应借、应贷会计科目相同的记账凭证，在"摘要"栏内注明"冲销×月×日第×号凭证多记金额",并据以登记入账,以冲销原来多记金额。

【任务 5-6】 20××年 11 月 10 日,飞达公司出纳黄娟将现金 5 000 元送存银行,在填制记账凭证时,将金额误记为 8 000 元,并已登记入账,如表 5-60 至表 5-62 所示。更正如表 5-63 至表 5-65 所示。

表 5-60

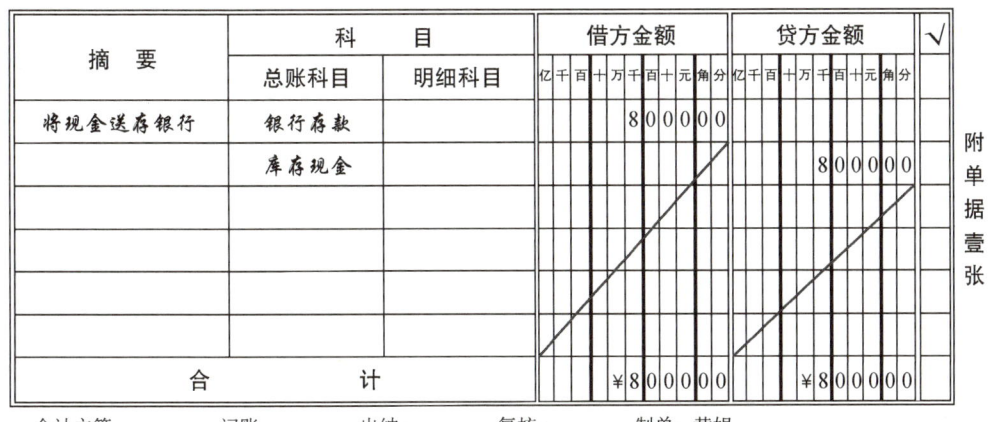

表 5-61

总　　账

会计科目　银行存款

20××年		凭证号数	摘要	借方 (亿千百十万千百十元角分)	贷方 (亿千百十万千百十元角分)	核对号	借或贷	余额 (亿千百十万千百十元角分)
月	日							
11	1		期初余额				借	1 8 9 0 0 0 0 0
11	10	记9	将现金送存银行	8 0 0 0 0 0			借	1 9 7 0 0 0 0 0

表 5-62

总　　账

会计科目　库存现金

20××年		凭证号数	摘要	借方 (亿千百十万千百十元角分)	贷方 (亿千百十万千百十元角分)	核对号	借或贷	余额 (亿千百十万千百十元角分)
月	日							
11	1		期初余额				借	2 2 0 0 0 0 0
11	2	记3	购办公用品		4 0 0 0 0		借	2 1 6 0 0 0 0
11	9	记6	赵飞预借差旅费		6 0 0 0 0 0		借	1 5 6 0 0 0 0
11	9	记7	冲销11月9日记字第6号凭证		6 0 0 0 0 0		借	2 1 6 0 0 0 0
11	9	记8	更正11月9日记字第6号凭证		6 0 0 0 0 0		借	1 5 6 0 0 0 0
11	10	记9	送存现金		8 0 0 0 0 0		借	7 6 0 0 0 0

表 5-63

记 账 凭 证
20××年11月11日

记字第 10 号

摘 要	科 目		借方金额	贷方金额	√
	总账科目	明细科目	亿千百十万千百十元角分	亿千百十万千百十元角分	
冲销11月10日	银行存款		300000		
记字第9号凭证多记金额	库存现金			300000	
合 计			¥300000	¥300000	

会计主管：　　　记账：　　　出纳：　　　复核：　　　制单：黄娟

附单据壹张

表 5-64

总　账

会计科目 银行存款

20××年		凭证号数	摘 要	借 方	贷 方	核对号	借或贷	余 额
月	日			亿千百十万千百十元角分	亿千百十万千百十元角分			亿千百十万千百十元角分
11	1		期初余额				借	18900000
11	10	记9	将现金送存银行	800000			借	19700000
11	11	记10	冲销11月10日记第9号凭证多记金额	300000			借	19400000

表 5-65

总　账

会计科目 库存现金

20××年		凭证号数	摘 要	借 方	贷 方	核对号	借或贷	余 额
月	日			亿千百十万千百十元角分	亿千百十万千百十元角分			亿千百十万千百十元角分
11	1		期初余额				借	2200000
11	2	记3	购办公用品		40000		借	2160000
11	9	记6	赵飞预借差旅费		600000		借	1560000
11	9	记7	冲销11月9日记字第6号凭证		600000		借	2160000
11	9	记8	更正11月9日记字第6号凭证		600000		借	1560000
11	10	记9	送存现金		800000		借	760000
11	11	记10	冲销11月10日记字第9号凭证多记金额		300000		借	1060000

3. 补充登记法

补充登记法又称蓝字补记法，在记账以后，发现记账凭证中应借、应贷的会计科目、记账方向都没有错误，只是所记金额小于应记的正确金额，应采用补充登记法。

更正的方法是：将少记的金额用蓝字填制一张与原错误记账凭证所记载的借贷方向和应借、应贷会计科目相同的记账凭证，在"摘要"栏内注明"补记×月×日第×号凭证少记金额"，并据以登记入账，以补记少记金额。

【任务 5-7】20××年11月12日，飞达公司出纳员黄娟从银行提取现金9 000元，填制记账凭证时将金额误记6 000元，并据以入账，如表5-66至表5-68所示。更正方法如表5-69至表5-71所示。

表 5-66

记 账 凭 证
20××年11月12日　　　　记字第 11 号

摘要	科目		借方金额	贷方金额	√
	总账科目	明细科目	亿千百十万千百十元角分	亿千百十万千百十元角分	
提取现金	库存现金		6 0 0 0 0 0		
	银行存款			6 0 0 0 0 0	
合　　计			￥6 0 0 0 0 0	￥6 0 0 0 0 0	

附单据壹张

会计主管：　　　记账：　　　出纳：黄娟　　　复核：　　　制单：黄娟

表 5-67

总　　账

会计科目 库存现金

20××年		凭证号数	摘　要	借　方	贷　方	核对号	借或贷	余　额
月	日			亿千百十万千百十元角分	亿千百十万千百十元角分			亿千百十万千百十元角分
11	1		期初余额				借	2 2 0 0 0 0
11	2	记3	购办公用品		4 0 0 0 0		借	2 1 6 0 0 0
11	9	记6	赵飞预借差旅费		6 0 0 0 0		借	1 5 6 0 0 0
11	9	记7	冲销11月9日记字第6号凭证	6 0 0 0 0			借	2 1 6 0 0 0
11	9	记8	更正11月9日记字第6号凭证		6 0 0 0 0		借	1 5 6 0 0 0
11	10	记9	送存现金		8 0 0 0 0		借	7 6 0 0 0
11	11	记10	冲销11月10日记字第9号凭证多记金额	3 0 0 0 0			借	1 0 6 0 0 0
11	12	记11	提取现金	6 0 0 0 0 0			借	1 6 6 0 0 0

表 5-68

总 账

会计科目 银行存款

20××年		凭证号数	摘要	借方	贷方	核对号	借或贷	余额
月	日			亿千百十万千百十元角分	亿千百十万千百十元角分			亿千百十万千百十元角分
11	1		期初余额				借	1 8 9 0 0 0 0 0
11	10	记9	将现金送存银行	8 0 0 0 0 0			借	1 9 7 0 0 0 0 0
11	11	记10	冲销11月10日记字第9号凭证多记金额	3 0 0 0 0 0			借	1 9 4 0 0 0 0 0
12	12	记11	提取现金		6 0 0 0 0 0		借	1 8 8 0 0 0 0 0

表 5-69

记 账 凭 证

20××年11月12日

记字第 12 号

摘要	科 目		借方金额	贷方金额	√
	总账科目	明细科目	亿千百十万千百十元角分	亿千百十万千百十元角分	
补记11月12日记字第11号凭证少记金额	库存现金		3 0 0 0 0 0		
	银行存款			3 0 0 0 0 0	
合 计			¥ 3 0 0 0 0 0	¥ 3 0 0 0 0 0	

附单据壹张

会计主管： 记账： 出纳： 复核： 制单：黄娟

表 5-70

总 账

会计科目 库存现金

20××年		凭证号数	摘要	借方	贷方	核对号	借或贷	余额
月	日			亿千百十万千百十元角分	亿千百十万千百十元角分			亿千百十万千百十元角分
11	1		期初余额				借	2 2 0 0 0 0 0
11	2	记3	购办公用品		4 0 0 0 0		借	2 1 6 0 0 0 0
11	9	记6	赵飞预借差旅费		6 0 0 0 0 0		借	1 5 6 0 0 0 0
11	9	记7	冲销11月9日记字第6号凭证		6 0 0 0 0 0		借	2 1 6 0 0 0 0
11	9	记8	更正11月9日记字第6号凭证		6 0 0 0 0 0		借	1 5 6 0 0 0 0
11	10	记9	送存现金		8 0 0 0 0 0		借	7 6 0 0 0 0
11	11	记10	冲销11月10日记字第9号凭证多记金额		3 0 0 0 0 0		借	1 0 6 0 0 0 0
11	12	记11	提取现金	6 0 0 0 0 0			借	1 6 6 0 0 0 0
11	12	记12	补记11月12日记字第11号凭证少记金额	3 0 0 0 0 0			借	1 9 6 0 0 0 0

表 5-71

总　　账

会计科目　银行存款

20××年		凭证号数	摘　要	借方 亿千百十万千百十元角分	贷方 亿千百十万千百十元角分	核对号	借或贷	余额 亿千百十万千百十元角分
月	日							
11	1		期初余额				借	1 8 9 0 0 0 0 0
11	10	记9	将现金送存银行	8 0 0 0 0 0			借	1 9 7 0 0 0 0 0
11	11	记10	冲销11月10日记字第9号凭证多记金额	3 0 0 0 0 0			借	1 9 4 0 0 0 0 0
11	12	记11	提取现金		6 0 0 0 0 0		借	1 8 8 0 0 0 0 0
11	12	记12	补记11月12日记字第11号凭证少记金额		3 0 0 0 0 0		借	1 8 5 0 0 0 0 0

各错账类型、更正方法及更正步骤如表 5-72 所示。

表 5-72　　　　　　　　　　　　错账类型及更正步骤

错账类型			更正方法		更正步骤
记账凭证正确,过账发生错误			划线更正法		① 划线注销错误记录。 ② 登记正确记录。 ③ 更正人盖章。
记账凭证错误并据以过账	会计科目等错误		红字更正法	全部冲销	① 填制红字金额凭证并登记入账,以冲销原错误记录。 ② 填制正确记账凭证并登记入账。
	金额错误	金额多记	红字更正法	部分冲销	填制红字金额凭证冲销多记金额并登记入账。
		金额少记	补充登记法		填制蓝字金额凭证补记少记金额并登记入账。

财智未来

　　账务处理是会计工作的核心环节。传统的会计账务处理往往依赖于人工操作,效率低下且容易出错,而大数据分析技术和人工智能技术的引入为这些工作带来了革命性的变革。

　　Python 脚本可以实现账务处理的自动化。例如,企业可以利用 Python 从各种来源(如 ERP 系统、银行对账单等)导入数据,自动进行数据清洗、转换和整合,并生成相应的财务报表。这样不仅可以提高账务处理的效率,还可以减少人为错误的发生。

　　此外,结合大数据分析技术和人工智能技术,通过对海量历史账务数据的分析,可以建立账务处理的风险模型和合规性规则。借助人工智能技术,可以对每一笔账务处理进行实时监控和风险评估。一旦发现异常情况,如借贷不平衡、金额超出合理范围等,系统会立即发出警报。同时,利用 Python 的 logging 库,可以详细记录账务处理过程中的关键信息,包括数据的修改时间、修改内容、操作人员等。这些记录为后续的审计和追溯提供了详实的依据,确保账务处理的准确性和合规性。

第三节　财产清查

一、财产清查的意义

所谓财产清查,是指通过对各种实物资产、货币资金和往来款项的实地盘点、账项核对或查询,查明某一时期的实际结存数并与账存数核对,确定账实是否相符的一种会计核算方法。

会计核算的任务之一,是核算和监督财产的保管和使用情况,保证财产的安全完整,提高各项财产的使用效果。一个单位的财产,通常包括其所拥有的各项财产物资、货币资金以及债权等。根据财产管理要求,各单位应通过账簿记录来反映和监督上述各项财产的增减变化和结存情况。为了保证账簿记录的正确,各单位应加强会计凭证的日常审核,定期核对账簿记录,做到账证相符、账账相符。但是,账簿记录的正确并不能说明账簿所做的记录真实可靠。这是因为,有很多客观原因使各项财产的账面数额与实际结存数额发生差异,即账实不符。例如,有些财产物资在保管过程中,会发生自然损耗,或发生意外灾害造成毁损;在管理和核算方面,手续不健全或制度不严密而发生错收、错付、丢失、被盗;计量或检验不准确会造成多收多付或少收少付;管理不善或责任者的过失会造成的财产毁损、错记、漏记、重记;有关凭证传递时间不同,形成的未达账项,会造成结算双方账实不符;甚至有可能在账实相符的情况下,财产物资的毁损变质等会使账簿记录不符合客观实际。因此,为了保证会计账簿记录的真实、正确,为经济管理提供可靠的信息资料,必须运用"清查财产"这一行之有效的会计核算方法,对企业的各项财产进行定期清查,并与账簿记录核对,做到账实相符。

二、财产清查的方式

(一)按财产清查的范围不同,有全面清查和局部清查

1. 全面清查

全面清查是指对所有的财产和资金进行全面盘点与核对。其清查对象主要包括原材料、在产品、自制半成品、库存商品、库存现金、银行存款、在途物资、委托加工物资、固定资产等。全面清查范围广,工作量大,一般在年终决算或企业撤销、合并或改变隶属关系时进行。

2. 局部清查

局部清查又称重点清查,是指根据需要只对财产中某些重点部分进行的清查。例如,流动资金中变化较频繁的原材料、库存商品等,除年度全面清查外,还应根据需要随时轮流盘点或重点抽查,各种贵重物资每月至少要清查一次,库存现金要天天核对,银行存款每月至少要与银行对账单逐笔核对一次。

（二）按清查财产时间的不同，有定期清查和不定期清查

1. 定期清查

定期清查是指在规定的时间内所进行的财产清查。定期清查一般是在年、季、月度终了后进行。

2. 不定期清查

不定期清查又称临时清查，是指根据实际需要临时进行的财产清查。这种清查一般是在更换财产物资保管人员，企业撤销或合并或发生财产损失等情况时所进行的清查。

定期清查和不定期清查的范围应视具体情况而定，可全面清查也可局部清查。

三、财产物资的盘存制度

财产物资的盘存制度有两种，即永续盘存制和实地盘存制。单位可根据经营管理的需要和财产物资品种的不同，分别采用不同的方法，以达到账实相符的目的。

1. 永续盘存制

永续盘存制又称账面盘存制，是平时对企业各项财产物资分别设立明细账，根据会计凭证连续记载其增减变化并随时结出余额的一种管理制度。这种盘存制，能从账簿资料中及时反映出企业各项财产、物资的结存数额，为及时掌握企业财产增减变动情况和余额提供可靠依据，以便加强企业财产物资的管理。

2. 实地盘存制

实地盘存制又称以存计耗制或盘存计耗制，是平时根据有关会计凭证，只登记财产物资的增加数，不登记减少数，月末或一定时期，可根据期末盘点资料，查清各种财产物资的实有数额。然后再根据"期初结存＋本期增加数－本期实存数＝本期减少数"的公式，倒轧出本期减少数额，即"以存计耗""以存计销"，并记入有关明细账中的一种物资盘存管理制度。这种方法，工作比较简单，虽然看起来账是平衡的，但手续不够严密，不易发现管理中存在的问题。

由于财产物资种类繁多，存在形态各异，对实物、货币资金、结算款项等应采取不同的方式进行清查。

四、财产清查的方法

1. 清查实物资产

清查实物资产是指对原材料、在产品、库存商品、固定资产等财产物资的清查。对这类财产的清查通常可按其实物特点，如体积、形态、数量、重量及堆垛方式不同，逐一进行点数或量尺、过秤。在清点中，对于包装完整的商品、物资，可按大件清点，必要时可抽查细点。有些堆垛笨重的商品，点数、过秤确有困难的，也可采用技术测算的方法，以确保检查质量。

盘点时，除了清点财产物资的实有数，还要对财产物资的质量，通过采用物理或化学的方法来重新确定等级，并查明财产物资在保管上是否存在问题。

为了明确经济责任,在进行盘点清查时,保管人员必须在场,对于盘点结果,应如实登记在盘存单上,并由盘点人员和保管人员签字盖章。盘存单是记录盘点结果的书面证明,也是反映财产物资实存数的原始凭证。其一般格式如表 5-73 所示。

表 5-73 盘 存 单

编号:

盘点时间: 财产类别: 存放地点:

编号	名称	规格	计量单位	数量	单价	金额	备注

盘点人: 保管人:

该盘存单一般填制一式三份,一份由清点人员留存备查,一份交实物保管人员保存,一份交财会部门与账面记录相核对。

为了查明实存数与账存数是否一致,确定盘亏或盘盈情况,还要根据盘存单和有关账簿记录,编制实存账存对比表,通过对比,揭示账面结存数与实际结存数之间的差异。该表既是用来调整账簿记录的重要原始凭证,又是分析产生差异的原因、明确经济责任的依据。账存实存对比表的一般格式如表 5-74 所示。

表 5-74 账存实存对比表

财产类别: 年 月 日 编号:

编号	名称及规格	计量单位	单价	实 存		账 存		对比结果		备注
				数量	金额	数量	金额	盘盈	盘亏	

在实际工作中,为了简化工作,实存账存对比表通常只列账实不符的财产物资,对于账实完全相符的财产物资并不列入。这样的账存实存对比表,主要是反映盘盈盘亏情况,因而也称"盘点盈亏报告表"。

对于委托外部加工、保管的财产物资,也在清查之列,可采用询证的方法与对方单位联系核实,如有不符,同样要查明原因,按规定进行处理并及时调整账面,以达到账实相符。

2. 清查库存现金

清查库存现金采用实地盘点法,清查前,出纳人员应将现金收付业务全部登记入账。清查时,出纳人员要在场,一般由主管会计或财务负责人和出纳人员共同清点出各种面值的纸币张数和硬币的个数,确定库存现金的实存数,再与现金日记账的账面余额相核对,确定账实是否相符。同时要检查现金管理制度的遵守情况,如库存现金有无超过其限额,有无"白条抵库"、挪用舞弊等情况。盘点结束后,盘点人员要填制库存现金盘点报告表,库存现金盘点报告表的格式如表5-75所示。

表 5-75　　　　　　　　　　　**库存现金盘点报告单**

单位名称：　　　　　　　　　　　　年　月　日

实存余额	账存余额	对比结果		备 注
		盘盈	盘亏	

盘点人：　　　　　　　　　　　出纳：

有价证券主要包括股票、债券等。其清查方法和库存现金相同。

3. 清查银行存款

清查银行存款与清查实物、现金的方法不同,它是采取与开户银行核对账目的方法进行的,即将单位登记的银行存款日记账与银行送来的对账单逐笔核对增减额和同一日期的余额。通过核对,往往会发现双方账目不一致。其主要原因如下:一是正常的"未达账项",即一方已经入账,另一方由于凭证传递时间影响没有入账的款项;二是双方账目可能发生的不正常的错账、漏账。

在同银行核对账目以前,先检查本单位银行存款日记账,力求正确与完整,再与银行送来的对账单逐笔核对。如果发现错账、漏账,应及时查明更正。对于未达账项,则应于查明后编制银行存款余额调节表以检查双方的账目是否相符。

未达账项的产生原因有以下四种：

(1) 企业已收,银行未收款。例如,企业收到销售支票,送存银行后,登记银行存款增加,而银行尚未收妥该笔款项,因而尚未记账,从而形成企业已收款入账,而银行尚未收款入账的情况。

(2) 企业已付,银行未付款。例如,企业开出支票支付某笔款项,并根据有关单据登记银行存款减少,而此时银行尚未接到该笔支付款项的凭证,因而未记减少,从而形成企业已付款记账,而银行尚未付款记账的情况。

(3) 银行已收,企业未收款。例如,银行代企业收入一笔外地汇款,银行已记存款增加,而企业尚未收到汇款凭证,因而未记增加,从而形成银行已收款入账,企业尚未收款入账的情况。

(4) 银行已付,企业未付款。例如,银行代企业支付某种费用,银行已记存款减少,而企业尚未接到有关凭证,因而未记减少,从而形成银行已付款记账,企业尚未付款记账的情况。

上述任何一种情况的发生,都会使双方的账面存款余额不一致。为了消除未达账项的影响,企业应根据核对后发现的未达账项,编制银行存款余额调节表,据以调节双方账面余额。在实务上,对于这项调节工作,一般是先将企业的账面余额和银行对账单余额各自补计对方已入账而本单位尚未入账的余额(包括增加金额和减少金额),再验证经过调节后的存款是否相等。如果相等,表明企业与银行的账目没有差错;否则,说明记账有错误,应进一步查明原因,予以更正。

【任务5-8】远东有限责任公司20××年12月份银行存款日记账资料如表5-4所示。银行开来的对账单如表5-76所示。经过逐笔核对,在银行存款日记账和银行对账单上进行标识,如表5-77和表5-78所示。

表5-76 　　　　　　　　　中国工商银行对账单

户名:远东有限责任公司
账号:3500040109002325768

日期	交易类型	凭证种类	凭证号	摘要	借方发生额	贷方发生额	余额
20××.12.1				初期余额			20 000
20××.12.1			621			1 000 000	
20××.12.1			622			300 000	
20××.12.3			751		541 752		
20××.12.31			752		1 017		
20××.12.31			623			576 300	
20××.12.31			625			21 000	
20××.12.31			754		1 900		
20××.12.31			756		4 000		
20××.12.31							1 368 631

表5-77

银行存款日记账

4

20××年		凭证号数	摘要	结算号码	借方	贷方	核对或贷	借或贷	余额
月	日				亿千百十万千百十元角分	亿千百十万千百十元角分			亿千百十万千百十元角分
12	1		期初余额					借	2 0 0 0 0 0 0
12	1	记1	收到投资款	621	1 0 0 0 0 0 0 0 0			借	1 0 2 0 0 0 0 0 0
12	1	记3	向银行借款	622	3 0 0 0 0 0 0 0			借	1 3 2 0 0 0 0 0 0
12	3	记4	购材料	751		5 4 1 7 5 2 0 0		借	7 7 8 2 4 8 0 0
12	31	记7	购计算器	752		1 0 1 7 0 0		借	7 7 7 2 3 1 0 0
12	31	记15	销售甲产品	623	5 7 6 3 0 0 0 0			借	1 3 5 3 5 3 1 0 0
12	31	记16	销售A材料	624	1 1 3 0 0 0 0			借	1 3 6 4 8 3 1 0 0
12	31	记17	支付广告费	755		9 5 4 0 0 0		借	1 3 5 5 2 9 1 0 0
12	31	记22	向希望工程捐款	756		4 0 0 0 0 0		借	1 3 5 1 2 9 1 0 0
12	31		本月合计		1 8 8 7 6 0 0 0 0	5 5 6 3 0 9 0 0		借	1 3 5 1 2 9 1 0 0

表 5-78　　　　　　　　　　　中国工商银行对账单

户名:远东有限责任公司　　账号:3500040109002325768

日期	交易类型	凭证种类	凭证号	摘要	借方发生额	贷方发生额	余额
20××.12.1				初期余额			20 000
20××.12.1			621			1 000 000√	
20××.12.1			622			300 000√	
20××.12.3			751		541 752√		
20××.12.31			752		1 017√		
20××.12.31			623			576 300√	
20××.12.31			625			21 000	
20××.12.31			754		1 900		
20××.12.31			756		4 000√		
20××.12.31							1 368 631

从表 5-77 和表 5-78 可以看出,远东有限责任公司和其开户银行有下列未达账项:

(1) 企业已收,银行未收的款项为 11 300 元。

(2) 企业已付,银行未付的款项为 9 540 元。

(3) 银行已收,企业未收的款项为 21 000 元。

(4) 银行已付,企业未付的款项为 1 900 元。

根据上述资料,编制银行存款余额调节表,调整双方余额,如表 5-79 所示。

表 5-79　　　　　　　　　　　银行存款余额调节表

　　　　　　　　　　　　　　　20××年 12 月 31 日　　　　　　　　　　　　单位:元

项目	金额	项目	金额
银行存款日记账余额	1 351 291	银行对账单余额	1 368 631
加:银行已收企业未收	21 000	加:企业已收银行未收	11 300
减:银行已付企业未付	1 900	减:企业已付银行未付	9 540
调节后存款余额	1 370 391	调节后存款余额	1 370 391

经过调节后重新求得的余额,既不等于本单位账面余额,也不等于银行账面余额,而是银行存款的真正实有数。

4. 清查往来账项

往来账项主要包括应收账款、应付账款、预收账款和预付账款等款项。

清查各项往来款项与清查银行存款一样,也是采取同对方单位核对账目的方法。应先将本单位往来账目核对清楚,确认准确无误后,再向对方填发对账单。对账单应按明细账逐笔抄列一式两联。其中一联作为回单,对方单位如核对相符,应在回单上盖章后退回。如发现数字不符,应将不符情况在回单上注明或另抄对账单退回,作为进一步核对的依据。在收到对方回单后,应填制往来账项清查表。其格式如表 5-80 所示。

表 5-80　　　　　　　　　　　往来账项清查表　　　　　　　　　　　单位:元

明细分类账		清查结果		核对不符原因分析			备注
名称	账面余额	核对相符金额	核对不符金额	未达账项金额	有争议款项金额	其他	

通过往来账项的清查,企业要及时催收该收回的账款,偿还该偿付的账款,对清查过程中有争议或确实无法收回的款项,要及时处理,避免坏账损失。

五、清查财产结果的账务处理

清查财产的结果,必须严格遵循国家财务制度的有关规定,严肃认真处理。对财产清查中发现的盘盈盘亏等情况,一般分以下两个步骤进行账务处理:

第一步,将清查核实后的盘盈盘亏情况,形成书面材料,上报有关部门办理报批手续,同时,根据盘存单或实存账存对比表调整账簿记录,做到账实相符,并将盈亏数额记入"待处理财产损溢"账户。

第二步,审批后,根据上级处理意见,编制记账凭证,登记有关账簿,追回应由保险公司或责任人负担的损失,同时核销"待处理财产损溢"账户。

为了核算与监督企业在财产清查中财产物资的盘盈和盘亏情况,应当设置"待处理财产损溢"账户。"待处理财产损溢"账户,用来核算企业在财产清查过程中查明的各项财产物资的盘盈和盘亏的价值。该账户的贷方登记待处理财产物资的盘盈数,及经批准后的盘亏转销数;借方登记待处理财产物资的盘亏数,及经批准后的盘盈转销数。其贷方余额,表示尚待批准处理的财产物资盘盈数;借方余额,表示尚待批准处理的财产物资盘亏数。其明细核算可按盘盈、盘亏的资产种类和项目设置。

对于企业财产的盈亏,应查明原因,在期末结账前处理完毕,处理后该账户应无余额。

【任务 5-9】某企业财产清查中发现盘亏机器一台,原账面价值 60 000 元,已提折旧 40 000 元,已办理保险 8 000 元,尚未收到保险款。

(1) 审批前,编制凭证,调整账面记录:

借:待处理财产损溢——待处理固定资产损溢　　　　　　　　20 000
　　累计折旧　　　　　　　　　　　　　　　　　　　　　　40 000
　　贷:固定资产——机器　　　　　　　　　　　　　　　　60 000

(2) 审批后,根据批复意见,编制会计分录:

借:其他应收款——保险公司　　　　　　　　　　　　　　　8 000
　　营业外支出　　　　　　　　　　　　　　　　　　　　　12 000
　　贷:待处理财产损溢——待处理固定资产损溢　　　　　20 000

【任务5-10】某企业在财产清查中,盘盈账外钢材5吨,价值20 000元。经查明,这项盘盈材料,因计量仪器不准,造成生产领用少付多算,经批准冲减本月份管理费用。

（1）审批前,编制凭证,调整账面记录：

借：原材料　　　　　　　　　　　　　　　　　　　　　　20 000
　　贷：待处理财产损溢——待处理流动资产损溢　　　　　　　　20 000

（2）审批后,根据批复意见,编制会计分录：

借：待处理财产损溢——待处理流动资产损溢　　　　　　　　20 000
　　贷：管理费用　　　　　　　　　　　　　　　　　　　　　　20 000

【任务5-11】某企业在财产清查中,发现购进的某种原材料实际库存较账面库存短缺1 000元(此处暂不考虑增值税因素)。

（1）报经批准前,先调整账面余额,编制会计分录：

借：待处理财产损溢——待处理流动资产损溢　　　　　　　　1 000
　　贷：原材料　　　　　　　　　　　　　　　　　　　　　　　1 000

（2）批准后：

如属于定额范围内的自然损耗,则应列作管理费用,计入本期损益,编制会计分录如下：

借：管理费用　　　　　　　　　　　　　　　　　　　　　　1 000
　　贷：待处理财产损溢——待处理流动资产损溢　　　　　　　　1 000

如属于管理人员过失造成,则应由过失人赔偿,编制会计分录如下：

借：其他应收款——××人　　　　　　　　　　　　　　　　1 000
　　贷：待处理财产损溢——待处理流动资产损溢　　　　　　　　1 000

如属于非常损失,则应经批准列作营业外支出,编制会计分录如下：

借：营业外支出　　　　　　　　　　　　　　　　　　　　　1 000
　　贷：待处理财产损溢——待处理流动资产损溢　　　　　　　　1 000

根据增值税会计处理的规定,企业购进的材料、产成品等发生非正常损失以及因改变用途等发生的损溢,其进项税额应相应转入有关账户,借记"待处理财产损溢"等账户,贷记"应交税费——应交增值税(进项税额转出)"账户。属于转作待处理财产损失的部分,应与遭受损失的购进材料成本一并处理。如本例进项税额为130元(1 000×13%),应先借记"待处理财产损溢"账户,然后分别不同情况,将130元转入"管理费用""其他应收款"或"营业外支出"账户。

思政点睛

财产清查是会计核算的重要方法之一,定期对企业的财产物资进行清查才能确保账实一致。作为一名会计人员,必须要有法制观念,要遵纪守法。不做假账是会计人员从事会计工作起码的工作职责和职业操守。会计人员在行使会计工作权限时要担负起相应的法律责任，要遵守会计信息质量要求，如实客观地设置和登记会计账簿，以保证会计账簿提供的资料真实可靠和有效，据此为企业改善经营管理、计算财务成果、编制会计报表、开展财务分析和财产清查提供真实有效的资料。

诚信为本，操守为重，坚持原则，不做假账应是每一名会计人员牢记于心的座右铭。在学习财务专业知识的同时，决不能忘记"诚信"两字，这不仅仅是对财务人员的职业道德要求，更是为人处世的基本准则。无论未来身处何职，都要记得自己的初心，坚守职业道德。

人生亦是如此，也需要定期进行反思自省，才能保持初心。曾子曰："吾日三省吾身：为人谋而不忠乎？与朋友交而不信乎？传不习乎？"定期自省复盘，才能及时认识到自己的错误。

财智未来

财产清查是企业财务管理中的重要环节之一。通过财产清查，企业可以了解各项财产物资的实有数额，查明账实是否相符，并据此调整账簿记录，保证账实相符。企业使用大数据技术后，财产清查的方式和效率得到了极大的提升。传统的财产清查往往依赖人工实地盘点，不仅耗费大量的人力、物力和时间，而且容易出现漏盘、错盘等情况。如今，借助大数据技术、人工智能技术、物联网、传感器等先进技术，财产清查能够实现实时监控和盘点。物联网技术使得企业的各类资产都能通过传感器连接到网络中。例如，对于固定资产，企业可以在设备上安装RFID（射频识别）标签，通过RFID读写器实时获取资产的位置信息；对于库存商品，企业可以使用重量传感器、温度传感器等，实时监测商品的数量、质量状态等。通过与企业资产信息系统的集成，这些传感器采集到的数据能够实时传输到企业的数据库中。

大数据技术和人工智能技术可以通过对海量数据的分析和挖掘，发现财产清查中的潜在问题和风险。例如，企业可以利用大数据技术和人工智能技术对库存数据进行深度挖掘，分析不同产品、不同仓库、不同时间段的库存变化情况，从而及时发现库存积压、短缺等问题。此外，大数据技术还可以与物联网技术相结合，实现对财产物资的实时监控和追踪，提高财产清查的准确性和效率。Python可以编写自动化清查程序，提高清查效率。如自动比对资产账面数与实际数，生成差异报告等。此外，Python还可以支持复杂的资产估值和折旧计算，确保资产价值的准确反映。

第四节　对账和结账

一、对账

（一）对账的意义

为了保证账簿记录的真实可靠，在有关经济业务入账以后，对账簿记录的有关数据进行检查和核对,这种核对工作,在会计上称为对账。它是会计核算的一项重要内容。

在会计工作中,由于各种原因,难免发生记账、计算等差错和账实不符现象,为确保账簿记录的正确、完整和真实,在有关经济业务入账之后,必须进行账簿记录的核对,对账工作是为保证账证相符、账账相符和账实相符的一项检查性工作。

对账工作一般在月末进行,即在记账之后、结账之前进行对账。若遇特殊情况,如有关人员调动,在办理调动手续前或发生非常事件后,应随时进行对账,对于对账的一些基础性工作,一般也在平日进行。

(二) 对账的内容

1. 账证核对

账证核对是将各种账簿(总分类账、明细分类账及现金和银行存款日记账)的记录与有关会计凭证(记账凭证及其所附的原始凭证)相核对,做到账证相符。这是保证账账相符、账实相符的基础。账证核对工作,平常是通过编制凭证和记账中的"复核"环节进行的,在结账时,如对主要内容有疑问,应进行重点抽查与核对。

2. 账账核对

账账核对是在账证核对的基础上,各种账簿之间有关指标的核对。账账核对主要包括以下内容:

(1) 总分类账各账户借方期末余额合计数与贷方期末余额合计数核对相符。

(2) 现金日记账和银行存款日记账期末余额以及各明细分类账的期末余额合计数与有关总分类账户期末余额核对相符。

(3) 会计部门各种财产物资明细分类账期末余额与财产物资保管和使用部门的有关财产物资明细分类账期末余额核对相符。

以上各种账簿间的核对,可以直接进行核对,对内容较多的可以通过编表进行核对。

3. 账实核对

账实核对是在账账核对的基础上,将各种财产物资的账面余额与实存数相核对。账实核对主要包括以下内容:

(1) 现金日记账账面余额与现金实际库存数额相核对。

(2) 银行存款日记账账面余额与开户银行对账单相核对。

(3) 各种材料、物资明细分类账账面余额与材料、物资实存数额相核对。

(4) 各种应收、应付款明细分类账账面余额与有关债权债务单位的账目相核对。

4. 账表核对

账表核对是在编制报表后进行的核对工作,将会计账簿记录与会计报表的有关内容、金额核对。账表核对主要包括以下内容:

(1) 核对会计报表中某些数字是否与有关总分类账的期末余额相符。

(2) 核对会计报表中某些数字是否与有关明细分类账的期末余额相符。

(3) 核对会计报表中某些数字是否与有关明细分类账的发生额相符。

以上各种账实核对，一般是通过财产清查的方法进行的。财产清查是会计核算的专门方法之一，其具体内容已在第三节中介绍，此处不再赘述。

二、结账

(一) 结账的意义

结账就是把一定会计期内所发生的各项经济业务全部登记入账，在此基础上，将各种账簿记录结出"本期发生额"和"期末余额"，从而根据账簿记录，编制会计报表。

各会计期间内发生的经济业务，在该会计期间全部登记入账并对账以后，即可通过账簿记录，了解经济业务的发生和完成情况，但管理上需要掌握各会计期间的经济活动情况及其结果，并相应编制各会计期间的会计报表，而根据会计凭证将经济业务记入账簿后，还不能直观地获得所需的各项数字资料，必须通过结账的方式把各种账簿记录结算清楚，提供所需的各项信息资料。

会计分期一般实行日历制，月末进行计算，季末进行结算，年末进行决算。结账工作于各会计期末进行，所以，结账工作可以分为月结、季结和年结。

(二) 结账的程序

结账程序主要包括以下两个步骤：

(1) 结账前，必须将属于本期内发生的各项经济业务和应由本期受益的收入、负担的费用全部登记入账。在此基础上，才能保证结账的有用性，确保会计报表的正确性。为此，不得把将要发生的经济业务提前入账，也不得把已经在本期发生的经济业务延至下期(甚至以后各期)入账。

(2) 结账时，应在各账户的最后一笔记录下面划一通栏红线，表示本期结束，然后在红线下结算出本期发生额和期末余额，在摘要栏内注明"本月(季)合计"字样，并在下面再划一通栏红线；需要结出本年累计发生额的，为了反映自年初开始直至本月月末为止的累计发生额，还应在月结下面单列一行进行累计发生额的登记，并在下面再划一通栏红线。

(三) 结账的方法

1. 月结

月结是指对某账户1个月内的增减变化情况及结果作一个总结。具体做法是：月末，首先在各账户本月份最后一笔记录下面划一通栏红线，表示本月结束；然后，在红线下结算出本月借方发生额、贷方发生额和期末余额(无月末余额的，可在"借或贷"栏内写上"平"并在"余额"栏写上"0")，在摘要栏注明"本月发生额及期末余额"或"本月合计"字样；最后，再在本摘要栏下面划一通栏红线，表示完成月结工作。

2. 季结

季结是指对某账户1个季度内的增减变化情况及结果作一个总结。具体做法是：首先在各账户本季度最后一个月的月结下面(需要按月结出本年累计发生额的，应在"本年累计"下面)划一通栏红线,表示本季结束;然后,在红线下结算出本季度3个月的借方发生额、贷方发生额及季末余额,并在摘要栏内注明"第×季度发生额及余额"或"本季合计"字样;最后,在本摘要栏下面划一通栏红线,表示完成季结工作。

3. 年结

年结是指对某账户1年内的各项数额的增减变动及结果作一总结。具体做法是:在12月份结账记录的下面填列全年发生额合计数,在摘要栏写上"本年发生额及余额"或"本年合计"字样,并在下面划两道通栏红线,表示完成年结工作。需要更换新账的,应在进行年结的同时,在新账中有关账户的第一行"摘要"栏内注明"上年结转"或"年初余额"字样,并将上年的年末余额以同方向记入新账中的余额栏内,新旧账有关账户余额的转记事项,不编制记账凭证。结账的具体方法以第四章库存现金的结账为例,如表5-81所示。

表 5-81

总　　账

会计科目 库存现金

20××年		凭证号数	摘　要	借方										贷方										核对号	借或贷	余额									
月	日			亿	千	百	十	万	千	百	十	元	角	分	亿	千	百	十	万	千	百	十	元	角	分			亿	千	百	十	万	千	百	十	元	角	分
12	1		期初余额																								借				1	2	0	0	0	0
12	18	记6	马宏借差旅费																	5	0	0	0	0	0		借					7	0	0	0	0	0
12	31	记12	马宏报销					1	8	0	0	0															借					7	1	8	0	0	0
12	31	记21	王伟交罚款					3	0	0	0	0	0														借				1	0	1	8	0	0	0
12	31		本月合计					3	1	8	0	0	0								5	0	0	0	0	0	借				1	0	1	8	0	0	0
12	31		本年合计				5	6	1	7	0	0	0						5	7	9	9	0	0	0		借				1	0	0	8	0	0	0

> **财智未来**
>
> 对账和结账是会计周期的重要环节,直接关系财务报表的准确性和及时性。在传统会计工作流程中,对账和结账是一项烦琐且容易出错的任务,会计人员需要花费大量时间和精力逐一核对不同会计账簿和会计凭证的数据。
>
> 然而,大数据技术和人工智能技术的结合为这一环节带来了显著的改进。Python可以编写结账自动化程序,实现结账过程的快速、准确完成。同时,Python能够根据预设的规则和算法自动处理结账任务,生成准确的财务报表,如自动计算本期损益、结转各项费用等。Python脚本可以从多个数据源中提取相关信息,并自动对比两个或多个账户间的余额差异。一旦发现不匹配之处,系统会立即发出警报,便于及时纠正。例如,企业可以利用Python从各个子系统和部门导入数据,自动进行数据核对和差异分析,并生成相应的对账报告。此外,Python还可以支持财务报表的自动生成和可视化展示,通过构建动态仪表板,可以实时显示企业的财务健康状况,帮助管理层迅速作出决策。

同时，大数据技术和人工智能技术的结合能够实现对财务数据的智能审核和分析。大数据系统可以整合各类财务数据，自动比对账目，发现并提示差异，从而大大提高对账效率。不仅如此，人工智能技术还可以深入挖掘账目背后的业务信息，为企业管理提供有价值的数据支持，助力企业优化决策和提升运营效率。

第五节　更换和保管会计账簿

一、更换会计账簿

为了保持会计账簿资料的连续性，在每一会计年度结束，新的会计年度开始时，应按会计制度的规定，对会计账簿进行更换。

（1）总账、日记账和大部分明细账每年都要更换一次，各种账簿在年度终了结账时，各个账户的年终余额都要直接记入新年度启用的有关新账中去，即在旧账中各账户年终余额的"摘要"栏内要加盖"结转下年"戳记，同时在新账中有关账户的第一行"摘要"栏内注明"上年结转"或"年初余额"字样，并在"余额"栏记入上年余额。在年度内，订本账记满需更换新账时，其办理手续与年初更换新账簿相类似。

（2）变动较少的一小部分明细账，如固定资产明细账，可以继续使用，不必每年更换新账。但在"摘要"栏内，要加盖"结转下年"戳记，以划分新旧年度之间的金额界限。

二、保管会计账簿

各种账簿同会计凭证及会计报表一样，都是重要的经济档案和历史资料，必须按照会计制度统一规定的保存年限妥善保管，不得丢失和任意销毁。保管期满以后，还要按照规定的审批程序报经批准以后，才能在有关人员及领导监督情况下销毁。

各种会计账簿的保管，既要保证其安全、完整，又要保证在需用时能迅速查到，为此，会计人员必须在年度结束后，将各种活页账簿连同账簿启用和经管人员一览表装订成册，加上封面，统一编号，与各种订本账一起归档保管。

财智未来

会计账簿的更换和保管是保障财务信息连续性、安全性的重要环节。在电子会计账簿时代，更换和保管会计账簿的方式也发生了变化。大数据技术和人工智能技术可以实现会计账簿的电子化存储和管理。

通过 Python 可以编写账簿更换和保管的自动化程序，如自动检测账簿使用情况、提示更换时间等，可以支持账簿数据的批量处理和转换，方便账簿的归档和保管。通过将纸质账簿转化为电子数据，存储在大数据平台中，可以实现账簿的长期保存、快速检索和共享。同时，大数据技术和人工智能技术还可以对电子账簿进行加密、备份等安全管理措施，确保账簿数据的安全、完整。

技能自测题

一、单项选择题

1. 各种账务处理程序的主要区别在于( )。
   A. 登记总账的依据不同 B. 汇总的记账凭证不同
   C. 汇总的凭证格式不同 D. 节省工作时间不同
2. 银行存款清查的方法是( )。
   A. 实地盘点法 B. 与银行核对账目 C. 技术推算 D. 函证核对法
3. 在结账之前,如果发现账簿记录有错误,而记账凭证填制正确,更正时可用( )。
   A. 红字更正法 B. 更换账页法
   C. 补充登记法 D. 划线更正法
4. 下列账户中,应设置数量金额式明细账账页的是( )。
   A. 应收账款 B. 实收资本 C. 原材料 D. 预付账款
5. 对各项财产物资的盘点结果,编制并据以调整账面记录的原始凭证是( )。
   A. 入库单 B. 出库单
   C. 领料单 D. 实存账存对比表

参考答案

二、多项选择题

1. 平行登记的要点有( )。
   A. 时间相同 B. 方向相同 C. 金额相等 D. 依据相同
2. 清查财产按其清查时间的不同,可分为( )。
   A. 全面清查 B. 局部清查 C. 定期清查 D. 不定期清查
3. 对账工作的内容有( )。
   A. 账物核对 B. 账账核对 C. 账实核对 D. 账证核对
4. 账簿按账页格式分类可分为( )。
   A. 三栏式账簿 B. 多栏式账簿
   C. 数量金额式账簿 D. 订本式账簿
5. 借方多栏式明细分类账一般适用的账户有( )。
   A. "生产成本" B. "管理费用" C. "制造费用" D. "营业外收入"

三、判断题

( ) 1. 设置和登记账簿是连接会计凭证和会计报表的中间环节,是编制会计报表的基础。

(　　)2. 科目汇总表账务处理程序能科学地反映账户的对应关系,且便于账目核对。

(　　)3. 对银行存款清查时,如果发现企业与银行账目不一致,其原因就是未达账项。

(　　)4. 银行存款余额调节表是调整企业银行存款账面余额的原始凭证。

(　　)5. 账簿是重要的经济档案和历史资料,必须永远保管。

四、工作任务实训

任务一

(一) 实训目的

开设和登记账簿。

(二) 资料

参见第四章工作任务实训资料。

(三) 要求(账簿见附录)

1. 开设总分类账户。
2. 采用记账凭证核算形式登记总账。
3. 编制科目汇总表。
4. 根据科目汇总表登记总账。

任务二

(一) 实训目的

查找未达账项,编制银行存款余额调节表。

(二) 资料

宇海有限责任公司20××年12月份银行存款资料如下:

1. 银行存款日记账,如表5-82所示。

表5-82

银 行 存 款 日 记 账

4

20××年		凭证号数	摘要	结算号码	借方	贷方	核对号	借或贷	余额
月	日				亿千百十万千百十元角分	亿千百十万千百十元角分			亿千百十万千百十元角分
12	1		期初余额					借	9200 00
12	1	略	销售产品	711	20000 00			借	29200 00
12	1		销售产品	712	16000 00			借	45200 00
12	3		购材料	807		30000 00		借	15200 00
12	31		购办公用品	808		200 00		借	15000 00
12	31		销售产品	715	18000 00			借	33000 00
12	31		销售A材料	714	2500 00			借	35500 00
12	31		支付广告费	810		2000 00		借	33500 00
12	31		向希望工程捐款	812		1300 00		借	32200 00
12	31		本月合计		56500 00	33500 00		借	32200 00

2. 银行对账单,如表 5-83 所示。

表 5-83　　　　　　　　　　　中国工商银行对账单

户名:宇海有限责任公司　　账号:3500040109006695556

日期	交易类型	凭证种类	凭证号	摘要	借方发生额	贷方发生额	余额
20××.12.1				初期余额			92 000
20××.12.1			711			20 000	
20××.12.1			712			16 000	
20××.12.3			807		30 000		
20××.12.31			808		200		
20××.12.31			715			18 000	
20××.12.31			716			3 000	
20××.12.31			810		2 000		
20××.12.31			811		2 200		
20××.12.31							31 800

(三) 要求

1. 根据所给资料,查出未达账项。
2. 编制银行存款余额调节表,如表 5-84 所示。

表 5-84　　　　　　　　　　　银行存款余额调节表

20××年 12 月 31 日

项目	金额	项目	金额
银行存款日记账余额		银行对账单余额	
加:		加:	
减:		减:	
调节后存款余额		调节后存款余额	

任务三

(一) 实训目的

更正错账方法。

(二) 资料

某企业在结账前发现下列情况:

1. 仓库发出材料一批,价值 4 000 元,用于生产产品,在编制记账凭证时,借方科目误写为"制造费用"并已登记入账。
2. 将现金 6 000 元送存银行,在填制记账凭证时,将金额误记为 9 000 元,并已登记入账。

3. 从银行提取现金 70 000 元，填制记账凭证时将金额误记为 7 000 元，并据以入账，但会计科目、借贷方向均无错误。

(三) 要求

采用适当方法更正错账。

课证融合练习题
——历年初级会计职称真题

参考答案

一、单项选择题

1. 银行存款日记账与银行对账单之间的核对属于( )。(2023年改编·2分)
   A. 账实核对   B. 账表核对
   C. 账证核对   D. 账账核对

2. 下列各项中,关于记账凭证账务处理程序的特点表述正确的是( )。(2024年·2分)
   A. 直接根据原始凭证逐笔登记总分类账
   B. 先根据记账凭证编制汇总记账凭证,再根据汇总记账凭证登记总分类账
   C. 直接根据记账凭证逐笔登记总分类账
   D. 先将所有记账凭证汇总编制科目汇总表,再根据科目汇总表登记总分类账

3. 下列各项中,关于财产清查方法的表述正确的是( )。(2023年·2分)
   A. 对应收账款采用发函询证的方法   B. 对银行存款采用技术推算法
   C. 对露天堆放的煤炭采用实地盘点法   D. 对大型设备采用技术推算法

4. 2023年9月30日,甲公司银行存款日记账的余额为485万元,银行转来对账单的余额为500万元,经逐笔核对,发现两笔未达账项:公司已开出转账支票并登记银行存款减少20万元,银行尚未记账;银行扣除借款利息并登记公司银行存款减少5万元,公司未收到银行付款通知。不考虑其他因素,2023年9月30日,甲公司银行存款余额调节表中调节后的银行存款余额为( )万元。(2024年·2分)
   A. 495   B. 480
   C. 465   D. 460

5. 下列各项中,会导致企业银行存款日记账余额大于银行对账单余额的未达账项是( )。(2024年·2分)
   A. 银行根据协议支付当月电话费并已入账、企业尚未收到付款通知
   B. 企业签发现金支票并入账,收款方尚未提现
   C. 银行已代收货款并入账,企业尚未收到收款通知
   D. 企业签发转账支票并入账,收款方未办理转账手续

6. 根据科目汇总表登记总分类账,在能够进行发生额试算平衡的同时也起到了( )的作用。(2022年·2分)
   A. 简化报表的编制   B. 简化登记明细分类账工作
   C. 清晰反映科目之间的对应关系 D. 简化登记总分类账工作

7. 下列各项中,属于大型机器设备清查方法的是(　　)。(2022年·2分)
    A. 技术推算法　　　　　　　　　　B. 测量计算法
    C. 实地盘点法　　　　　　　　　　D. 抽样盘点法

8. 下列各项中,企业无法查明原因的现金溢余按管理权限报经批准后,会计处理正确的是(　　)。(2023年·2分)
    A. 计入营业外收入　　　　　　　　B. 冲减营业外支出
    C. 冲减管理费用　　　　　　　　　D. 计入其他业务收入

9. 甲企业为增值税一般纳税人,本月采购原材料800千克,不含税总价款为40万元,运输途中损耗220千克,其中合理损耗20千克。不考虑其他因素,甲企业该批原材料的入账价值为(　　)万元。(2024年·2分)
    A. 30　　　　　　　　　　　　　　B. 40
    C. 20　　　　　　　　　　　　　　D. 39

10. 生产车间生产设备的折旧费用,应记入(　　)科目。(2022年改编·2分)
    A. "制造费用"　　　　　　　　　　B. "管理费用"
    C. "销售费用"　　　　　　　　　　D. "财务费用"

二、多项选择题

1. 下列情形中,需要进行全面清查的有(　　)。(2024年·2分)
    A. 年终决算前　　　　　　　　　　B. 国内合资前
    C. 股份制改造前　　　　　　　　　D. 单位主要领导调离工作前

2. 下列关于会计账簿保管的表述正确的有(　　)。(2022年·2分)
    A. 会计账簿除需要与外单位核对外,禁止携带外出
    B. 会计账簿未经领导和会计负责人或者有关人员批准,非经管人员不能随意翻阅查看会计账簿
    C. 实行会计电算化的单位,不可仅以电子形式保存会计账簿
    D. 年度终了更换并启用新账后,对更换下来的旧账要整理装订,造册归档

3. 下列各项中,需要进行全面清查的有(　　)。(2023年·2分)
    A. 原材料短缺时　　　　　　　　　B. 出纳人员离职时
    C. 年终决算前　　　　　　　　　　D. 股份制改造前

4. 下列各项中,关于现金清查的会计处理表述正确的有(　　)。(2022年·2分)
    A. 无法查明原因的现金短缺,计入营业外支出
    B. 属于应由出纳人员赔偿的现金短缺,计入其他应收款
    C. 无法查明原因的现金溢余,计入营业外收入
    D. 属于应支付给有关单位的现金溢余,计入其他应付款

三、判断题

( ) 1. 在记账凭证账务处理程序下,企业登记总分类账的直接依据是汇总记账凭证。(2023年·1分)

( ) 2. 通过试算平衡表检查账户记录,如果借贷双方发生额或余额均相等,则表明记账正确。(2023年·1分)

( ) 3. 企业内部各部门周转使用的备用金,可以单独设置"备用金"科目进行核算。(2023年·1分)

( ) 4. 企业发生存货盘盈时,记入"营业外收入"科目。(2022年改编·1分)

( ) 5. 固定资产盘盈应作为重要的前期差错进行处理,通过"以前年度损益调整"科目核算。(2023年·1分)

自我评价表

项　目		评价打分	查缺补漏
知识目标	1. 设置和登记各类会计账簿；	☆☆☆☆☆	
	2. 更正错账、清查财产、对账和结账。	☆☆☆☆☆	
技能目标	1. 能正确地设置和登记各类会计账簿；	☆☆☆☆☆	
	2. 能更正错账和进行财产清查。	☆☆☆☆☆	
素养目标	1. 养成自主学习习惯；	☆☆☆☆☆	
	2. 形成遵守职业规范、严肃、认真的工作习惯。	☆☆☆☆☆	

第六章 会计报表

学习导图

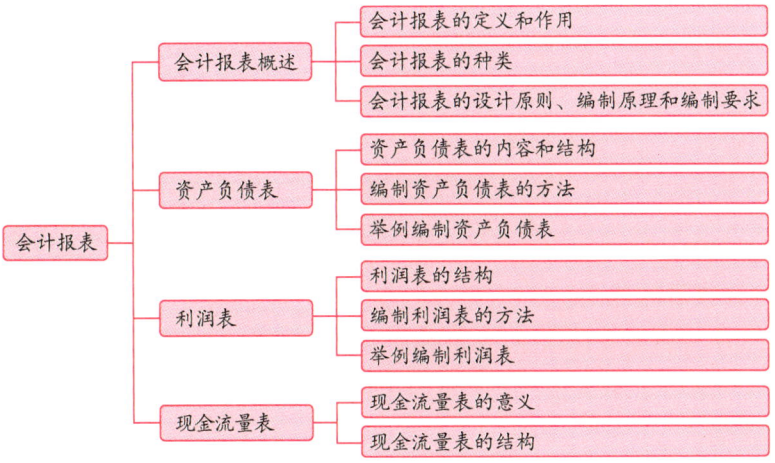

学习目标

知识目标	技能目标	素养目标
1. 熟记会计报表的概念和分类； 2. 掌握资产负债表和利润表的结构、编制原理与方法。	1. 准确地编制试算平衡表； 2. 编制简单的资产负债表和利润表。	1. 养成自主学习习惯； 2. 树立遵纪守法观念，养成严肃、认真的工作态度。

课程思政目标

养成诚实守信、遵纪守法的习惯，如实地按照会计制度规定，在日常会计核算的基础上，以账簿为主要依据，定期编制会计报表。

第一节　会计报表概述

一、会计报表的定义和作用

(一) 会计报表的定义

会计报表是以货币为主要计量单位,根据账簿记录和其他日常核算资料,以一定的指标体系,总括地反映会计主体在某一时点的财务状况和某一会计期间经营成果及现金流量的书面文件。

编制会计报表是财务会计部门提供财务信息资料的重要手段,也是会计工作的重要内容。通过日常会计核算,虽然可以提供反映会计主体经营活动和财务收支情况的会计信息资料,但是,反映在会计凭证和账簿上的会计资料比较分散,不集中,不概括,不便于理解和利用,很难符合国家宏观经济管理的要求,更难满足单位内部加强经营管理的需要。因此,必须按会计制度规定,在日常会计核算的基础上,以账簿为主要依据,定期编制会计报表,以总括、清晰地反映会计主体的财务状况和经营成果及现金流量情况。

(二) 会计报表的作用

会计报表所提供的会计信息,无论是对本单位,还是对上级主管部门、对金融部门、财税部门以及对本单位有经济利害关系的其他单位、个人都具有重要作用。这主要表现在以下三个方面:

(1) 会计报表所提供的会计信息资料,是各单位的上级主管部门和国家经济管理机关考核各单位财务状况、经营成果和现金流量的重要依据,也是进行综合平衡、制定宏观经济管理和决策的重要经济信息来源。

(2) 会计报表所提供的会计信息是投资者、债权人等了解企业单位的财务状况、经营成果和经济效益,进行投资和信贷决策的依据。

(3) 会计报表所提供的会计信息资料,也是企业内部管理人员和职工了解企业经营状况和经营成果的重要经济信息来源。这有利于企业总结经验,制定和改善经营管理措施,不断提高企业的经济效益。

请思考:会计报表有哪些作用?

二、会计报表的种类

(一) 按其反映的经济内容分类

会计报表按其反映的经济内容不同,主要分为资产负债表、利润表和现金流量表。

（二）按其编报的时间分类

会计报表按其编报的时间分类，可分为月份会计报表、季度会计报表和年度会计报表。

（1）月份会计报表。月份会计报表是指按月编制和报送反映某一月份资产负债和利润情况的会计报表。月份会计报表可以反映企业月份的财务状况及经营成果等基本情况，如资产负债表和利润表。

（2）季度会计报表。季度会计报表是指按季度编制、报送，主要反映企业某一季度资产负债和利润情况的会计报表。

（3）年度会计报表。年度会计报表是指按年编制、报送，用来全面、综合地反映企业在一个会计年度内全年的经营情况及其结果的会计报表，如现金流量表。

（三）按其报送的对象分类

会计报表按其报送的对象不同，分为对外报表和内部报表。

（1）对外报表是指企业等单位按规定必须定期编制，定期向其上级部门、经济、财税等部门报送或按规定向社会公布的会计报表。

（2）内部报表是指企业等单位根据其内部经营管理的需要而自行设计、编制的供其内部管理人员使用的会计报表。

（四）按其编制的基础分类

会计报表按其编制的基础不同，可以分为个别会计报表、汇总会计报表和合并会计报表。

（1）个别会计报表。个别会计报表是指一般根据账簿记录进行加工后编制，以反映个别企业的财务状况和经营成果的会计报表。

（2）汇总会计报表。汇总会计报表是指由企业主管部门或上级机关，根据所属单位报送的个别会计报表，连同本单位会计报表简单汇总编制的会计报表。

（3）合并会计报表。合并会计报表是指由母公司编制的，在母公司和子公司个别会计报表的基础上，对企业集团内部交易进行相应抵销后编制的会计报表，以反映企业集团综合的财务状况和经营成果。

请思考：会计报表有哪些分类标准？分别是什么？

三、会计报表的设计原则、编制原理和编制要求

（一）会计报表的设计原则

会计报表是会计部门提供会计信息资料的重要手段。为了充分发挥会计信息的作用，会计报表的设计应当遵循以下主要原则：

（1）会计报表提供的会计信息应当符合国家宏观经济管理的要求，满足有关方面了解本单位财务状况、经营成果和现金流量的需要，满足本单位加强内部经营管理的需要。如前所述，会计报表所提供的信息资料，既是国家宏观经济管理和决策的重要经济信息来源，又是投资者、债权人等报表使者了解企业单位的财务状况、经营成果和经济效益，进行投资和信贷决策的依据，还是本单位内部管理人员和职工了解企业经营状况和经营成果的重要经济信息来源。因此，会计报表所提供的信息要满足各方面的需要，并充分反映重要的经济信息，以便会计报表使用者作出决策。

（2）会计报表提供的会计信息应当全面反映本单位的财务状况和经营成果，对重要的业务应当单独反映。会计报表是会计部门向企业内外提供会计信息的重要手段。企业内外的报表使用者通过阅读会计报表，能够全面了解该单位的财务状况和经营成果。因此，会计报表提供的会计信息应该全面、概括。同时，又应突出重点，对于重要的经济业务，应单独核算、单独反映，对于不重要的经济业务，则可简化、合并反映，提高会计报表的效用。

（3）会计报表应当清晰明了、便于理解和利用。报表项目的设置和分类以及列示方法，都应遵循清晰明了、便于理解和利用的原则。例如，在资产负债表中，对流动资产和流动负债设置了较多的报表项目，以便报表使用者考察企业资金流动性和偿债能力。为了便于某一单位不同时期的分析对比，了解该单位发展变化的情况，会计报表可以采用前后期对比方式编列。采用前后期对比方式编列时，如上期的项目分类及内容若与本期不一致，应当将上期数按本期项目和内容调整有关数字。

（4）采用国际通行的会计报表体系，统一和简化对外报送的会计报表。在当前的经济活动中，会计是一种国际通用的商业语言，为适应企业发展的需要，必须采用国际通行的会计报表体系。这样才能互相了解对方的财务状况，促进交流与合作。向外报送的会计报表主要有资产负债表、利润表和现金流量表3张主要报表，这不仅统一和简化了对外报送的会计报表，而且和国际通行会计报表体系相一致，能在更大范围内发挥会计报表的作用。

（二）会计报表的编制原理

会计报表所反映的内容和提供的经济指标比较多，会计报表是以账簿上的数字资料为主要依据编制的，因此，会计报表的编制原理同复式记账原理有着密切联系。会计报表的编制原理主要包括以下几个方面。

1. 按照期末余额编制

在企业会计主体中，资产、负债和所有者权益等资本金运动的静态表现，是通过有关账簿在某一特定日期或时点（月末、季末、年末）上的账面余额反映的。提供静态指标的资产负债表是根据总账和有关明细账的期末余额编制的。

2. 按照本期发生额编制

在会计主体中，资金的投入、耗费、退出、收回和利润的实现是资金运动的动态表现，是通过有关账户在一定时期(1个月、1个季度、1年)内的发生额反映的。提供动态指标的利润表等,主要是根据有关总账和明细账的本期发生额编制的。

3. 按照余额和发生额结合编制

有的会计报表是同时反映资金动态和静态表现相结合的指标,如现金流量表,应根据有关总账和明细账的期初余额、本期增加发生额、本期减少发生额及期末余额分析计算填列。

(三) 会计报表的编制要求

为了确保会计报表的质量,充分发挥会计报表的作用,在编制会计报表时,应做到如下四点要求。

1. 数字真实

会计核算应当以实际发生的经济业务为依据,如实反映财务状况和经营成果,会计报表的数字必须是实际发生数,不是预计数、估计数,更不能有意伪造数字。

账簿是编制会计报表的主要依据,应在编制报表前按期结账、认真对账和清查财产、编制总分类账户本期发生额试算表,将所有分散在各个账户的日常核算资料加以综合,借以检查核算资料的正确性和完整性,在核对无误的账簿记录基础上,据以编制各种会计报表。编制完会计报表后,必须认真复核,进一步核对账表数字是否相符、不同报表中同一指标的数字是否相符等,以确保会计报表数字的真实性。

2. 计算准确

各种会计报表中报表项目的金额主要是来自日常的账簿记录。但是,这并不完全是账簿数字的简单转抄。会计报表中有些报表项目的金额需要将有关会计科目的期末余额进行分析、计算整理后才能填列,而且报表项目之间也存在着一定的数量对应关系。因此,应采用正确的计算方法,保证计算结果准确。

3. 内容完整

会计报表必须按照规定的会计报表种类、格式和内容来编制,不应漏编、漏报会计报表,也不应漏填、漏列报表项目。对不同会计期间应当编报的各种会计报表,都应该编报齐全,对应当填列的报表项目,无论是表内项目,还是补充资料,都必须填列齐全。若有的项目无数字填,则应在金额栏划一横线,表示此项目无数字可填报。报表中需要加以说明的项目,则应在报表附注中说明,以便报表使用者理解和利用。

4. 编报及时

会计报表必须按规定的期限和程序,及时编制,及时报送。以便报表使用者及时地了解编报单位的财务状况和经营成果,也便于主管部门和地方财政等部门及时进行汇总。为了及时编制会计报表,会计部门应科学地组织好日常会计核算工作,认真做好记账、算账、对账和清查财产等工作。同时,要加强与企业内部各有关部门的协作,相互配合,使日常核算工作能均衡地进行,顺利地编制并及时报送会计报表。

思政点睛

编制会计报表是会计循环工作的最后一个环节,会计报表是对企业发生的经济业务、填制和审核的会计凭证、登记的账簿所涵盖经济信息的高度概括和总结,是对报表使用者提供会计信息的一个重要方面,会计人员必须按照会计制度规定和会计信息质量要求,在日常会计核算的基础上,以账簿为主要依据,编制的会计报表才能内容完整和数字真实,提供的会计信息才符合国家宏观经济管理的要求,才能满足有关方面了解本单位财务状况、经营成果和现金流量的需要。

企业应忠实地履行信息披露义务,满足信息需求者对会计报表的真实性、准确性、完整性和及时性要求。身为财务人员,我们要维护国家利益、社会利益、集体利益,提供的会计报表要真实准确,体现客观公正,没有粉饰经济业务活动情况。要想达到这一目的,至少要做到以下两点:第一,在专业知识技能上提高自己。第二,无论我们未来在什么职位,都要保持"诚信至上"的理念。

财智未来

会计报表作为企业财务状况、经营成果和现金流量的重要反映,其编制的准确性和效率性至关重要。随着大数据技术和人工智能技术的不断发展,会计报表的编制迎来了智能化变革。

数据技术能够整合企业内外部海量数据,为会计报表的编制提供全面、真实、及时的数据支持。通过大数据分析,可以快速识别和纠正数据中的错误和异常,提高报表的准确性。同时,大数据技术还可以实现报表的自动化编制,大大提高工作效率。Python在会计报表的智能化编制中也发挥着重要作用。Python脚本可以自动化地处理报表数据,实现数据的清洗、转换、计算和可视化展示。例如,可以利用Python脚本,自动从财务系统中提取数据,生成资产负债表、利润表和现金流量表等报表,并输出为Excel或PDF格式。

此外,大数据技术和人工智能技术还可以对会计报表进行深度分析,挖掘出隐藏在数据背后的经营规律和潜在风险。例如,大数据分析可以发现企业的盈利能力、偿债能力、运营效率等方面的趋势和问题,为企业管理层提供决策支持。

第二节 资产负债表

一、资产负债表的内容和结构

资产负债表是反映企业在某一特定日期的财务状况的报表,是企业经营活动的静态反映。企业必须按月、按季、按半年、按全年编制资产负债表,及时向有关管理部门及人员提供企业在某一特定日期所拥有或控制的经济资源、所承担的现时义务和所有者对净资产的要求权,帮助报表使用者了解企业的财务状况、分析企业的偿债能力等情况,从而为其作出经济决策提供依据。

(一) 资产负债表的内容

资产负债表是由资产、负债和所有者权益三大要素组成的。每个要素又可分为若干个项目。

1. 资产

在资产负债表中,资产按其流动性分为流动资产和非流动资产。

流动资产主要包括货币资金、交易性金融资产、应收账款、应收票据、预付账款、其他应收款和存货等项目。

非流动资产是流动资产以外的所有资产,主要包括长期股权投资、债券投资、固定资产、在建工程、无形资产等。

2. 负债

在资产负债表中,负债项目按到期日的长短,分为流动负债和非流动负债。

流动负债包括短期借款、应付票据、应付账款、预收账款、应付职工薪酬、应交税费、应付股利、其他应付款等。

非流动负债包括长期借款、应付债券和长期应付款等。

3. 所有者权益

所有者权益包括实收资本、资本公积、其他综合收益、盈余公积和未分配利润。

(二) 资产负债表的结构

1. 资产负债表的编制原理

资产负债表是根据"资产=负债+所有者权益"这一会计等式编制的。

2. 资产负债表的基本结构

资产负债表由表头和表体两部分组成。表头部分应列明报表名称、编制单位名称、资产负债表日、报表编号和计量单位;表体部分是资产负债表的主体,列示了用来说明企业财务状况的各个项目。

我国企业的资产负债表采用左右平衡的账户式格式,分为左右两方,左边是资产项目,反映企业资产情况,按资产的流动性大小排列,流动资产排在前面,非流动资产排列在后面。右边是负债和所有者权益项目,反映企业负债和所有者权益情况,负债按要求清偿时间的先后顺序排列,流动负债排列在前,非流动负债排列在后,所有者权益按原始资本与资本增值排列,投入资本列示在前、资本公积、盈余公积及未分配利润等项目列示于后。资产负债表中各项目所需填列的数字分"上年年末余额"与"期末余额"两栏,其目的在于便于报表使用者对比分析。

二、编制资产负债表的方法

资产负债表的编制,是指会计人员在规定的资产负债表的格式和栏目中,填列各有关具体项目金额的一项会计核算工作。编制资产负债表要求会计人员应熟悉会计准则及行业会计制度的规定,并掌握一定的编制方法。

资产负债表的编制一般要经过三个阶段:一是要做好编制前的各项准备工作,包括认真进行财产清查,保证账实相符;认真清理核对账目,以求账账相符;准确进行结账等,以保证填列在资产负债表中各项目金额正确无误。二是要认真计算并填列表内各项目金额。三是要认真复核,并请有关领导或会计主管人员审核、签名或盖章,办理各种手续。

资产负债表各项目的金额分为"上年年末余额"和"期末余额"两栏,其中"上年年末余额"各项目金额,应根据上年资产负债表的"期末余额"直接填列,"期末余额"各项目金额的填列方法有以下几种。

1. 直接根据总账账户余额填列

有些项目可根据其总账账户的余额直接填列,如"短期借款""实收资本""资本公积"等项目,可根据其总账账户的余额直接填列。

2. 根据若干个总账账户余额的合计数计算填列

例如,"货币资金"项目就是根据"库存现金""银行存款""其他货币资金"三个账户的合计数填列的。"存货"项目也是根据"在途物资""原材料""生产成本""库存商品""周转材料"等若干个账户余额合计后,再减去存货跌价准备后的净额填列的。

3. 根据明细账账户的余额分析填列

例如,"应收账款"就是根据"应收账款"和"预收账款"账户所属明细账户的借方余额合计数减去坏账准备填列的。类似的有"预收账款""应付账款"和"预付账款"项目。

4. 根据总账和明细账账户余额分析计算填列

例如,"长期借款"项目就是根据"长期借款"总账账户余额扣除其所属明细账中反映的将于1年内到期的长期借款部分分析计算填列的。

5. 根据相关账户余额相减后填列

例如,"存货""固定资产"和"无形资产"等资产项目,反映企业期末持有的相应资产的实际价值,应当以扣减提取的相应资产减值准备后的净额填列。其中,"固定资产""无形资产"等项目,还应按减去相应的"累计折旧""累计摊销"期末余额后的金额填列。

请思考:资产负债表编制的理论依据是什么?

三、举例编制资产负债表

【任务6-1】以第四章远东有限责任公司20××年12月份期初余额、当月发生的经济业务及第五章登记账簿并结账后的余额为资料,编制试算平衡表,如表 6-1 所示。根据表 6-1 资料编制资产负债表,如表 6-2 所示。

表 6-1　　　　　　　　　　　　　**试算平衡表**

20××年12月　　　　　　　　　　　　　　　单位:元

会计科目	月初余额 借方	月初余额 贷方	本月发生额 借方	本月发生额 贷方	月末余额 借方	月末余额 贷方
库存现金	12 000.00		3 180.00	5 000.00	10 180.00	
银行存款	20 000.00		1 887 600.00	556 309.00	1 351 291.00	
应收账款	6 500.00				6 500.00	
其他应收款			5 000.00	5 000.00		
在途物资			480 000.00	480 000.00		
原材料	25 000.00		480 000.00	468 600.00	36 400.00	
库存商品			423 000.00	359 550.00	63 450.00	
生产成本			704 200.00	423 000.00	281 200.00	
制造费用			45 000.00	45 000.00		
固定资产	920 000.00		120 000.00		1 040 000.00	
累计折旧				10 140.00		10 140.00
无形资产			80 000.00		80 000.00	
短期借款		1 000.00		300 000.00		301 000.00
应付账款		32 000.00				32 000.00
应付职工薪酬				262 200.00		262 200.00
应交税费			62 409.00	94 486.83		32 077.83
应付利息				2 000.00		2 000.00
应付利润				351 641.27		351 641.27
长期借款		10 000.00				10 000.00
实收资本		140 500.00		1 200 000.00		1 340 500.00
盈余公积				87 910.32		87 910.32
本年利润		800 000.00	1 323 000.00	523 000.00		
利润分配			879 103.18	1 318 654.76		439 551.58
主营业务收入			510 000.00	510 000.00		
主营业务成本			359 550.00	359 550.00		

(续表)

会计科目	月初余额		本月发生额		月末余额	
	借方	贷方	借方	贷方	借方	贷方
税金及附加			519.10	519.10		
其他业务收入			10 000.00	10 000.00		
其他业务成本			10 000.00	10 000.00		
销售费用			9 000.00	9 000.00		
管理费用			32 460.00	32 460.00		
财务费用			2 000.00	2 000.00		
营业外收入			3 000.00	3 000.00		
营业外支出			4 000.00	4 000.00		
所得税费用			26 367.73	26 367.73		
合计	983 500.00	983 500.00	7 459 389.01	7 459 389.01	2 869 021.00	2 869 021.00

表 6-2　　　　　　　　　　　　　　资产负债表　　　　　　　　　　　　会企 01 表

编制单位:远东有限责任公司　　　　20××年 12 月 31 日　　　　　　　单位:元

资产	期末余额	上年年末余额	负债和所有者权益（或股东权益）	期末余额	上年年末余额
流动资产:		（略）	流动负债:		（略）
货币资金	1 361 471.00		短期借款	301 000.00	
交易性金融资产			交易性金融负债		
应收票据			衍生金融负债		
应收账款	6 500.00		应付票据		
应收款项融资			应付账款	32 000.00	
预付账款			预收账款		
其他应收款			合同负债		
存货	381 050.00		应付职工薪酬	262 200.00	
合同资产			应交税费	32 077.83	
持有待售资产			其他应付款	353 641.27	
一年内到期的非流动资产			持有待售负债		

(续表)

资产	期末余额	上年年末余额	负债和所有者权益（或股东权益）	期末余额	上年年末余额
其他流动资产			一年内到期的非流动负债		
流动资产合计	1 749 021.00		其他流动负债		
非流动资产：			流动负债合计	980 919.10	
债权投资			非流动负债：		
其他债权投资			长期借款	10 000.00	
长期应收款			应付债券		
长期股权投资			其中：优先股		
其他权益工具投资			永续债		
其他非流动金融资产			长期应付款		
投资性房地产			预计负债		
固定资产	1 029 860.00		递延收益		
在建工程			递延所得税负债		
生产性生物资产			其他非流动负债		
油气资产			非流动负债合计	10 000.00	
无形资产	80 000.00		负债合计	990 919.10	
开发支出			所有者权益（或股东权益）：		
商誉			实收资本（或股本）	1 340 500.00	
长期待摊费用			其他权益工具		
递延所得税资产			其中：优先股		
其他非流动资产			永续债		
非流动资产合计	1 109 860.00		资本公积		
			减：库存股		
			其他综合收益		
			盈余公积	87 910.32	
			未分配利润	439 551.58	
			所有者权益（或股东权益）合计	1 867 961.90	
资产总计	2 858 881.00		负债和所有者权益（或股东权益）总计	2 858 881.00	

> **财智未来**
>
> 资产负债表反映了企业在某一特定日期的财务状况,是评估企业偿债能力和财务风险的重要依据。大数据技术和人工智能技术为资产负债表的风险评估提供了新的方法和手段。
>
> 借助于Python的强大数据处理能力,企业可以快速导入并处理来自不同系统的资产负债表数据。例如,使用Pandas库可以方便地读取Excel或CSV格式的财务数据,并进行必要的转换和清理工作,确保数据的一致性和准确性。Python还可以用来执行复杂的财务比率计算,如流动比率、速动比率、资产负债率等,帮助分析师更好地理解企业的财务健康状态。
>
> 进一步地结合大数据分析和人工智能技术,企业可以对资产负债表进行多维度的风险评估。例如,企业可以利用大数据技术收集行业数据、市场数据等外部信息,结合企业内部财务数据,构建风险评估模型。通过人工智能技术进行模型分析,企业可以识别出企业的潜在风险,如资产负债结构不合理、偿债能力不足等,并提前采取应对措施。
>
> 此外,结合Python的可视化库,企业可以创建直观的图表,如柱状图、饼图等,以图形化的方式展现资产负债表中的关键指标变化趋势,便于管理层作出更加明智的决策。

第三节 利　润　表

一、利润表的结构

利润表又称损益表,是反映企业一定会计期间的经营成果的报表。利润表可以反映企业在一定会计期间收入、费用、利润(或亏损)的金额和构成情况,帮助报表使用者了解企业的经营成果,分析企业的获利能力及盈利增长趋势,从而为其作出经济决策提供依据。

(一) 利润表的结构原理

利润表是根据"收入－费用＝利润"这一会计等式编制的。

(二) 利润表的基本结构

利润表的结构有单步式和多步式两种。单步式利润表是先将当期所有的收入列在一起,再把所有的费用列在一起,然后将两者相减得出当期净损益。我国企业的利润表采用多步式结构,即对当期的收入和费用按性质加以归类,按利润形成的性质列示一些中间性利润指标、分步计算当期净损益,以便报表使用者了解企业经营成果的不同来源。

利润表的格式如表 6-3 所示。

表 6-3　　　　　　　　　　　　　利润表　　　　　　　　　　　　　会企 02 表

编制单位：　　　　　　　　　　　＿＿年＿＿月　　　　　　　　　　　单位：元

项　　目	本期金额	上期金额
一、营业收入		
减：营业成本		
税金及附加		
销售费用		
管理费用		
研发费用		
财务费用		
其中：利息费用		
利息收入		
资产减值损失		
信用减值损失		
加：其他收益		
投资收益（损失以"－"号填列）		
其中：对联营企业和合营企业的投资收益		
净敞口套期收益（损失以"－"号填列）		
公允价值变动收益（损失以"－"号填列）		
资产处置收益（损失以"－"号填列）		
二、营业利润（亏损以"－"号填列）		
加：营业外收入		
减：营业外支出		
三、利润总额（亏损总额以"－"号填列）		
减：所得税费用		
四、净利润（净亏损以"－"号填列）		
（一）持续经营净利润（净亏损以"－"号填列）		
（二）终止经营净利润（净亏损以"－"号填列）		
五、其他综合收益的税后净额		
（一）不能重分类进损益的其他综合收益		

(续表)

项　目	本期金额	上期金额
1. 重新计量设定受益计划变动额		
2. 权益法下不能转损益的其他综合收益		
3. 其他权益工具投资公允价值变动		
4. 企业自身信用风险公允价值变动		
……		
（二）将重分类进损益的其他综合收益		
1. 权益法下可转损益的其他综合收益		
2. 其他债权投资公允价值变动		
3. 金融资产重分类计入其他综合收益的金额		
4. 其他债权投资信用减值准备		
5. 现金流量套期储备		
6. 外币财务报表折算差额		
……		
六、综合收益总额		
七、每股收益：		
（一）基本每股收益		
（二）稀释每股收益		

　　利润表一般由表头、表体两部分组成。表头部分应列明报表名称、编制单位名称、编制日期、报表编号和计量单位；表体部分是利润表的主体，列示了形成经营成果的各个项目和计算过程。

　　为使报表使用者比较不同期间利润的实现情况，判断企业经营成果的未来发展趋势，利润表的金额栏分为"本期金额"和"上期金额"。

二、编制利润表的方法

　　我国企业利润表的编制方法如下：

　　第一步，以营业收入为基础，减去营业成本、税金及附加、期间费用、研发费用，加上其他收益、投资收益（或减去投资损失）、公允价值变动收益（或减去公允价值变动损失），减去资产减值损失、信用减值损失，加上资产处置收益（或减去资产处置损失），计算出营业利润。

　　第二步，在营业利润的基础上，再加上营业外收入，减去营业外支出，计算得出本期实现的利润总额。

第三步,以利润总额为基础,减去所得税费用,计算出净利润(或净亏损)。

第四步,以净利润(或净亏损)和其他综合收益为基础,计算出综合收益总额。

第五步,以净利润(或净亏损)为基础,计算出每股收益。

请思考:利润表编制的理论依据是什么?

三、举例编制利润表

【任务6-2】远东有限责任公司20××年12月份根据试算平衡表(表6-1)编制利润表如表6-4所示。

表6-4　　　　　　　　　　　　　　利润表　　　　　　　　　　　　　会企02表
编制单位:远东有限责任公司　　　　　20××年12月　　　　　　　　　　单位:元

项　　目	本期金额	上期金额
一、营业收入	520 000.00	(略)
减:营业成本	369 550.00	
税金及附加	519.10	
销售费用	9 000.00	
管理费用	32 460.00	
研发费用		
财务费用	2 000.00	
其中:利息费用	2 000.00	
利息收入		
资产减值损失		
信用减值损失		
加:其他收益		
投资收益(损失以"-"号填列)		
其中:对联营企业和合营企业的投资收益		
净敞口套期收益(损失以"-"号填列)		
公允价值变动收益(损失以"-"号填列)		
信用减值损失(损失以"-"号填列)		
资产减值损失(损失以"-"号填列)		

(续表)

项　　目	本期金额	上期金额
资产处置收益(损失以"-"号填列)		
二、营业利润(亏损以"-"号填列)	106 470.90	
加:营业外收入	3 000.00	
减:营业外支出	4 000.00	
三、利润总额(亏损总额以"-"号填列)	105 470.90	
减:所得税费用	26 367.73	
四、净利润(净亏损以"-"号填列)	79 103.17	
(一)持续经营净利润(净亏损以"-"号填列)		
(二)终止经营净利润(净亏损以"-"号填列)		
五、其他综合收益的税后净额		
(一)不能重分类进损益的其他综合收益		
1. 重新计量设定受益计划变动额		
2. 权益法下不能转损益的其他综合收益		
3. 其他权益工具投资公允价值变动		
4. 企业自身信用风险公允价值变动		
……		
(二)将重分类进损益的其他综合收益		
1. 权益法下可转损益的其他综合收益		
2. 其他债权投资公允价值变动		
3. 金融资产重分类计入其他综合收益的金额		
4. 其他债权投资信用减值准备		
5. 现金流量套期储备		
6. 外币财务报表折算差额		
……		
六、综合收益总额		
七、每股收益:		
(一)基本每股收益		
(二)稀释每股收益		

> **财智未来**
>
> 利润表反映了企业在一定会计期间的经营成果,是评估企业盈利能力的重要依据。大数据技术和人工智能技术为利润表的盈利能力分析提供了新的视角和方法。
>
> 通过编写Python脚本,可以实现对利润表数据的自动化处理。例如,通过编写脚本自动计算毛利率、净利率等关键财务比率,并将其与其他公司或行业平均水平相比较,快速定位需要改进的地方。
>
> 通过大数据分析,可以对企业利润表进行深入的盈利能力分析。例如,可以利用大数据技术收集和分析市场数据、竞争对手数据等,结合企业内部财务数据,挖掘出影响企业盈利能力的关键因素。通过人工智能技术对销售数据进行多维度分析,不仅可以按产品类别、销售区域、销售渠道等维度进行拆解,还能结合时间序列分析,深入了解不同时期、不同维度下的销售情况;对成本数据同样可以从原材料成本、人工成本、制造费用等多个角度进行分析。通过因素分析,可以找出提高盈利能力的有效途径,如优化产品结构、降低成本等。

第四节 现金流量表

一、现金流量表的意义

现金流量表是反映企业一定会计期间现金和现金等价物的流入和流出的报表。它是一张动态报表,以现金的流入和流出反映企业在一定期间内的经营活动、投资活动和筹资活动的动态情况,反映企业现金流入和流出的全貌。

编制现金流量表是为会计报表使用者提供企业一定会计期间内现金和现金等价物流入和流出的信息,以便报表使用者了解和评价企业获取现金和现金等价物的能力,并据以预测企业未来现金流量。

现金流量表主要有以下作用:

(1) 现金流量表可以提供企业的现金流量信息,从而对企业整体财务状况作出客观评价。

(2) 现金流量表是在资产负债表和利润表已经反映企业财务状况和经营成果信息的基础上进一步提供财务状况变动信息。

(3) 通过现金流量,不但可以了解企业当前的财务状况,还可以预测企业未来的发展前景。

二、现金流量表的结构

（一）现金及现金流量

1. 现金及现金等价物

1）现金

现金是指企业库存现金以及可以随时用于支付的存款。会计上所说的现金通常指企业的库存现金，而现金流量表编制基础中的"现金"不仅包括"库存现金"账户核算的库存现金，还包括企业"银行存款"账户核算的存入金融企业、随时可以用于支付的存款，也包括"其他货币资金"账户核算的外埠存款、银行汇票存款、银行本票存款等其他货币资金。

应该注意的是，银行存款和其他货币资金中有些不能随时用于支付的存款，如不能随时支取的定期存款等，不应作为现金，而应列为投资；而提前通知金融企业便可支取的定期存款，则应包括在现金范围内。

2）现金等价物

现金等价物是指企业持有的期限短（一般指从购买日起，3个月内到期）、流动性强、易于转换为已知金额的现金、价值变动风险很小的投资。比如，企业购买的、从购买日起3个月或更短时间内即可转换为现金的短期债券投资就是现金等价物。

2. 现金流量

1）现金流量的含义

现金流量是指企业现金和现金等价物的流入和流出。现金流量是某一期间内企业现金流入和流出的数量。例如，企业销售商品、提供劳务、出售固定资产、向银行借款等取得现金，形成企业的现金流入；购买原材料、接受劳务、购建固定资产、对外投资、偿还债务等而支付现金等，形成企业的现金流出。现金流量信息能够表明企业经营状况是否良好、资金是否紧缺、企业偿付能力大小，从而为投资者、债权人、企业管理者提供非常有用的信息。

2）现金流量的分类

第一，经营活动产生的现金流量。

经营活动是指企业投资活动和筹资活动以外的所有交易和事项。对工商企业来说，经营活动主要包括销售商品、提供劳务、经营性租赁、购买商品、接受劳务、支付广告费用、缴纳税款等。通过经营活动产生的现金流量，可以说明企业的经营活动对现金流入和流出净额的影响程度，判断企业在不动用对外筹得资金的情况下，是否足以维持生产经营、偿还债务、支付股利和对外投资等。

第二，投资活动产生的现金流量。

投资活动是指企业长期资产的购建和不包括在现金等价物范围内的投资及其处置活动。这里的长期资产是指固定资产、在建工程、无形资产、其他资产等持有期限在1年或一个营业周期以上的资产。这里的投资既包括对外投资,又包括长期资产的购建与处置。投资活动包括取得和收回投资、购建和处置固定资产、购买和处置无形资产等。通过现金流量表中反映的投资活动产生的现金流量,可以分析企业通过投资获取现金流量的能力,以及投资产生的现金流量对企业现金流量净额的影响程度。

第三,筹资活动产生的现金流量。

筹资活动是指导致企业资本及债务规模和构成发生变化的活动。筹资活动包括发行股票或接受投入资本、分派现金股利等。这里的债务是指企业对外举债所借入的款项,如发行债券、向金融企业借入款项以及偿还债务等。通过现金流量表中筹资活动产生的现金流量,可以分析企业通过筹资活动获取现金的能力,以及筹资产生的现金流量对企业现金流量净额的影响程度。

(二) 现金流量表的具体结构

现金流量表分为两部分。

第一部分为正表,根据企业业务活动的性质和现金流量的来源,现金流量表采用报告式的结构,将企业一定期间产生的现金流量分为三类:经营活动产生的现金流量、投资活动产生的现金流量和筹资活动产生的现金流量,最后汇总反映企业现金及现金等价物净增加额。在有外币现金流量及境外子公司的现金流量折算为人民币的企业,还应单设"汇率变动对现金及现金等价物的影响"项目。一般企业现金流量表格式如表6-5所示。

表 6-5　　　　　　　　　　现金流量表　　　　　　　　　会企 03 表

编制单位:　　　　　　　　　___年___月　　　　　　　　　单位:元

项　目	本期金额	上期金额
一、经营活动产生的现金流量:		
销售商品、提供劳务收到的现金		
收到的税费返还		
收到其他与经营活动有关的现金		
经营活动现金流入小计		
购买商品、接受劳务支付的现金		
支付给职工以及为职工支付的现金		
支付的各项税费		
支付其他与经营活动有关的现金		
经营活动现金流出小计		
经营活动产生的现金流量净额		
二、投资活动产生的现金流量:		
收回投资收到的现金		

(续表)

项　　目	本期金额	上期金额
取得投资收益收到的现金		
处置固定资产、无形资产和其他长期资产收回的现金净额		
处置子公司及其他营业单位收到的现金净额		
收到其他与投资活动有关的现金		
投资活动现金流入小计		
购建固定资产、无形资产和其他长期资产支付的现金		
投资支付的现金		
取得子公司及其他营业单位支付的现金净额		
支付其他与投资活动有关的现金		
投资活动现金流出小计		
投资活动产生的现金流量净额		
三、筹资活动产生的现金流量：		
吸收投资收到的现金		
取得借款收到的现金		
发行债券收到的现金		
收到其他与筹资活动有关的现金		
筹资活动现金流入小计		
偿还债务支付的现金		
分配股利、利润或偿付利息支付的现金		
其中：子公司支付少数股东的现金股利		
支付其他与筹资活动有关的现金		
其中：子公司减资支付给少数股东的现金		
筹资活动现金流出小计		
筹资活动产生的现金流量净额		
四、汇率变动对现金及现金等价物的影响		
五、现金及现金等价物净增加额		
加：期初现金及现金等价物余额		
六、期末现金及现金等价物余额		

第二部分为补充资料，是对正表内容的补充说明，主要包括三项内容：①将净利润调节为经营活动现金流量；②不涉及现金收支的投资和筹资活动；③现金及现金等价物净增加情况。

补充资料不仅是对主表部分的补充说明,而且两者中的某些项目存在相等一致的关系。

(1) 主表中的第一项"经营活动产生的现金流量净额"必须与补充资料中的第一项,由净利润调节后得到的"经营活动产生的现金流量净额"相等。

(2) 主表中的最后的第五项"现金及现金等价物净增加额"必须与补充资料中最后的第三项的"现金及现金等价物净增加额"相等。补充资料如表6-6所示。

表6-6　　　　　　　　　　现金流量补充资料　　　　　　　　　　单位:元

补充资料	本期金额	上期金额
1. 将净利润调节为经营活动现金流量:		
净利润		
加:计提的资产减值准备		
固定资产折旧、油气资产折耗、生产性生物资产折旧		
无形资产摊销		
长期待摊费用摊销		
处置固定资产、无形资产和其他长期资产的损失(收益以"-"号填列)		
固定资产报废损失(收益以"-"号填列)		
公允价值变动损失(收益以"-"号填列)		
财务费用(收益以"-"号填列)		
投资损失(收益以"-"号填列)		
递延所得税资产减少(增加以"-"号填列)		
递延所得税负债增加(减少以"-"号填列)		
存货的减少(增加以"-"号填列)		
经营性应收项目的减少(增加以"-"号填列)		
经营性应付项目的增加(减少以"-"号填列)		
其他		
经营活动产生的现金流量净额		
2. 不涉及现金收支的重大投资和筹资活动:		
债务转为资本		
一年内到期的可转换公司债券		
融资租入固定资产		

(续表)

补充资料	本期金额	上期金额
3. 现金及现金等价物净变动情况:		
现金的期末余额		
减:现金的期初余额		
加:现金等价物的期末余额		
减:现金等价物的期初余额		
现金及现金等价物净增加额		

财智未来

现金流量表反映了企业在一定会计期间的现金流入和流出情况,是评估企业现金流状况和预测未来现金流的重要依据。大数据技术和人工智能技术为现金流量表的现金流预测提供了新的方法和手段。

在处理现金流量表时,Python可以显著提升工作效率和准确性。一方面,Python可以通过自动化流程简化现金流量表的编制过程,减少人为错误的发生。例如,利用Python脚本自动生成现金流量表模板,自动填充相应数据字段,大大节省了时间和精力。另一方面,Python的强大数据可视化功能有助于更好地理解和解释现金流量表中的信息。通过绘制时间序列图或其他类型的图表,Python可以使现金流的变化趋势一目了然,便于管理者追踪资金流向,识别潜在的资金链断裂风险。

通过大数据分析和人工智能技术,可以对企业现金流量表进行准确的现金流预测。例如,可以利用大数据技术收集和分析历史现金流数据、市场趋势数据等,结合企业内部财务数据,构建现金流预测模型。通过人工智能技术进行模型预测,可以预测出未来一段时间内的现金流入和流出情况,为企业的资金管理和决策提供支持。

技能自测题

一、单项选择题

1. 会计报表是反映会计主体在某一时点的( )和某一会计期间经营成果及现金流量的书面文件。
   A. 财务状况　　　　　　　　　B. 经营成果
   C. 财务计划　　　　　　　　　D. 现金收支情况

2. 编制资产负债表主要是根据( )填列的。
   A. 资产、负债及所有者权益各账户的本期发生额
   B. 资产、负债及所有者权益各账户的期末余额
   C. 损益类账户的本期发生额
   D. 损益类账户的期末余额

3. 利润表是根据有关总账和明细账的( )来编制的。
   A. 期初余额　　　　　　　　　B. 期末余额
   C. 本期发生额　　　　　　　　D. 本期发生额和余额

4. 资产负债表内的资产和负债项目是按照( )排列的。
   A. 稳健性　　B. 可比性　　C. 重要性　　D. 流动性

5. 编制利润表的理论基础是会计公式( )。
   A. 资产＝负债＋所有者权益
   B. 收入－费用＝利润
   C. 期初余额＋本期增加发生额＝本期减少发生额－期末余额
   D. 资产＝负债＋所有者权益＋（收入－费用）

二、多项选择题

1. 向外报送的会计报表主要有( )。
   A. 资产负债表　　　　　　　　B. 利润表
   C. 制造费用分配表　　　　　　D. 现金流量表

2. 会计报表按其编报的时间分类,可分为( )。
   A. 汇总报表　　　　　　　　　B. 月份会计报表
   C. 季度会计报表　　　　　　　D. 年度会计报表

3. 现金流量表是根据有关总账和明细账的( )分析计算填列。
   A. 期初余额　　　　　　　　　B. 本期增加发生额
   C. 本期减少发生额　　　　　　D. 期末余额

4. 会计报表的编制要求包括(　　)。
   A. 数字真实　　　B. 计算准确　　　C. 内容完整　　　D. 编报及时
5. 现金流量表里面的"现金"项目包括(　　)。
   A. 库存现金　　　　　　　　　　B. 银行存款
   C. 其他货币资金　　　　　　　　D. 不能随时支取的定期存款

三、判断题

(　) 1. 编制会计报表的主要依据是账簿记录。

(　) 2. 目前,我国企业利润表均采用单步式结构。

(　) 3. 资产负债表是动态报表,利润表是静态报表。

(　) 4. 资产负债表中的"存货"项目应以扣减提取的相应资产减值准备后的净额填列。

(　) 5. 会计报表按报送对象不同,分为对外报表和内部报表。

四、工作任务实训

(一) 实训目的

学习试算平衡表的编制,编制会计报表。

(二) 资料

参见第四章的工作任务实训和第五章的工作任务实训中的任务一(佳吉有限责任公司20××年12月份业务)的资料。

(三) 要求(报表见附录)

1. 编制试算平衡表。
2. 编制资产负债表。
3. 编制利润表。

课证融合练习题

——历年初级会计职称真题

参考答案

一、单项选择题

1. 下列各项中,反映企业某一特定日期财务状况的报表是( )。(2024年·2分)
   A. 资产负债表　　　　　　　　B. 所有者权益变动表
   C. 现金流量表　　　　　　　　D. 利润表

2. 资产负债表中,应根据几个总账科目的期末余额计算填列的项目是( )(2024年·2分)
   A. "长期借款"　　B. "货币资金"　　C. "无形资产"　　D. "资本公积"

3. 下列各项中,应根据有关科目余额减去其备抵科目余额后的净额填列的项目是( )。(2022年·2分)
   A. "货币资金"　　B. "资本公积"　　C. "短期借款"　　D. "无形资产"

4. 2020年度,某企业确认营业收入2 000万元,营业成本800万元,管理费用400万元,税金及附加20万元,营业外收入100万元。不考虑其他因素,2019年度该企业利润表中"营业利润"项目本期金额为( )万元。(2022年改编·2分)
   A. 780　　B. 800　　C. 880　　D. 1 200

5. 下列各项中,应当根据总账科目余额直接填列资产负债表的项目是( )。(2023年·2分)
   A. "应收账款"　　B. "短期借款"　　C. "固定资产"　　D. "应付账款"

二、多项选择题

1. 下列各项中,属于资产负债表项目的"期末余额"栏主要的填列方法的有( )。(2022年·2分)
   A. 根据有关科目的余额减去其备抵科目余额后的净额填列
   B. 根据几个总账科目的期末余额计算填列
   C. 根据明细账科目余额计算填列
   D. 根据总账科目期末余额直接填列

2. 下列各项中,应列入利润表"营业收入"项目的有( )。(2022年·2分)
   A. 营业外收入　　　　　　　　B. 投资收益
   C. 主营业务收入　　　　　　　D. 其他业务收入

3. 下列各项中,应在利润表"管理费用"项目中填列的有( )。(2023年·2分)
   A. 发生的中介机构咨询费　　　B. 行政管理部门承担的工会经费

C. 外币交易发生的汇兑损益　　　　D. 发生的业务招待费

三、判断题

(　　) 1. 企业应当按照权责发生制编制财务报表。(2024 年•1 分)

(　　) 2. 资产负债表是反映企业在一定会计期间的经营成果的会计报表。(2024 年•1 分)

(　　) 3. 企业"生产成本"科目的期末余额,应在资产负债表"存货"项目中填列。(2022 年•1 分)

自我评价表

项目		评价打分	查缺补漏
知识目标	1. 熟记会计报表的概念和分类;	☆☆☆☆☆	
	2. 掌握资产负债表和利润表的结构、编制原理与方法。	☆☆☆☆☆	
技能目标	1. 准确地编制试算平衡表;	☆☆☆☆☆	
	2. 编制简单的资产负债表和利润表。	☆☆☆☆☆	
素养目标	1. 养成自主学习习惯;	☆☆☆☆☆	
	2. 树立遵纪守法观念,养成严肃、认真的工作态度。	☆☆☆☆☆	

附 录

第四章工作任务实训所需凭证

记 账 凭 证

年　月　日　　　　　　　　　字第　号

摘　要	科　目		借方金额	贷方金额	√
	总账科目	明细科目	亿千百十万千百十元角分	亿千百十万千百十元角分	
合　　　计					

附单据　张

会计主管：　　记账：　　出纳：　　复核：　　制单：

记 账 凭 证

年　月　日　　　　　　　　　字第　号

摘　要	科　目		借方金额	贷方金额	√
	总账科目	明细科目	亿千百十万千百十元角分	亿千百十万千百十元角分	
合　　　计					

附单据　张

会计主管：　　记账：　　出纳：　　复核：　　制单：

记 账 凭 证

年　月　日　　　　　　　　　　　字第　　号

摘　要	科　目		借方金额	贷方金额	√
	总账科目	明细科目	亿千百十万千百十元角分	亿千百十万千百十元角分	
合　　　　计					

会计主管：　　　记账：　　　出纳：　　　复核：　　　制单：

附单据　　张

记 账 凭 证

年　月　日　　　　　　　　　　　字第　　号

摘　要	科　目		借方金额	贷方金额	√
	总账科目	明细科目	亿千百十万千百十元角分	亿千百十万千百十元角分	
合　　　　计					

会计主管：　　　记账：　　　出纳：　　　复核：　　　制单：

附单据　　张

记 账 凭 证

年　月　日　　　　　　　　　　　字第　　号

摘　要	科　目		借方金额	贷方金额	√
	总账科目	明细科目	亿千百十万千百十元角分	亿千百十万千百十元角分	
合　　　　计					

会计主管：　　　记账：　　　出纳：　　　复核：　　　制单：

附单据　　张

记 账 凭 证

年　月　日

字第　　号

摘　要	科　目		借方金额	贷方金额	√
	总账科目	明细科目	亿千百十万千百十元角分	亿千百十万千百十元角分	
合　　　　计					

附单据　　张

会计主管：　　　记账：　　　出纳：　　　复核：　　　制单：

记 账 凭 证

年　月　日

字第　　号

摘　要	科　目		借方金额	贷方金额	√
	总账科目	明细科目	亿千百十万千百十元角分	亿千百十万千百十元角分	
合　　　　计					

附单据　　张

会计主管：　　　记账：　　　出纳：　　　复核：　　　制单：

记 账 凭 证

年　月　日

字第　　号

摘　要	科　目		借方金额	贷方金额	√
	总账科目	明细科目	亿千百十万千百十元角分	亿千百十万千百十元角分	
合　　　　计					

附单据　　张

会计主管：　　　记账：　　　出纳：　　　复核：　　　制单：

记账凭证

年 月 日　　　　　　　　　　字第　号

摘要	科目		借方金额	贷方金额	√
	总账科目	明细科目	亿千百十万千百十元角分	亿千百十万千百十元角分	
合　　计					

会计主管：　　记账：　　出纳：　　复核：　　制单：

附单据　张

记账凭证

年 月 日　　　　　　　　　　字第　号

摘要	科目		借方金额	贷方金额	√
	总账科目	明细科目	亿千百十万千百十元角分	亿千百十万千百十元角分	
合　　计					

会计主管：　　记账：　　出纳：　　复核：　　制单：

附单据　张

记账凭证

年 月 日　　　　　　　　　　字第　号

摘要	科目		借方金额	贷方金额	√
	总账科目	明细科目	亿千百十万千百十元角分	亿千百十万千百十元角分	
合　　计					

会计主管：　　记账：　　出纳：　　复核：　　制单：

附单据　张

记 账 凭 证

　　　　年　月　日　　　　　　　　　　　　　字第　号

摘　要	科　目		借方金额	贷方金额	√
	总账科目	明细科目	亿千百十万千百十元角分	亿千百十万千百十元角分	
	合　　　　　计				

会计主管：　　　记账：　　　出纳：　　　复核：　　　制单：

附单据　张

记 账 凭 证

　　　　年　月　日　　　　　　　　　　　　　字第　号

摘　要	科　目		借方金额	贷方金额	√
	总账科目	明细科目	亿千百十万千百十元角分	亿千百十万千百十元角分	
	合　　　　　计				

会计主管：　　　记账：　　　出纳：　　　复核：　　　制单：

附单据　张

记 账 凭 证

　　　　年　月　日　　　　　　　　　　　　　字第　号

摘　要	科　目		借方金额	贷方金额	√
	总账科目	明细科目	亿千百十万千百十元角分	亿千百十万千百十元角分	
	合　　　　　计				

会计主管：　　　记账：　　　出纳：　　　复核：　　　制单：

附单据　张

附 录 245

记 账 凭 证

年 月 日　　　　　　　　　　　字第　　号

摘 要	科 目		借方金额	贷方金额	√
	总账科目	明细科目	亿千百十万千百十元角分	亿千百十万千百十元角分	
合　　计					

附单据　　张

会计主管：　　　记账：　　　出纳：　　　复核：　　　制单：

记 账 凭 证

年 月 日　　　　　　　　　　　字第　　号

摘 要	科 目		借方金额	贷方金额	√
	总账科目	明细科目	亿千百十万千百十元角分	亿千百十万千百十元角分	
合　　计					

附单据　　张

会计主管：　　　记账：　　　出纳：　　　复核：　　　制单：

记 账 凭 证

年 月 日　　　　　　　　　　　字第　　号

摘 要	科 目		借方金额	贷方金额	√
	总账科目	明细科目	亿千百十万千百十元角分	亿千百十万千百十元角分	
合　　计					

附单据　　张

会计主管：　　　记账：　　　出纳：　　　复核：　　　制单：

记 账 凭 证

年 月 日　　　　　　　　　字第　号

摘要	科目		借方金额	贷方金额	√
	总账科目	明细科目	亿千百十万千百十元角分	亿千百十万千百十元角分	
合　　计					

会计主管：　　　记账：　　　出纳：　　　复核：　　　制单：

附单据　　张

记 账 凭 证

年 月 日　　　　　　　　　字第　号

摘要	科目		借方金额	贷方金额	√
	总账科目	明细科目	亿千百十万千百十元角分	亿千百十万千百十元角分	
合　　计					

会计主管：　　　记账：　　　出纳：　　　复核：　　　制单：

附单据　　张

记 账 凭 证

年 月 日　　　　　　　　　字第　号

摘要	科目		借方金额	贷方金额	√
	总账科目	明细科目	亿千百十万千百十元角分	亿千百十万千百十元角分	
合　　计					

会计主管：　　　记账：　　　出纳：　　　复核：　　　制单：

附单据　　张

记 账 凭 证

年　月　日

字第　号

摘　要	科　目		借方金额	贷方金额	√
	总账科目	明细科目	亿千百十万千百十元角分	亿千百十万千百十元角分	
合　　　　计					

附单据　　张

会计主管：　　记账：　　出纳：　　复核：　　制单：

记 账 凭 证

年　月　日

字第　号

摘　要	科　目		借方金额	贷方金额	√
	总账科目	明细科目	亿千百十万千百十元角分	亿千百十万千百十元角分	
合　　　　计					

附单据　　张

会计主管：　　记账：　　出纳：　　复核：　　制单：

记 账 凭 证

年　月　日

字第　号

摘　要	科　目		借方金额	贷方金额	√
	总账科目	明细科目	亿千百十万千百十元角分	亿千百十万千百十元角分	
合　　　　计					

附单据　　张

会计主管：　　记账：　　出纳：　　复核：　　制单：

记 账 凭 证

年 月 日

字第 号

摘 要	科 目		借方金额	贷方金额	√
	总账科目	明细科目	亿千百十万千百十元角分	亿千百十万千百十元角分	
合 计					

会计主管:　　　记账:　　　出纳:　　　复核:　　　制单:

附单据　张

记 账 凭 证

年 月 日

字第 号

摘 要	科 目		借方金额	贷方金额	√
	总账科目	明细科目	亿千百十万千百十元角分	亿千百十万千百十元角分	
合 计					

会计主管:　　　记账:　　　出纳:　　　复核:　　　制单:

附单据　张

记 账 凭 证

年 月 日

字第 号

摘 要	科 目		借方金额	贷方金额	√
	总账科目	明细科目	亿千百十万千百十元角分	亿千百十万千百十元角分	
合 计					

会计主管:　　　记账:　　　出纳:　　　复核:　　　制单:

附单据　张

记 账 凭 证

年　月　日

字第　号

摘　要	科　目		借方金额	贷方金额	√
	总账科目	明细科目	亿千百十万千百十元角分	亿千百十万千百十元角分	
合　　　　计					

会计主管：　　　记账：　　　出纳：　　　复核：　　　制单：

附单据　　张

记 账 凭 证

年　月　日

字第　号

摘　要	科　目		借方金额	贷方金额	√
	总账科目	明细科目	亿千百十万千百十元角分	亿千百十万千百十元角分	
合　　　　计					

会计主管：　　　记账：　　　出纳：　　　复核：　　　制单：

附单据　　张

记 账 凭 证

年　月　日

字第　号

摘　要	科　目		借方金额	贷方金额	√
	总账科目	明细科目	亿千百十万千百十元角分	亿千百十万千百十元角分	
合　　　　计					

会计主管：　　　记账：　　　出纳：　　　复核：　　　制单：

附单据　　张

记 账 凭 证

年　月　日

字第　号

摘要	科　目		借方金额	贷方金额	√
	总账科目	明细科目	亿千百十万千百十元角分	亿千百十万千百十元角分	
合　　　　计					

附单据　　张

会计主管：　　记账：　　出纳：　　复核：　　制单：

记 账 凭 证

年　月　日

字第　号

摘要	科　目		借方金额	贷方金额	√
	总账科目	明细科目	亿千百十万千百十元角分	亿千百十万千百十元角分	
合　　　　计					

附单据　　张

会计主管：　　记账：　　出纳：　　复核：　　制单：

记 账 凭 证

年　月　日

字第　号

摘要	科　目		借方金额	贷方金额	√
	总账科目	明细科目	亿千百十万千百十元角分	亿千百十万千百十元角分	
合　　　　计					

附单据　　张

会计主管：　　记账：　　出纳：　　复核：　　制单：

第五章工作任务实训所需部分账簿

现金日记账

年		凭证号数	摘要		借方 亿千百十万千百十元角分	贷方 亿千百十万千百十元角分	核对号	借或贷	余额 亿千百十万千百十元角分
月	日								

现金日记账

年		凭证号数	摘要		借方 亿千百十万千百十元角分	贷方 亿千百十万千百十元角分	核对号	借或贷	余额 亿千百十万千百十元角分
月	日								

现金日记账

年		凭证号数	摘要		借方 亿千百十万千百十元角分	贷方 亿千百十万千百十元角分	核对号	借或贷	余额 亿千百十万千百十元角分
月	日								

现金日记账

年		凭证号数	摘要	借方 亿千百十万千百十元角分	贷方 亿千百十万千百十元角分	核对号	借或贷	余额 亿千百十万千百十元角分
月	日							

银行存款日记账

年		凭证号数	摘要	结算号码	借方 亿千百十万千百十元角分	贷方 亿千百十万千百十元角分	核对号	借或贷	余额 亿千百十万千百十元角分
月	日								

银行存款日记账

年		凭证号数	摘要	结算号码	借方 亿千百十万千百十元角分	贷方 亿千百十万千百十元角分	核对号	借或贷	余额 亿千百十万千百十元角分
月	日								

银行存款日记账

年		凭证号数	摘要	结算号码	借方 亿千百十万千百十元角分	贷方 亿千百十万千百十元角分	核对号	借或贷	余额 亿千百十万千百十元角分
月	日								

银行存款日记账

年		凭证号数	摘要	结算号码	借方 亿千百十万千百十元角分	贷方 亿千百十万千百十元角分	核对号	借或贷	余额 亿千百十万千百十元角分
月	日								

总账

会计科目 _____

年		凭证号数	摘要	借方 亿千百十万千百十元角分	贷方 亿千百十万千百十元角分	核对号	借或贷	余额 亿千百十万千百十元角分
月	日							

总　　账

会计科目 _____

年 月 日	凭证号数	摘要	借方 亿千百十万千百十元角分	贷方 亿千百十万千百十元角分	核对号	借或贷	余额 亿千百十万千百十元角分

总　　账

会计科目 _____

年 月 日	凭证号数	摘要	借方 亿千百十万千百十元角分	贷方 亿千百十万千百十元角分	核对号	借或贷	余额 亿千百十万千百十元角分

总　　账

会计科目 _____

年 月 日	凭证号数	摘要	借方 亿千百十万千百十元角分	贷方 亿千百十万千百十元角分	核对号	借或贷	余额 亿千百十万千百十元角分

总 账

会计科目 _____

年 月 日	凭证号数	摘要	借方 亿千百十万千百十元角分	核对号	借或贷	贷方 亿千百十万千百十元角分	余额 亿千百十万千百十元角分

总 账

会计科目 _____

年 月 日	凭证号数	摘要	借方 亿千百十万千百十元角分	贷方 亿千百十万千百十元角分	核对号	借或贷	余额 亿千百十万千百十元角分

总 账

会计科目 _____

年 月 日	凭证号数	摘要	借方 亿千百十万千百十元角分	贷方 亿千百十万千百十元角分	核对号	借或贷	余额 亿千百十万千百十元角分

附 录

总 账

会计科目 _____

年		凭证号数	摘要	借方										贷方										核对号	借或贷	余额									
月	日			亿	千	百	十	万	千	百	十	元	角	分	亿	千	百	十	万	千	百	十	元	角	分			亿	千	百	十	万	千	百	十	元	角	分

总 账

会计科目 _____

年		凭证号数	摘要	借方										贷方										核对号	借或贷	余额									
月	日			亿	千	百	十	万	千	百	十	元	角	分	亿	千	百	十	万	千	百	十	元	角	分			亿	千	百	十	万	千	百	十	元	角	分

总 账

会计科目 _____

年		凭证号数	摘要	借方										贷方										核对号	借或贷	余额									
月	日			亿	千	百	十	万	千	百	十	元	角	分	亿	千	百	十	万	千	百	十	元	角	分			亿	千	百	十	万	千	百	十	元	角	分

总　　账

会计科目 _____

年		凭证号数	摘要	借　方									贷　方									核对号	借或贷	余　额								
月	日			亿	千	百	十	万	千	百	十	元	角	分	亿	千	百	十	万	千	百	十	元	角	分			亿	千	百	十	万	千	百	十	元	角	分

总　　账

会计科目 _____

年		凭证号数	摘要	借　方									贷　方									核对号	借或贷	余　额								
月	日			亿	千	百	十	万	千	百	十	元	角	分	亿	千	百	十	万	千	百	十	元	角	分			亿	千	百	十	万	千	百	十	元	角	分

总　　账

会计科目 _____

年		凭证号数	摘要	借　方									贷　方									核对号	借或贷	余　额								
月	日			亿	千	百	十	万	千	百	十	元	角	分	亿	千	百	十	万	千	百	十	元	角	分			亿	千	百	十	万	千	百	十	元	角	分

总　　　账

会计科目 _____

年		凭证号数	摘要	借方									贷方									核对号	借或贷	余额								
月	日			亿	千	百	十	万	千	百	十	元	角	分	亿	千	百	十	万	千	百	十	元	角	分			亿	千	百	十	万	千	百	十	元	角	分

总　　　账

会计科目 _____

年		凭证号数	摘要	借方									贷方									核对号	借或贷	余额								
月	日			亿	千	百	十	万	千	百	十	元	角	分	亿	千	百	十	万	千	百	十	元	角	分			亿	千	百	十	万	千	百	十	元	角	分

总　　　账

会计科目 _____

年		凭证号数	摘要	借方									贷方									核对号	借或贷	余额								
月	日			亿	千	百	十	万	千	百	十	元	角	分	亿	千	百	十	万	千	百	十	元	角	分			亿	千	百	十	万	千	百	十	元	角	分

科目汇总表

20××年12月　　　　　　　　　　　　　　　　　单位：元

会计科目	本月发生额	
	借方	贷方
库存现金		
银行存款		
其他应收款		
在途物资		
原材料		
库存商品		
生产成本		
制造费用		
固定资产		
无形资产		
累计折旧		
短期借款		
应付职工薪酬		
应交税费		
应付利息		
应付利润		
实收资本		
盈余公积		
本年利润		
利润分配		
主营业务收入		
主营业务成本		
税金及附加		
其他业务收入		
其他业务成本		
销售费用		
管理费用		
财务费用		
营业外收入		
营业外支出		
所得税费用		
合计		

第六章工作任务实训所需报表

试算平衡表
20××年12月　　　　　　　　　　　　　　　　　　　单位：元

会计科目	月初余额		本月发生额		月末余额	
	借方	贷方	借方	贷方	借方	贷方
库存现金						
银行存款						
应收账款						
其他应收款						
在途物资						
原材料						
库存商品						
生产成本						
制造费用						
固定资产						
累计折旧						
无形资产						
短期借款						
应付账款						
应付职工薪酬						
应交税费						
应付利息						
应付利润						
长期借款						
实收资本						
盈余公积						
本年利润						
利润分配						
主营业务收入						
主营业务成本						
税金及附加						
其他业务收入						
其他业务成本						
销售费用						
管理费用						
财务费用						
营业外收入						
营业外支出						
所得税费用						
合计						

资产负债表

会企01表

编制单位： ___年___月___日   单位:元

资产	期末余额	上年年末余额	负债和所有者权益（或股东权益）	期末余额	上年年末余额
流动资产：		（略）	流动负债：		（略）
货币资金			短期借款		
交易性金融资产			交易性金融负债		
应收票据			衍生金融负债		
应收账款			应付票据		
应收款项融资			应付账款		
预付账款			预收账款		
其他应收款			合同负债		
存货			应付职工薪酬		
合同资产			应交税费		
持有待售资产			其他应付款		
一年内到期的非流动资产			持有待售负债		
其他流动资产			一年内到期的非流动负债		
流动资产合计			其他流动负债		
非流动资产：			流动负债合计		
债权投资			非流动负债：		
其他债权投资			长期借款		
长期应收款			应付债券		
长期股权投资			其中:优先股		
其他权益工具投资			永续债		
其他非流动金融资产			长期应付款		
投资性房地产			预计负债		
固定资产			递延收益		
在建工程			递延所得税负债		
生产性生物资产			其他非流动负债		
油气资产			非流动负债合计		
无形资产			负债合计		
开发支出			所有者权益(或股东权益):		
商誉			实收资本(或股本)		
长期待摊费用			其他权益工具		
递延所得税资产			其中:优先股		
其他非流动资产			永续债		
非流动资产合计			资本公积		
			减:库存股		
			其他综合收益		
			盈余公积		
			未分配利润		
			所有者权益(或股东权益)合计		
资产总计			负债和所有者权益(或股东权益)总计		

利润表

会企 02 表

编制单位： ___年___月 单位：元

项　目	本期金额	上期金额
一、营业收入		（略）
减：营业成本		
税金及附加		
销售费用		
管理费用		
研发费用		
财务费用		
其中：利息费用		
利息收入		
资产减值损失		
信用减值损失		
加：其他收益		
投资收益（损失以"-"号填列）		
其中：对联营企业和合营企业的投资收益		
净敞口套期收益（损失以"-"号填列）		
公允价值变动收益（损失以"-"号填列）		
资产处置收益（损失以"-"号填列）		
二、营业利润（亏损以"-"号填列）		
加：营业外收入		
减：营业外支出		
三、利润总额（亏损总额以"-"号填列）		
减：所得税费用		
四、净利润（净亏损以"-"号填列）		
（一）持续经营净利润（净亏损以"-"号填列）		
（二）终止经营净利润（净亏损以"-"号填列）		
五、其他综合收益的税后净额		
（一）不能重分类进损益的其他综合收益		
1. 重新计量设定受益计划变动额		
2. 权益法下不能转损益的其他综合收益		
3. 其他权益工具投资公允价值变动		
4. 企业自身信用风险公允价值变动		
……		
（二）将重分类进损益的其他综合收益		
1. 权益法下可转损益的其他综合收益		
2. 其他债权投资公允价值变动		
3. 金融资产重分类计入其他综合收益的金额		
4. 其他债权投资信用减值准备		
5. 现金流量套期储备		
6. 外币财务报表折算差额		
……		
六、综合收益总额		
七、每股收益：		
（一）基本每股收益		
（二）稀释每股收益